Winkler

Abiturtraining
BWL mit Rechnungswesen | Controlling
für das berufliche Gymnasium – Wirtschaft

Niedersachsen 2021

Merkur
Verlag Rinteln

Wirtschaftswissenschaftliche Bücherei für Schule und Praxis
Begründet von Handelsschul-Direktor Dipl.-Hdl. Friedrich Hutkap †

Verfasserin:
Vera Winkler, Dipl.-Kffr.

Zur Verfasserin:

Vera Winkler war nach dem Abschluss des Studiums der Wirtschaftswissenschaften zunächst als Diplom-Kauffrau für einen deutschen Konzern im Controlling tätig, lehrte als Privatdozentin und wirkte ehrenamtlich im Prüfungsausschuss der Industrie- und Handelskammer mit. Seit Abschluss des zweiten Staatsexamens (Lehramtsbefähigung) unterrichtet sie in allen Schulformen eines Berufskollegs in NRW. An der Erstellung der zentralen schriftlichen Abiturprüfung 2011 im Leistungskurs „Betriebswirtschaftslehre" für NRW war sie maßgeblich beteiligt.

Seit 2012 ist sie nebenberuflich als Lehrbeauftragte an der Hochschule Osnabrück und seit 2013 für den Merkur-Verlag als Autorin tätig.

Von 2017 bis 2019 war sie Fachberaterin im Fachbereich Wirtschaft und Verwaltung für die Bezirksregierung Münster.

Seit Februar 2018 ist sie stellvertretende Schulleiterin in einem Berufskolleg in NRW.

* * * * *

5. Auflage 2020

Gesamtherstellung:
Merkur Verlag Rinteln Hutkap GmbH & Co. KG, 31735 Rinteln

E-Mail: info@merkur-verlag.de
lehrer-service@merkur-verlag.de
Internet: www.merkur-verlag.de

Merkur-Nr. 0380-05
ISBN 978-3-8120-1027-6

Winkler

Formelsammlung

für die abiturrelevanten Schwerpunkte 2021
zum Abiturtraining BRC

für das berufliche Gymnasium – Wirtschaft

Niedersachsen 2021

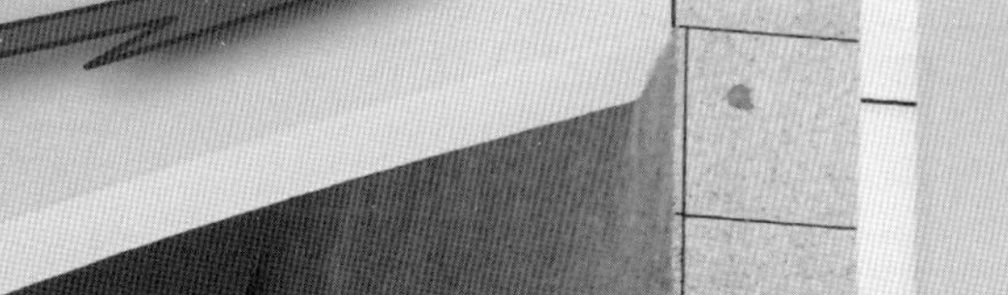

Merkur
Verlag Rinteln

1 Controlling und Unternehmenssteuerung/Finanzcontrolling

Anlagenquote bzw. Anlagenintensität $= \frac{\text{Anlagevermögen} \cdot 100}{\text{Gesamtvermögen}}$

Umlaufquote bzw. Umlaufintensität $= \frac{\text{Umlaufvermögen} \cdot 100}{\text{Gesamtvermögen}}$

bzw. Vorratsquote $= \frac{\text{Vorräte} \cdot 100}{\text{Gesamtvermögen}}$

Forderungsquote $= \frac{\text{Forderungen} \cdot 100}{\text{Gesamtvermögen}}$

Anteil der flüssigen Mittel $= \frac{\text{flüssige Mittel} \cdot 100}{\text{Gesamtvermögen}}$

Eigenkapitalanteil bzw. -quote $= \frac{\text{Eigenkapital (EK)} \cdot 100}{\text{Gesamtkapital (GK)}}$

Fremdkapitalanteil bzw. -quote bzw. Anspannungsgrad $= \frac{\text{Fremdkapital (FK)} \cdot 100}{\text{Gesamtkapital (GK)}}$

Verschuldungsgrad $= \frac{\text{Fremdkapital (FK)} \cdot 100}{\text{Eigenkapital (EK)}}$

Leverage-Effekt:[1]

$$\text{Eigenkapitalrentabilität} = \text{Gesamtkapitalrentabilität} + (\text{Gesamtkapitalrentabilität} - i) \cdot \frac{\text{Fremdkapital}}{\text{Eigenkapital}}$$

Falls die GKR > i (Fremdkapitalzins) ist, dann übersteigt die EKR die GKR, d. h., die zusätzliche Aufnahme von Fremdkapital führt zu einer Erhöhung der EKR.

Deckungsgrad I $= \frac{\text{Eigenkapital} \cdot 100}{\text{Anlagevermögen}}$

Deckungsgrad II $= \frac{(\text{Eigenkapital} + \text{langfristiges Fremdkapital}) \cdot 100}{\text{Anlagevermögen}}$

Liquidität 1. Grades (Barliquidität) $= \frac{\text{flüssige Mittel} \cdot 100}{\text{kurzfristiges Fremdkapital}}$

Liquidität 2. Grades (einzugsbedingte Liquidität) $= \frac{(\text{flüssige Mittel} + \text{kurzfristige Forderungen}) \cdot 100}{\text{kurzfristiges Fremdkapital}}$

Liquidität 3. Grades (absatzbedingte Liquidität) $= \frac{\text{Umlaufvermögen} \cdot 100}{\text{kurzfristiges Fremdkapital}}$

Eigenkapitalrentabilität/Unternehmerrentabilität $= \frac{\text{Jahresergebnis} \cdot 100}{\text{durchschnittliches Eigenkapital}}$

Gesamtkapitalrentabilität/Unternehmensrentabilität $= \frac{\text{Bruttogewinn}^{2} \cdot 100}{\text{durchschnittliches Gesamtkapital}}$

Umsatzrentabilität (UR) $= \frac{\text{Bruttogewinn}^{2} \cdot 100}{\text{Umsatzerlöse}}$ oder $\frac{\text{Jahresergebnis} \cdot 100}{\text{Umsatzerlöse}}$

Gewinn je Aktie $= \frac{\text{Jahresergebnis}}{\text{Anzahl ausgegebener Aktien}}$

1 Vgl. Drukarczyk, J., Lobe, S.: Finanzierung, 11., völlig neu bearbeitete Auflage, Konstanz und München 2015, S. 129.

2 **Bruttogewinn** = Jahresergebnis + Fremdkapitalzinsen

* * * * *

2 Erfassung, Verteilung, Analyse und Zurechnung von Kosten (KLR)

Zur Ergebnistabelle

Kalkulatorische Abschreibung pro Jahr $= \frac{\text{Wiederbeschaffungskosten}}{\text{tatsächliche Nutzungsdauer in Jahren}}$

Betriebsnotwendiges Kapital:

	Betriebsnotwendiges Anlagevermögen (d. h. z. B. ohne brachliegende Grundstücke, vermietete Gebäude o. Ä.)
+	Betriebsnotwendiges Umlaufvermögen (d. h. z. B. ohne Aktien, die zu Spekulationszwecken genutzt werden)
=	Betriebsnotwendiges Vermögen
–	Abzugskapital (d. h. ohne das Kapital, das dem Unternehmen zinslos zur Verfügung steht, wie z.B. Lieferantenkredite, kurzfristige Rückstellungen oder Anzahlungen von Kunden)
=	Betriebsnotwendiges Kapital

Kalkulatorische Zinsen pro Jahr $= \text{Betriebsnotwendiges Kapital} \cdot \frac{\text{Zinssatz}}{100}$

Betriebsergebnis = Leistungen – Kosten

Neutrales Ergebnis = Ergebnis aus unternehmensbezogenen Abgrenzungen + Ergebnis aus kostenrechnerischen Korrekturen

Unternehmensergebnis = Neutrales Ergebnis + Betriebsergebnis

Wirtschaftlichkeit $= \frac{\text{Leistungen}}{\text{Kosten}}$

Zur Kostenartenrechnung

Kostenintensität je Verbrauchsart $= \frac{\text{Kosten je Verbrauchsart}}{\text{Gesamtkosten}} \cdot 100$

Zur Kostenstellenrechnung

Materialgemeinkostenzuschlagssatz (MGKZ) $= \frac{\text{Materialgemeinkosten (MGK)}}{\text{Materialeinzelkosten (MEK)}} \cdot 100$

Fertigungsgemeinkostenzuschlagssatz (FGKZ) $= \frac{\text{Fertigungsgemeinkosten (FGK)}}{\text{Fertigungseinzelkosten (FEK)}} \cdot 100$

Verwaltungsgemeinkostenzuschlagssatz (VerwGKZ) $= \frac{\text{Verwaltungsgemeinkosten (VerwGK)}}{\text{Herstellkosten des Umsatzes (HK d. U.)}} \cdot 100$

Vertriebsgemeinkostenzuschlagssatz (VertrGKZ) $= \frac{\text{Vertriebsgemeinkosten (VertrGK)}}{\text{Herstellkosten des Umsatzes (HK d. U.)}} \cdot 100$

Berechnung der Herstellkosten bzw. der Selbstkosten des Umsatzes:

	Fertigungsmaterial (MEK)
+	Materialgemeinkosten (MGK)
=	Materialkosten
	Fertigungslöhne (FEK)
+	Fertigungsgemeinkosten (FGK)
+	Sondereinzelkosten Fertigung (SEK Fertigung)
=	Fertigungskosten
	Materialkosten + Fertigungskosten = Herstellkosten der Erzeugung (HK d. E.)
–	Mehrbestand/+ Minderbestand
=	**Herstellkosten des Umsatzes (HK d. U.)**
+	Verwaltungsgemeinkosten (VerwGK)
+	Vertriebsgemeinkosten (VertrGK)
+	Sondereinzelkosten Vertrieb (SEK Vertrieb)
=	**Selbstkosten des Umsatzes (SK d. U.)**

Kostenüber- bzw. Kostenunterdeckung = Normalkosten – Istkosten

Zur Kostenträgerrechnung

Umsatzergebnis je Kostenträger = $\frac{\text{Nettoumsatzerlöse}}{\text{je Kostenträger}}$ – Selbstkosten des Umsatzes je Kostenträger

Betriebsergebnis = Summe der Umsatzergebnisse aller Kostenträger + Kostenüberdeckung im BAB bzw. – Kostenunterdeckung im BAB

Geplante Umsatzrendite des Kostenträgers = $\frac{\text{Umsatzergebnis des Kostenträgers}}{\text{Umsatzerlöse des Kostenträgers}} \cdot 100$

Wirtschaftlichkeit = $\frac{\text{Nettoumsatzerlöse}}{\text{Selbstkosten des Umsatzes}}$

Grundlagen zur Deckungsbeitragsrechnung

x	=	Produktions- und Absatzmenge	
$K(x)$	=	Gesamtkosten der Menge x	$= K_V + K_F = k_v \cdot x + K_F = k \cdot x$
k	=	Stückkosten	$= K(x) : x = k_v + k_f$
K_V	=	Gesamte variable Kosten	$= k_v \cdot x$
k_v	=	Variable Stückkosten	$= K_V : x = \frac{\text{Kostendifferenz}}{\text{Mengendifferenz}}$ bzw. $\frac{(K_2 - K_1)}{(x_2 - x_1)}$
K_F	=	Gesamte Fixkosten	$= K(x) - k_v \cdot x = K(x) - K_v$
k_f	=	Fixe Stückkosten	$= K_F : x$
$U(x)$	=	Umsatzerlöse	$= p \cdot x$
p	=	Stückpreis	$= U(x) : x$
$G(x)$	=	Gewinn	$= g \cdot x = U(x) - K(x) = p \cdot x - (k_v \cdot x + K_F)$
g	=	Stückgewinn	$= G(x) : x = p - k$

Deckungsbeitrag

$DB(x)$ = Gesamtdeckungsbeitrag $= db \cdot x = U(x) - K_V$

db = Stückdeckungsbeitrag $= DB(x) : x$ oder $p - k_v$

Deckungsbeitragsrechnung als Stückrechnung

	Stückpreis	p
–	Variable Stückkosten	$- k_v$
=	Stückdeckungsbeitrag	$= db$
–	Fixe Stückkosten	$- k_f$
=	Stückgewinn	$= g$

Deckungsbeitragsrechnung als Gesamtrechnung

	Umsatzerlöse	$U(x)$
–	Variable Gesamtkosten	$- K_V$
=	Gesamtdeckungsbeitrag	$= DB$
–	Fixkosten	$- K_F$
=	Gewinn	$= G(x)$

Gewinnschwelle

$G(x) = 0$, daraus folgt: $U(x) = K(x)$ oder
$K_F : db$ oder
$p = k$

Beschäftigungsgrad $= \dfrac{\text{genutzte Kapazität}}{\text{technische Maximalkapazität}} \cdot 100$

Ermittlung der kritischen Menge $= K_1 = K_2$ bzw. $\overbrace{k_v \cdot x + K_F}^{K_1} = \overbrace{k_v \cdot x + K_F}^{K_2}$ ➔ auflösen nach x

Teilkostenrechnung in Mehr-Produkt-Unternehmen

Absolute Kostenersparnis je Stück bei Eigenfertigung = Fremdbezugspreis bzw. Einstandspreis je Stück – variable Stückkosten

≥ 0 ➔ Die Eigenfertigung ist **bei ausreichender Kapazität** dem Fremdbezug vorzuziehen.

Preisuntergrenze

Kurzfristige (absolute) Preisuntergrenze: $p^1 = k_v$

Langfristige Preisuntergrenze: $p = k$

1 p = Barverkaufspreis = Listenverkaufspreis
– Rabatt
= Zielverkaufspreis
– Vertreterprovision
– Skonto
= Barverkaufspreis (Nettoverkaufspreis)

3 Strategisches Marketing, Marktpolitische Entscheidungen treffen im Bereich Distributions- und Kommunikationspolitik

Kennzahlen der Marktforschung

Marktpotenzial = potenzieller Gesamtabsatz/-umsatz der gesamten Branche am Markt

Marktvolumen = tatsächlicher Gesamtabsatz/-umsatz der gesamten Branche am Markt

Absatzpotenzial = potenzieller Gesamtabsatz/-umsatz eines Unternehmens am Markt

Absatzvolumen = tatsächlicher Gesamtabsatz/-umsatz eines Unternehmens am Markt

Sättigungsgrad des Marktes $= \frac{\text{Marktvolumen}}{\text{Marktpotenzial}} \cdot 100$

Marktanteil (aktuell) $= \frac{\text{Absatzvolumen}}{\text{Marktvolumen}} \cdot 100$

Marktanteil (erwartet) $= \frac{\text{Absatzpotenzial}}{\text{Marktpotenzial}} \cdot 100$

Marktanteil (relativer) $= \frac{\text{eigener Marktanteil}}{\text{Marktanteil des größten Konkurrenten}}$

Marktwachstum $= \frac{(\text{Umsatz Folgejahr} - \text{Umsatz Berichtsjahr}) \cdot 100}{\text{Umsatz Berichtsjahr}}$

5 Finanzierungsentscheidungen treffen

Ermittlung des Kapitalbedarfs für das Anlagevermögen (Beispiel)

Kapitalbedarf z. B. für

- Gebäude
- Raumausstattung
- Maschinen
- eisernen Bestand an Rohstoffen[1]
- Einführungswerbung[1]

Ermittlung des Kapitalbedarfs für das Umlaufvermögen (Beispiel)

Materialaufwand (MEK)	=	täglicher Materialaufwand · (Lagerdauer für Rohstoffe + Produktionsdauer + Lagerdauer für Fertigerzeugnisse + Kundenziel – Lieferantenziel)
+ MGK	=	MEK · MGK-Zuschlagssatz in %
+ Lohnaufwand (FEK)	=	täglicher Lohnaufwand · (Produktionsdauer + Lagerdauer für Fertigerzeugnisse + Kundenziel)
+ FGK	=	FEK · FKG-Zuschlagssatz in%
+ SEK Fertigung		
= Herstellkosten		
+ VerwGK + VertrGK	=	Herstellkosten · VerwGKZ + Herstellkosten · VertrGKZ
+ SEK Vertrieb		
= **Kapitalbedarf für das Umlaufvermögen**		

1 Auch diese Kosten können Ausgaben zur Sicherung der Betriebsbereitschaft darstellen.

Fremdfinanzierung

Berechnung der Kosten für einen Kontokorrentkredit:

$$\frac{\text{Überziehungsbetrag} \cdot \text{Zinssatz} \cdot \text{Anzahl Tage Überziehungszeitraum}}{360 \cdot 100}$$

Umrechnung des Skontosatzes in einen Jahreszinssatz bei einem Lieferantenkredit:

$$\frac{\text{Bruttoskonto}^{1} \text{ in € } \cdot 100 \cdot 360}{\text{Überweisungsbetrag}^{2} \cdot (\text{Zahlungsziel} - \text{Skontofrist})} \quad \text{oder}$$

$$\frac{\text{Skontosatz} \cdot 360 \cdot 100}{(100 - \text{Skontosatz}) \cdot (\text{Zahlungsziel} - \text{Skontofrist})}$$

Nominalzinsen p. a. =

$$\text{Zinsen pro Jahr} = \text{(Rest-)Schulden am Jahresanfang} \cdot \frac{\text{Nominalzinssatz}}{100}$$

effektiver Jahreszinssatz:

$$\text{Berechnung des effektiven Jahreszinssatzes} = \frac{\text{Gesamtkosten des Kredits (€)} \cdot 100}{\text{Auszahlungsbetrag des Kredits (€)} \cdot \text{Laufzeit in Jahren}}$$

effektiver Jahreszinssatz (mit Disagio) näherungsweise für das 1. Jahr:

$$\frac{\left(\text{Nominalzinssatz} + \frac{\text{Zinssatz des Disagios}}{\text{Laufzeit in Jahren}}\right)}{100 - \text{Zinssatz des Disagios}} \cdot 100 \quad \text{bzw.} \quad \frac{\left(\text{Nominalzinsen} + \frac{\text{Disagio}}{\text{Laufzeit in Jahren}}\right)}{\text{Auszahlungsbetrag}} \cdot 100$$

Annuität = anfängliche Darlehenshöhe · Annuitätenfaktor

$$\textbf{Annuitätenfaktor} = \frac{(1 + i)^n \cdot i}{(1 + i)^n - 1}$$

(n = Laufzeit des Darlehens, p = Nominalzinssatz p. a., $i = \frac{p}{100}$.

Beträgt der Nominalzinssatz z. B. 4 %, dann setzt man für i die Zahl 0,04 bzw. $\frac{4}{100}$ ein.

---

1 $\text{Bruttoskonto} = \frac{\text{Rechnungsbetrag brutto} \cdot \text{Skontosatz}}{100}$

2 Überweisungsbetrag = Rechnungsbetrag brutto − Bruttoskonto.

Leverage-Effekt[1]	
Kennzahl	**Formel**
Fremdkapitalzinsen (FK-Zinsen in €)	$\text{durchschnittliches Fremdkapital in €} \cdot \frac{\text{Fremdkapitalzinssatz p. a.}}{100}$
Fremdkapitalzinssatz (in %)	$\frac{\text{Fremdkapitalzinsen in €} \cdot 100}{\text{durchschnittliches Fremdkapital in €}}$
Gesamtkapitalrentabilität (GKR) in %	$\frac{(\text{Jahresergebnis in €} + \text{Fremdkapitalzinsen in €}) \cdot 100}{\text{durchschnittliches Gesamtkapital}^{2} \text{ in €}}$
Eigenkapitalrentabilität (EKR) in %	$\frac{\text{Jahresergebnis}^{3} \text{ in €} \cdot 100}{\text{durchschnittliches Eigenkapital in €}}$
Verzinsung des Gesamtkapitals in €	$\text{Gesamtkapital in €} \cdot \frac{\text{GKR}}{100}$
Verzinsung des Eigenkapitals in €	Verzinsung des Gesamtkapitals in € – Fremdkapitalzinsen in €

Der Leverage-Effekt kann auch mithilfe folgender Formel ermittelt werden:

$$EKR = GKR + (GKR - i) \cdot \frac{FK}{EK} \qquad i = \text{Fremdkapitalzins}$$

1 Auf die Ermittlung von Durchschnittswerten wird aus Vereinfachungsgründen verzichtet. Es handelt sich jeweils um das durchschnittliche Kapital.

2 Gesamtkapital = Eigenkapital + Fremdkapital.

3 Bzw. Verzinsung des eingesetzten Eigenkapitals in €.

Vorwort

Dieses Abitur-Trainingsbuch ist an die angehenden Abiturienten/-innen des Abiturjahrgangs 2021 zur Vorbereitung auf die zentrale Abiturprüfung des Landes Niedersachsen im Bildungsgang des beruflichen Gymnasiums „Wirtschaft"[1] gerichtet, kann aber durchaus auch zur Abiturvorbereitung in anderen Bundesländern und in betriebswirtschaftlichen Studiengängen (Bachelor) eingesetzt werden. Es versteht sich als Ergänzung zum eingeführten Lehrbuch.[2]

Die in diesem Abitur-Trainingsbuch enthaltenen **thematischen Schwerpunkte 2021** aus den Bereichen

- **Kosten- und Leistungsrechnung (Vollkosten- und Teilkostenrechnung),**
- **Marketing (Strategisches Marketing, Marktpolitische Entscheidungen treffen im Bereich Distributions- und Kommunikationspolitik),**
- **Change Management**

sowie **Grundlagen** aus dem Bereich

- **Controlling und Unternehmenssteuerung/Finanzcontrolling**

entsprechen den aktuellen Abiturvorgaben des Niedersächsischen Kultusministeriums.[3] **Eine Abiturvorbereitung mit den Original-Abiturklausuren der vergangenen Jahre ist nicht zwangsläufig zielführend, da sie i. d. R. nicht den jeweils aktuellen Abiturvorgaben entsprechen.**

Im Folgenden werden die abiturrelevanten Themenschwerpunkte sowie notwendiges Basiswissen **verständlich erklärt.** Das wiederholte Wissen kann anschließend anhand abiturgerechter Arbeitsaufträge und einer Beispiel-Abiturklausur mit den thematischen Schwerpunkten 2021 für Niedersachsen **selbstständig geübt** und die Arbeitsergebnisse **mithilfe ausführlicher Musterlösungen überprüft werden.**

Um eine effektive Klausurvorbereitung zu gewährleisten, enthält dieses Abitur-Trainingsbuch:

- Vorgaben für die schriftliche Abiturprüfung 2021,
- Übersichten über wichtige thematische Zusammenhänge,
- Hinweise zum Aufbau von Abiturklausuren bzw. zur Abiturvorbereitung,
- einen Überblick über wichtige Methoden/Handlungsprodukte,
- Übersichten, verständliche Erklärungen und Zusammenfassungen abiturrelevanter Themen, eingebettet in verschiedene situationsbezogene Fallsituationen,
- abiturgerechte Arbeitsaufträge, die mithilfe von bereitgestellten Lösungsformularen (z. T. als Download) entweder handschriftlich oder mit Excel bearbeitet und sofort mithilfe der ausführlichen Musterlösungen verglichen werden können,
- eine **entnehmbare Formelsammlung,** die alle für das Abitur 2021 relevanten Formeln enthält,
- eine **Beispiel-Abiturklausur mit den relevanten Abiturthemen 2021** zur themenübergreifenden Vorbereitung auf die schriftliche Abiturprüfung 2021 einschließlich Musterlösungen und Punktvergabe zur Selbstkontrolle.

Viel Spaß bei der Abiturvorbereitung und Erfolg bei der Prüfung wünscht Ihnen

Vera Winkler

---

1 http://www.nibis.de/nli1/bbs/archiv/rahmenrichtlinien/fg_ueber/brc_ueber.pdf

2 Z. B. Betriebswirtschaft mit Rechnungswesen | Controlling – Berufliches Gymnasium Wirtschaft, Band 2 (Merkurbuch 0537) und Band 3 (Merkurbuch 0540), Merkur Verlag Rinteln.

3 https://www.nibis.de/uploads/mk-bolhoefer/2021/21BRC-_TSP2021NEU.pdf [Zugriff: 07.07.2020].

Inhaltsverzeichnis

THEMATISCHE SCHWERPUNKTE 2021

3 Strategisches Marketing, Marktpolitische Entscheidungen treffen im Bereich Distributions- und Kommunikationspolitik (aus Lerngebiet 5 der RRL)

THEMATISCHE SCHWERPUNKTE 2021

4 Konzepte der Unternehmensführung und Organisationsentwicklung (aus Lerngebiet 6 der RRL)

THEMATISCHE SCHWERPUNKTE 2021

5 Finanzierungsentscheidungen treffen (aus Lerngebiet 4 der RRL)

6 Beispielklausur: Abiturprüfung 2021

7 Musterlösungen

Excel-Dateien zum Download

- 1.6 Trainingsaufgabe zur Jahresabschlussanalyse
- 2.1.3.6 und 2.3 Trainingsaufgabe Vollkostenrechnung
- 2.5.2.2 Teilkostenrechnung in Ein-Produkt-Unternehmen
- 5.6 Trainingsaufgabe zur Finanzierung

DOWNLOAD

Hinweis zum Download:
Die Excel-Downloads finden Sie auf der Internetseite des Merkur Verlags – **www.merkur-verlag.de** – mithilfe der Schnellsuche (Eingabe: „0380") in der Mediathek („Download").

0.1 Thematische Schwerpunkte für das Fach Betriebswirtschaft mit Rechnungswesen | Controlling im Abitur 2021

A. [...]

B . Thematische Schwerpunkte[1]

Schwerpunktübergreifend

Eine aufgaben- und zielangemessene Auswahl und Anwendung von Strukturierungstechniken, Visualisierungsverfahren und Analyseverfahren wird vorausgesetzt. Die folgenden Handlungsergebnisse können Gegenstand der Abiturprüfung sein: Übersichtsmatrix, Handout, ~~Wirkungskette/Kausalkette~~, Beschlussvorlage.

Thematischer Schwerpunkt 1: *Strategisches Marketing, Marktpolitische Entscheidungen treffen im Bereich Distributions- und Kommunikationspolitik (aus dem Lerngebiet 5 der RRL)*

Aufbauend auf einer konkreten Unternehmens- und Marktsituation einer Aktiengesellschaft sind mögliche Marketingstrategien aufzuzeigen. Insofern wird sich die Problemstellung nicht gezielt auf bestimmte Marketingziele und unternehmensstrategische Positionierungen beschränken, sondern so ausgestaltet sein, dass verschiedene Ansätze möglich sind. Die entsprechende Strategieauswahl ist von den Schülerinnen und Schülern zu begründen.

Auf dieser Grundlage sowie vor dem Hintergrund der zunehmenden Digitalisierung sind im Rahmen der Distributions- und Kommunikationspolitik mögliche Lösungsstrategien aufzuzeigen und zu begründen. Sollte die Kenntnis spezieller rechtlicher Regelungen im Rahmen der zu treffenden Analysen und Entscheidungen erforderlich sein, werden entsprechende Materialien zur Verfügung gestellt.

Thematischer Schwerpunkt 2: *Vollkostenrechnung; Managementkonzepte im Rahmen aktueller Unternehmensstrategien anwenden (aus dem Lerngebieten 3 und 6 der RRL)*

Hintergrund des thematischen Schwerpunkts ist die zunehmende Digitalisierung der Wirtschaft und daraus resultierende unternehmerische Strategien und Entscheidungen zur langfristigen Sicherung der Wettbewerbsfähigkeit.

Im Bereich der Vollkostenrechnung werden die in den Rahmenrichtlinien angegebenen Inhalte erwartet. Die zentralen Fragestellungen im Rahmen der Vollkostenrechnung sind am Beispiel eines vorgegebenen bzw. teilweise vorgegebenen Datenkranzes zu erarbeiten und zu erläutern; hierbei sind auch Berechnungen durchzuführen (z. B. BAB). Vor dem Hintergrund der konkreten Problemstellung sollen im Rahmen der Analysen Bewertungen vorgenommen, Schlussfolgerungen gezogen und Entscheidungen begründet werden. Die Berechnung von Maschinenstundensätzen wird in diesem Zusammenhang nicht erwartet. Die Grenzen der Vollkostenrechnung sind vor dem Hintergrund des unternehmerischen Handelns am Markt zu reflektieren. In diesem Zusammenhang werden die Grundideen und Vorzüge der Teilkostenkostenrechnung ~~und der Prozesskostenrechnung~~ erwartet.

Der Inhaltsbereich ~~„Prozessmanagement“ und~~ „Change Management“ wird vollständig vorausgesetzt. Sollte die Kenntnis spezieller rechtlicher Regelungen im Rahmen der zu treffenden Analysen und Entscheidungen erforderlich sein, werden entsprechende Materialien zur Verfügung gestellt.

Die von den Schülerinnen und Schülern aufgrund einer konkreten und komplexen Problemstellung zu erarbeitenden Lösungen setzen umfassende Kompetenzen bzgl. der Systematik von Entwicklungsprozessen (Analyse der Ausgangssituation, Stärken und Schwächen, Ziele bzw. Zielanforderungen, Maßnahmenauswahl, Controlling) voraus. Die Problemlösungen sind mehrperspektivisch und -schichtig (z. B. Umwelt- und Wertorientierung) zu begründen.

Thematischer Schwerpunkt 3: *Finanzierungsentscheidungen treffen und mit ausgewählten Controllinginstrumenten beurteilen (aus den Lerngebieten 4 und 7 der RRL)*

In der Problemstellung wird ein konkreter Finanzierungsanlass einer Aktiengesellschaft beschrieben. Darauf bezogen sind geeignete Fremdfinanzierungsmöglichkeiten auf der Grundlage einer Kapitalbedarfsrechnung zu entwickeln und zu begründen. Zu den Fremdfinanzierungsmöglichkeiten zählen neben den Darlehensarten auch das Leasing ~~und Industrieobligationen~~. Die Verfahren sind problemorientiert und bezogen auf den Datenkranz der Unternehmung anzuwenden und in ihrem Aussagegehalt zu hinterfragen. Bewertungen und Entscheidungen sind ggf. durch konkrete Berechnungen zu untermauern. Sonderformen der Gläubigerpapiere (z. B. Options- und Wandelanleihen) werden nicht angesprochen.

Alle Inhaltsbereiche des Lerngebietes 7 werden grundsätzlich vorausgesetzt. Die notwendigen Kennzahlen des Finanzcontrolling sollen auf der Basis einer vorstrukturierten Bilanz und GuV-Rechnung berechnet und analysiert werden. Es werden jedoch keine speziellen Bewertungskenntnisse (z. B. Bewertungsfragen bzgl. einzelner aktiver und passiver Bilanzpositionen) verlangt. Internationale Erfolgskennzahlen (z. B. ROI) werden nicht thematisiert.

C . Sonstige Hinweise

Spezifische Hinweise und Erläuterungen sind im Rahmen des Abiturs 2021 nicht erforderlich (z. B. PC-Einsatz), da von einer rein schriftlichen Aufgabenlösung durch die Schülerinnen und Schüler ausgegangen wird.

Quelle: https://www.nibis.de/uploads/mk-bolhoefer/2021/21BRC-_TSP2021NEU.pdf [Zugriff: 07.07.2020].

1 **Wichtiger Hinweis:** Vor dem Hintergrund der durch die COVID-19-Pandemie verursachten Unterrichtsbeeinträchtigungen wurden die thematischen Schwerpunkte für das Prüfungsjahr 2021 angepasst. Diese Anpassungen sind im Folgenden grau unterlegt.

0.2 Hinweise zum Aufbau von Abiturklausuren

Um das Leistungsvermögen der Prüflinge möglichst differenziert zu erfassen, werden bei den Aufgaben **drei Anforderungsbereiche (I, II, III)** unterschieden, wobei eine eindeutige Abgrenzung nicht immer möglich ist. Gemäß EPA[1] liegt das Schwergewicht der zu erbringenden Prüfungsleistungen im Anforderungsbereich II. Der Anforderungsbereich I wird geringer als AFB II, aber stärker als AFB III berücksichtigt. Sie erhalten in der Abiturprüfung zur Auswahl zwei verschiedene Prüfungen. Diese beziehen sich i. d. R. auf die gleiche Problemstellung (Ausgangssituation), enthalten aber unterschiedliche Aufgabenstellungen. Für die Auswahl einer Prüfung haben Sie 20 Minuten Zeit, die Bearbeitungszeit einer Abiturklausur beträgt 270 Minuten. In diesem Abiturvorbereitungsbuch liegt – anders als in der Abiturprüfung – zur umfassenden Vorbereitung eine Beispielklausur vor. Den jeweiligen Anforderungsbereichen lassen sich folgende **Operatoren**[2] zuordnen:

➤ Anforderungsbereich I

berechnen ermitteln	Aufgaben anhand vorgegebener Daten und Sachverhalte mit bekannten Operationen lösen
beschreiben darstellen	Wesentliche Aspekte eines Sachverhaltes im logischen Zusammenhang unter Verwendung der Fachsprache wiedergeben
nennen wiedergeben zusammenfassen	Kenntnisse (Fachbegriffe, Daten, Fakten, Modelle) und Aussagen in komprimierter Form unkommentiert darstellen

➤ Anforderungsbereich II

analysieren	Wirtschaftliche Sachverhalte aus Materialien kriterien- bzw. aspektorientiert beschreiben und erklären
auswerten	Daten oder Einzelergebnisse zu einer abschließenden Gesamtaussage zusammenführen
einordnen	Etwas zuordnen (z. B. Positionen, Fakten, Materialien) oder einen Sachverhalt in einen Zusammenhang stellen
erklären erläutern	Sachverhalte durch Wissen und Einsichten in einen Zusammenhang (Theorie, Modell, Regel, Gesetz, Funktionszusammenhang) einordnen und deuten; ggf. durch zusätzliche Informationen und Beispiele verdeutlichen
herausarbeiten	Aus Materialien bestimmte Sachverhalte herausfinden, die nicht explizit genannt werden, und Zusammenhänge zwischen ihnen herstellen
interpretieren	Sinnzusammenhänge aus Materialien erschließen
skizzieren	Sachverhalte, Strukturen und Ergebnisse auf das Wesentliche reduzieren und diese grafisch oder als Text übersichtlich darstellen
vergleichen	Sachverhalte gegenüberstellen, um Gemeinsamkeiten, Ähnlichkeiten und Unterschiede herauszuarbeiten

1 Einheitliche Prüfungsanforderungen in der Abiturprüfung Wirtschaft. Vgl. https://www.kmk.org/fileadmin/veroeffentlichungen_beschluesse/1989/1989_12_01-EPA-wirtschaft.pdf [Zugriff: 10.06.2020].

2 http://www.nibis.de/uploads/1heihoke/fremddateien/2011_04_06_Anl_Operatoren_fuer_BRC-BuV-Volkswirtschaft_ab_2013.pdf [Zugriff: 10.06.2020].

Anforderungsbereich III

begründen	Zu einem Sachverhalt komplexe Grundgedanken unter dem Aspekt der Kausalität argumentativ und schlüssig entwickeln
beurteilen	Den Stellenwert von Sachverhalten und Prozessen in einem Zusammenhang bestimmen, um theorie- und kriterienorientiert zu einem begründeten Sachverhalt zu gelangen
diskutieren	Zu einer ökonomischen Problemstellung eine Pro- und Kontra-Argumentation entwickeln, die zu einer begründeten Bewertung führt
gestalten	Aufbereiten und adressatenbezogenes, sachlogisch strukturiertes, fachsprachlich korrektes Darstellen der selbstständig entwickelten Ergebnisse
selbstständig entwickeln	Zu einem Sachverhalt oder einer Problemstellung ein konkretes Lösungsmodell, eine Gegenposition oder einen Regelungsentwurf begründet entfalten
Stellung nehmen	Ausgehend vom Sachurteil unter Einbeziehung individueller Wertmaßstäbe zu einem begründeten eigenen Werturteil kommen
überprüfen	Inhalte, Sachverhalte, Vermutungen oder Hypothesen auf der Grundlage eigener Kenntnisse oder mithilfe zusätzlicher Materialien auf ihre sachliche Richtigkeit bzw. auf ihre innere Logik hin untersuchen

0.3 Hinweise zur Bearbeitung der Abiturklausur bzw. zur Abiturvorbereitung

- In der Abiturklausur liegt Ihnen eine komplexe und konkrete Ausgangssituation vor, auf welche sich die Arbeitsaufträge beziehen. Nehmen Sie daher bei der Bearbeitung der Arbeitsaufträge möglichst Bezug zu dieser Ausgangssituation. Wichtige Informationen aus der Ausgangssituation sollte man bereits beim ersten Durchlesen markieren, um nicht unnötig Zeit zu verlieren.
- Beachten Sie bei der Bearbeitung der Arbeitsaufträge auch die Punktzahl in Verbindung mit dem Operator. Dies kann Aufschluss über den zu erwartenden Umfang der Lösung geben.
- Der in der Abiturklausur dargestellte ökonomische Sachverhalt wird systemorientiert und prozessorientiert betrachtet, häufig besteht ein Bezug zur betrieblichen Praxis bzw. zu aktuellen volkswirtschaftlichen Problemen. Daher können die mehrperspektivische Betrachtung eines Problems, die Integration fachwissenschaftlicher Inhalte und auch das Rechnungswesen als Steuerungsinstrument für wirtschaftliche Entscheidungsprozesse notwendig sein.
  - Nehmen Sie sich deshalb Zeit, Ihr Basiswissen aufzufrischen, indem Sie das Kapitel 1 wiederholen, bevor Sie mit der Vorbereitung auf die thematischen Schwerpunkte in den Kapiteln 2, 3, 4 und 5 beginnen.
  - Verschaffen Sie sich einen Überblick über wichtige, in Kapitel 0.4 dargestellte Methoden/Handlungsprodukte für eine angemessen strukturierte Bearbeitung der Arbeitsaufträge.
  - Als abschließende Prüfungsvorbereitung sollten Sie die in Kapitel 6 abgedruckte Abiturklausur unter Abiturbedingungen lösen und ihren Erfolg anschließend mithilfe der beigefügten Musterlösungen mit Angaben zur Punktvergabe messen.

0.4 Handlungsprodukte für Zentralabiturprüfung in den Fächern Betriebswirtschaft mit Rechnungswesen | Controlling (BRC)[1]

Handlungsprodukt	Erläuterungen/zu beachtende Aspekte
Übersichtsmatrix	Die Übersichtsmatrix stellt umfangreiche Sachverhalte/Inhalte als Hilfsmittel zur Entscheidungsfindung geordnet gegenüber.
Mindmap	Strukturierte Visualisierung von Inhalten/Aspekten einer Thematik nach folgendem Vorgehen: ➢ Thema (Titel/Problem) knapp und treffend/präzise formulieren und mittig platzieren, ➢ Hauptäste (erste Ebene) und Nebenzweige (zweite, dritte, ... Ebene) thematisch sinnvoll hierarchisch ordnen und in angemessener Anzahl festlegen, sodass Gedankenketten erkennbar werden und gleichzeitig durch eine Beschränkung der Verästelungen/Zweige die Übersichtlichkeit gewährleistet ist. Die Ordnungsstruktur wird vom Allgemeinen zum Speziellen aufgebaut. Hauptäste gliedern das Thema in wichtige Teilbereiche. Nebenzweige listen konkrete Einzelaspekte auf.
Forderungskatalog	Auflistung von Forderungen mit dem Ziel, Ansprüche an Adressaten auszudrücken und sie zum Handeln aufzufordern. Der Forderungskatalog besteht aus den folgenden Bestandteilen: ➢ Benennung der/des Adressaten, ➢ sorgfältige Analyse des Ist-Zustandes, ➢ Formulierung des Soll-Zustandes (Ziel). Logisch strukturierte sowie präzise begründete, realistische, auf die/den Adressaten bezogene Forderungen.
Handout/Tischvorlage	Gegliederte komprimierte Darstellung, die bei Vorträgen oder Sitzungen relevante Fakten für die Anwesenden logisch strukturiert zusammenfasst und der Information/Orientierung über Sachverhalte/Positionen/Vorschläge und/oder als Diskussionsgrundlage dient. Sie kann als Träger andere Methoden beinhalten, z. B. tabellarische Übersichten. Form/Inhalt: ➢ Art/Bezeichnung/Anlass der Veranstaltung, ggf. Hinweis auf Veranstalter/-in oder Referent/-in, ➢ Thema der Präsentation, ggf. Termin, ➢ strukturierte Gliederung der verschiedenen Inhalte; Zuordnung von Oberbegriffen, evtl. Unterpunkten, ➢ Darstellung von Fakten: verständlich, schlüssig, adressatengerecht, inhaltlich übersichtlich geordnet und in ganzen Sätzen formuliert, Anwendung der Fachsprache, ggf. Definition von Begriffen und Verweise auf Materialien/Quellen.
Stellungnahme	Meinungsäußerung zu einem bestimmten Sachverhalt mit dem Ziel, unter Einbeziehung individueller Wertmaßstäbe zu einem begründeten eigenen Werturteil zu kommen (vorgegebene Frage- oder Problemstellung); Antizipieren von Pro- und Kontra-Argumenten. Aufbau/Elemente: ➢ In der Einleitung wird das Thema bzw. die zentrale These des Autors kurz, prägnant und präzise dargestellt. ➢ Im Hauptteil findet eine Auseinandersetzung mit einer vorgegebenen Meinung, der Klärung eines Sachverhalts oder eines strittigen Problems statt. Dabei werden – die Zielkonflikte bzw. Gründe und Gegengründe benannt, – Wirkungen und Folgen des Sachverhalts bzw. der Alternativen überprüft, – Chancen und Risiken differenziert dargestellt und – ggf. neue Lösungsansätze entwickelt.

1 Vgl. http://www.nibis.de/uploades/2bbs-vetter/220714-Handlungsprodukte_BRC_BVW_VW_ab2017.pdf [Zugriff: 10.06.2020].

Handlungsprodukt	Erläuterungen/zu beachtende Aspekte
	➢ Im Schlussteil findet eine kritische Überprüfung der vorgegebenen Beweisführung statt. Dabei wird der eigene Standpunkt mit den maßgeblichen Abwägungen dargelegt und begründet. Das Fazit umfasst drei Elemente: ① das Urteil (Entscheidung/Empfehlung), ② eine Untermauerung des Urteils/der Empfehlung der Entscheidung mit Begründungen, ③ die Entkräftung der Gegenargumente.
Veröffentlichung ➢ **Zeitungsartikel** ➢ **Presse-mitteilung** ➢ **Leserbrief/Blog**	Der Zeitungsartikel ist eine logisch strukturierte Informationsvermittlung je nach Aufgabenstellung im sachlichen oder kommentierenden Sprachstil an einen vorgegebenen Adressaten-/Leserkreis, um ihn zu einem konkreten Thema kurz, prägnant und präzise zu informieren und für die Thematik zu interessieren. Die Pressemitteilung (intern oder extern) als Sachtext beantwortet im Nachrichtenkopf die wichtigsten W-Fragen zu dem Thema (Wer? Was? Wann? Wo? Wie? Warum?) kurz, prägnant und präzise. Im Nachrichtenkörper werden die geordneten Detailinformationen, bezogen auf die Zielsetzung des Artikels und den anzusprechenden Leserkreis, aufgeführt. Der Leserbrief/Blog ist die schlüssige schriftliche Reaktion auf einen veröffentlichten Beitrag (Bezug auf den Artikel im einleitenden Satz) und dient zur kurzen, sachbezogenen Darstellung einer persönlichen Meinung. Er ermöglicht es, einen eigenen Standpunkt einer größeren Öffentlichkeit vorzustellen. Für alle Veröffentlichungen gilt, dass sie eine aussagekräftige Überschrift haben, die die Aufmerksamkeit auf das Thema lenkt.
Maßnahmenplan	Skizzenhafte, strukturierte, problem- und lösungsbezogene Darstellung von möglichen geplanten und begründeten Aktionen/Maßnahmen. Der Maßnahmenplan beinhaltet: ➢ Thema/Bezug zur Ausgangssituation und Ist-Analyse/Fakten, ➢ Zielsetzung, ➢ geplante und begründete Aktionen/Maßnahmen (Aspekte was – wer – wie); Hinweis auf Wirkungen und Zielerreichung.
Beschlussvorlage	Eine die Entscheidung vorbereitende begründete Darstellung mit Adressatenbezug. Die Beschlussvorlage besteht aus den folgenden Bestandteilen: ➢ Einleitung: Ansprache der Adressaten und einleitender Satz (Thema, Ausgabe), ➢ Hauptteil: kurze, prägnant und präzise begründete, sprachlich richtige Fakten zum Thema/Aufgabe, ➢ Schlussteil: klar begründete Nennung der Entscheidung der Beschlussvorlage, ggf. Hinweis auf Anlagen, Grußformel/Unterschrift.
Wirkungskette **Kausalkette**	Strukturierte Darstellung von Abhängigkeiten/Wirkungsverhältnissen (Ursache → Wirkung); ausgehend von einem klar definierten Ausgangspunkt (z. B. ursächliches bevorstehendes oder geplantes Ereignis, gesetzte Rahmenbedingung/-en), damit verbundene unmittelbare bzw. direkte Auswirkungen prägnant, präzise und schlüssig monokausal bzw. vernetzt dargestellt werden.
Thesenpapier	Pointierte Aussagen zu konkreten Fragestellungen oder zu einem kontrovers zu betrachtenden Thema, die widerlegt bzw. belegt werden können (keine Fragen!). Schema: Behauptung, evtl. mit Begründung. Ggf. Formalia: Verfasser/-in, Ort, Datum, Thema.

Handlungsprodukt	Erläuterungen/zu beachtende Aspekte
Gutachten	Sachlich fundierte Beurteilung aus der Sicht eines Sachverständigen in Bezug auf eine bestimmte Problemstellung. Das Gutachten besteht aus der Bewertung und dem Urteil. ➢ Die Bewertung ist eine auf Expertenwissen basierende Überprüfung eines Sachverhaltes anhand geeigneter Beurteilungskriterien. ➢ Im sich anschließenden eindeutigen Urteil werden die ausschlaggebenden Gesichtspunkte des Prüfungsprozesses nachvollziehbar angeführt und Schlussfolgerungen abgeleitet.
Szenario	Problemdarstellung, die – ausgehend von der realen derzeitigen Situation – einen begründeten Blick in die Zukunft (Perspektive) wirft. Der Analysezeitraum wird vorgegeben. Bestandteile: 1. Analyse der Ausgangslage/Problemanalyse. 2. Einflussanalyse: Sammlung der durch Aufgabenstellung klar abgegrenzten Einflussfaktoren in einer Faktorenliste, die die Entwicklung des Untersuchungsgegenstandes verändern können. 3. Trendprojektion: Darstellung der unterschiedlichen Wirkung der Einflussfaktoren als Entwicklungspfade (drei Möglichkeiten): ➢ A: Positives Extremszenario – best case – die beste Annahme. ➢ B: Trendszenario – die derzeitige Situation wird in die Zukunft fortgeschrieben. ➢ C: Negatives Extremszenario – worst case – die schlimmste Annahme. 4. Diskussion der Ergebnisse (Eintrittswahrscheinlichkeit), evtl. Vergleich mit dem Trendszenario und/oder Formulierung realistischer Maßnahmen zur Problemlösung. Wegen der Komplexität der Bearbeitung können in der ZA-Klausur auch nur einzelne Bestandteile des Szenarios Gegenstand der Aufgabenstellung sein.
SWOT-Analyse	Positionierungsanalyse der eigenen Aktivitäten gegenüber dem Wettbewerb. Interne Analyse der Stärken und Schwächen. Externe Unternehmens-Umfeld-Analyse in Form eines Chancen-Risiken-Katalogs.

Hinweis:

Folgende Handlungsprodukte können **Gegenstand der Abiturprüfung 2021** sein:

- Übersichtsmatrix,
- Handout,
- Beschlussvorlage.

Die **komplette Übersicht über die Handlungsprodukte** für die Zentralabiturprüfung in den Fächern BRC, BVW und VW im Beruflichen Gymnasium finden Sie unter:

www.nibis.de/uploads/2bbs-vetter/220714_Handlungsprodukte_BRC_BVW_VW_ab2017.pdf

1 Controlling und Unternehmenssteuerung/Finanzcontrolling (aus Lerngebiet 7 der RRL)

1.1 Grundidee, Leitbilder, Ziel und Aufgaben des Controllings[1]

Grundidee

Controlling soll in Zeiten zunehmender Umwelteinflüsse, z.B. durch verstärkte internationale Konkurrenz, zunehmende Marktsättigung, verkürzte Produktlebenszyklen, komplexes Konsumentenverhalten, der Unternehmensleitung als Steuerungsinstrument dienen.

Anhand folgender Fragen zur Notwendigkeit des Controllings wird die Grundidee deutlich:

- „Wissen Sie exakt, bei welchen Artikeln Geld verdient wird und wo Geld zugesetzt werden muss?"
- „Wissen Sie, wie sich bestimmte Maßnahmen auf das Ergebnis auswirken?"
- „Wissen Sie, wie Ihr Ergebnis nach betriebswirtschaftlichen Grundsätzen, d.h. ohne steuerliche oder bilanzielle Veränderungen, aussieht?"
- „Erfahren Sie zeitnah, ob Sie noch im Plan liegen oder ob etwas aus dem Ruder läuft?"
- ...

Leitbilder[2]

- Die International Group of Controlling (IGC) hat folgendes Leitbild des Controllers entworfen: „Controller gestalten und begleiten den Management-Prozess der Zielfindung, Planung und Steuerung und tragen damit Mitverantwortung für die Zielerreichung."
- Außerdem wird Controlling als die Schnittmenge aus den Aufgaben des Managements und des Controllers betrachtet. Während der Controller für die Schaffung von Transparenz durch Bereitstellung von Informationen, Vorbereitung von Entscheidungen und Koordination des Planungsprozesses zuständig ist, muss das Management die Entscheidungen ergebnisverantwortlich treffen.

Ziel

Controlling ist ein Instrument zur Unterstützung der Unternehmensführung.

Aufgaben

Controlling ist ein funktionsübergreifendes Steuerungskonzept mit der Aufgabe der ergebnisorientierten Koordination von **Planung, Kontrolle und Informationsversorgung** im Unternehmen:

- Der Controller beschafft Informationen aus dem Rechnungswesen, bereitet sie auf und übermittelt die Informationen an das Management. Beispielsweise untersucht der Controller, welches Kostenrechnungssystem oder welches Investitionsrechnungsverfahren geeignet ist, um den Informationsbedarf der Unternehmensführung zu erfüllen.
- Er koordiniert Teilpläne und organisiert den gesamten Planungsprozess. Beispielsweise werden die Art und Anzahl der Pläne, die Planinhalte oder der zeitliche Ablauf der Planungsrunde koordiniert. Für diese Planungs- und Kontrollaufgabe ist die Budgetierung ein wichtiger Bestandteil.
- Die Arbeit des Controllers bewegt sich nicht nur im Bereich der operativen (kurzfristigen) Planung, sondern auch im Bereich der strategischen (langfristigen) Planung.
- Der Controller koordiniert den Regelkreis (Planung → Soll-/Ist-Vergleich → Gegensteuerungsmaßnahmen → Planung usw.): Bei der Planung werden mit zum Planungszeitpunkt vorliegenden Informationen Pläne erstellt, d.h. Leistungsmaßstäbe bzw. Soll-Werte festgesetzt. Dann werden die Planwerte mit den tatsächlich realisierten Ist-Werten verglichen. Bei Abweichungen ergibt sich die Notwendigkeit der Ursachenermittlung, ggf. der Fehlerkorrektur bzw. zu Gegensteuerungsmaßnahmen. Diese Maßnahmen dienen dann dazu, den zuvor festgelegten Zielwert zu erreichen oder den nicht erreichten Zielwert an die veränderten Bedingungen anzupassen. Damit beginnt dann die neue Planungsphase.

1 Vgl. Horvath, P. u.a.: Controlling umsetzen, 5., überarbeitete Auflage, Stuttgart 2012, S. 235ff. und Horvath, P. u.a.: Das Controllingkonzept, 4., überarbeitete Auflage, München 2012, S. 9ff.

2 http://www.olev.de/c/contr-material.pdf

- Dabei ist es für die Akzeptanz des Controllings im Unternehmen besonders wichtig, dass die Mitarbeiter der Abteilungen in den Planungsprozess einbezogen werden. Außerdem ist herauszustellen, dass Abweichungen der Ist- von den Sollwerten durch Veränderungen des Unternehmens und der Unternehmensumwelt automatisch auftreten und nicht durch Schuldzuweisungen einzelner Mitarbeiter gelöst werden können. Vielmehr sollten sie Grundlage für das Ergreifen weiterer Maßnahmen sein.

1.2 Strategisches Controlling und Management der Erfolgsfaktoren[1]

Planungshorizont

Langfristig, von 5 bis zu mehr als 10 Jahren.

Ziele

Langfristige Sicherung der Unternehmensexistenz und Erhaltung der Anpassungsfähigkeit des Unternehmens gegenüber Veränderungen der Unternehmensumwelt. Stärken des Unternehmens sollten genutzt und auf diese Weise Erfolgspotenziale geschaffen werden, die langfristig zu einer Wertsteigerung des Unternehmens im Sinne des Shareholder-Value-Ansatzes beitragen können.

Maßnahmen

Zum Beispiel:

- Entwicklung von neuen Produkten
- Aufbau von Marktpositionen
- Schaffung eines qualifizierten Führungspersonals
- Schaffung eines qualifizierten und motivierten Mitarbeiterstamms
- Strategische Entscheidungen zu Standort, Forschung und Entwicklung

Instrumente

Zum Beispiel:

- Stärken-Schwächen-Analyse, Chancen-Risiko-Analyse (SWOT-Analyse)[2]
- Portfolio-Analyse[3]
- Balanced Scorecard (diese zeichnet sich durch die Integration strategischer und operativer Ziele aus)

1.3 Aktuelle Kennzahlen und Kennzahlensysteme

1.3.1 Grundzüge der Bewertung

Hauptzweck des Jahresabschlusses

Ist der Gläubigerschutz, der sich aus dem Prinzip der Vorsicht ergibt (vgl. § 252 (1) Satz 4 HGB). Nach diesem Prinzip werden:

- die Vermögenswerte **aktiviert,** d.h., sie werden mit bestimmten Werten auf der Aktivseite der Bilanz erfasst.
- die Posten des Eigen- und Fremdkapitals **passiviert,** d.h., sie werden mit bestimmten Werten auf der Passivseite der Bilanz erfasst.

1 Vgl. Küpper, H.-U.: Controlling, 4., überarbeitete Auflage, Stuttgart 2005, S. 86ff.
2 Vgl. Kapitel 3.1.3.4, Seite 77f.
3 Vgl. Kapitel 3.1.3.2, Seite 75ff.

➤ Bewertungsprinzipien (Beispiele)

➤ Es muss vorsichtig bewertet werden:

Prinzip der Vorsicht (§ 252 (1) Nr. 4 HGB)	
Definition	„Es ist vorsichtig zu bewerten, namentlich sind alle vorhersehbaren Risiken und Verluste, die bis zum Bilanzstichtag entstanden sind, zu berücksichtigen", d. h., dass sich das Unternehmen eher zu schlecht als zu gut darstellen muss. Dieses Prinzip dient dem Schutz der Gläubiger.
Beispiel	Wird z. B. am 21. 11. 01 ein Kaufvertrag über die Beschaffung von Rohstoffen zu einem Festpreis von 10.000 € mit Liefertermin im Folgejahr geschlossen und der Rohstoffwert sinkt zum 31. 12. 01 auf 8.000 €, dann handelt es sich um einen drohenden Verlust im Jahr 01 aus einem schwebenden Geschäft[1] in Höhe von 2.000 €. In dieser Höhe muss eine Drohverlustrückstellung gebildet werden, selbst wenn dieser Verlust im Jahr 01 noch nicht realisiert wurde.

➤ Zur Bewertung der Vermögensgegenstände ist zu beachten, dass diese grundsätzlich eher „zu niedrig" bewertet werden. Es gelten z. B. das Anschaffungs- und das Niederstwertprinzip sowie das Realisationsprinzip:

Anschaffungswertprinzip (§ 253 (1) Satz 1 HGB)	
Definition	„Vermögensgegenstände sind höchstens mit ihren Anschaffungs- oder Herstellungskosten ... anzusetzen"
Beispiel	Ein Grundstück hat bei der Anschaffung im Jahr 01 einen Wert von 100.000 €. Bis zum Jahresende 01 hat das Grundstück durch hohe Nachfrage an Wert gewonnen und hat einen Verkehrswert von 120.000 €. Die Bewertungsobergrenze bleibt bei 100.000 €.

Niederstwertprinzip (§ 253 (3) Satz 5 und 6 HGB)	
Definition	Gilt grundsätzlich bei der Bewertung der Vermögensgegenstände. Es besagt, dass wenn man zwei Wertansätze zur Auswahl hat, man den niedrigeren davon ansetzen muss **(strenges Niederstwertprinzip)** bzw. ansetzen darf **(gemildertes Niederstwertprinzip)**.
Beispiel	Auch in diesem Prinzip wird das „Prinzip der Vorsicht" deutlich. Tritt z. B. bei einem Grundstück durch Feststellung von Altlasten eine dauerhafte Wertminderung ein, dann muss außerplanmäßig auf den niedrigeren Wert abgeschrieben werden.

Realisationsprinzip (§ 252 (1) Nr. 4 HGB)	
Definition	„Gewinne sind nur zu berücksichtigen, wenn sie am Abschlussstichtag realisiert sind."
Beispiel	Vgl. das Beispiel zum Anschaffungswertprinzip: Da das Grundstück am 31. 12. 01 nicht für 120.000 € verkauft wurde, darf auch der nicht realisierte Gewinn von 20.000 € nicht ausgewiesen werden.

➤ Zur Bewertung der Schulden ist zu beachten, dass Verbindlichkeiten und Rückstellungen zu ihrem (voraussichtlichen) Erfüllungsbetrag (eher „zu hoch") anzusetzen sind:

Höchstwertprinzip (§ 253 (1) Satz 2 HGB)	
Definition	Ändert sich während der Laufzeit eine Verbindlichkeit in ihrer Höhe, dann darf eine Minderung des Erfüllungsbetrages in der Bilanz nicht beachtet werden. Eine Erhöhung des Erfüllungsbetrages der Verbindlichkeit, z. B. durch Preis- oder Kostensteigerung, muss mit dem höheren Wert in die Bilanz eingehen. Ziel soll es sein, dass das Unternehmen seine höheren Verpflichtungen zum Zeitpunkt der Fälligkeit auch begleichen kann.[2]
Beispiel	Wird ein Produktionsauftrag zu einem Festpreis vom 100.000 € netto für einen Kunden angenommen, und liegen die Aufwendungen zur Ausführung dieses Auftrages z. B. aufgrund einer falsch eingeschätzten Entwicklung der Rohstoffpreise zum Bilanzstichtag bei 120.000 €, dann muss in der Bilanz der aus diesem Geschäft resultierende, drohende Verlust (20.000 €) als Rückstellung erfasst werden.

1 Ein schwebendes Geschäft liegt vor, wenn die Erfüllung des Kaufvertrages noch aussteht.

2 Vgl. Coenenberg, A. G., Haller, A., Schultze, W.: Jahresabschluss und Jahresabschlussanalyse, 22., überarbeitete Auflage, Stuttgart 2012, S. 119.

- Daraus ergibt sich das Imparitätsprinzip:

Imparitätsprinzip (§ 252 (1) Nr. 4 HGB)	
Definition	Es besagt, dass noch nicht erzielte Verluste weitgehend ausgewiesen werden müssen, Gewinne aber erst berücksichtigt werden dürfen, wenn sie auch tatsächlich eingetreten sind. Daher ist das Imparitätsprinzip als ein Prinzip der Ungleichheit bei der Bewertung von Vermögensteilen und Schulden zu verstehen.
Beispiel	Vgl. Beispiel „Prinzip der Vorsicht“ und „Realisationsprinzip“: Der noch nicht realisierte Verlust aus dem Beschaffungsgeschäft muss ausgewiesen werden. Dies führt ggf. zu einer **Überbewertung der Passiva.** Der nicht realisierte Gewinn aus der Wertsteigerung des Grundstücks darf nicht ausgewiesen werden. Dies führt zu einer **Unterbewertung der Aktiva.** Aus dieser Überbewertung der Schulden und der Unterbewertung des Vermögens entstehen **„Stille Rücklagen“**, die aus der Bilanz nicht zu erkennen sind.

- **Kritik an den handelsrechtlichen Bewertungsvorschriften/-wahlrechten**

Die handelsrechtlichen Bewertungsvorschriften/-wahlrechte führen dazu, dass

- die im Jahresabschluss dargestellte Vermögens- und Finanzlage nicht zwangsläufig die wahren Gegebenheiten widerspiegelt und
- die Pflicht/Möglichkeit zur Bildung stiller Rücklagen (Reserven) geschaffen wird.

Außerdem sind die im Jahresabschluss enthaltenen Informationen nur für den jeweiligen Bilanzstichtag gültig und zum Zeitpunkt der Erstellung des Jahresabschlusses schon nicht mehr aktuell.

1.3.2 Grundlagen, Ziele und Adressaten der Jahresabschlussanalyse[1]

Der Jahresabschluss bildet maßgebliche Ansatzpunkte für mögliche Themenkombinationen im Abitur. Dabei werden im Folgenden nur auf die Bilanz und die Gewinn- und Verlustrechnung als Teile des Jahresabschlusses[2] eingegangen.

- **Grundlagen**

Mithilfe der Jahresabschlussanalyse können Informationen zur Vermögens-, Finanz- und Ertragslage eines Unternehmens abgeleitet werden. Diese werden aus der Perspektive eines externen Betrachters (externe Jahresabschlussanalyse) gewonnen. Eine umfassendere und zuverlässigere Analyse lässt sich mithilfe unternehmensinterner Informationen, z. B. durch Informationen aus der Kosten- und Leistungsrechnung (vgl. Kapitel 2) oder zur Auftragslage, Marktsituation etc., erzielen.

- **Ziele**

Es geht darum, zu analysieren, inwieweit das Unternehmen die betriebswirtschaftlichen ökonomischen Ziele wie:

- Aufrechterhaltung der Zahlungsbereitschaft (Liquidität) zur Sicherung der finanziellen Stabilität im Rahmen der **finanzwirtschaftlichen Jahresabschlussanalyse** und
- Erfolg, d. h. Sicherung der Ertragskraft des Unternehmens, im Rahmen der **erfolgswirtschaftlichen Jahresabschlussanalyse**

erreicht hat. Es müssen Ursachen für Abweichungen von Zielwerten gefunden und ggf. Gegensteuerungsmaßnahmen ergriffen werden.

1 Vgl. Coenenberg u. a., a. a. O., S. 1013 ff.

2 Die gesetzlichen Vertreter einer Kapitalgesellschaft müssen den Jahresabschluss um einen Anhang erweitern, der Teil des Jahresabschlusses ist, und einen Lagebericht aufstellen, der aber nicht Bestandteil des Jahresabschlusses ist. Kapitalmarktorientierte Unternehmen müssen den Jahresabschluss noch um eine Kapitalflussrechnung und einen Eigenkapitalspiegel ergänzen.

➢ Adressaten

Adressaten des Jahresabschlusses sind vor allem:

- **die Unternehmenseigner** (bei Aktiengesellschaften die Aktionäre, da sich am Erfolg der Aktiengesellschaft ihre Dividende berechnet und sich daran ggf. das Kursentwicklungspotenzial widerspiegelt),
- **der Vorstand und der Aufsichtsrat,** um wichtige Informationen auszuwerten,
- **die Gläubiger (z. B. Banken, Lieferanten),** um zu prüfen, ob das Unternehmen seinen Leistungsverpflichtungen fristgemäß nachkommen kann,
- **die Mitarbeiter,** um Informationen über die termingerechte Zahlung von Löhnen und Gehältern sowie die Sicherheit des Arbeitsplatzes zu erlangen,
- **die Konkurrenz,** da ein Vergleichsmaßstab geschaffen wird, sowie
- **die Gewerkschaften,** um die Durchsetzungsfähigkeit von Lohn- oder Gehaltserhöhungen abschätzen zu können.

1.3.3 Übersicht: Arten der Jahresabschlussanalyse

➢ Finanzwirtschaftliche und erfolgswirtschaftliche Jahresabschlussanalyse

Zunächst sollte man sich den Aufbau von Bilanz und Gewinn- und Verlustrechnung (GuV), hier dargestellt an einer Gewinnsituation,[1] verdeutlichen:

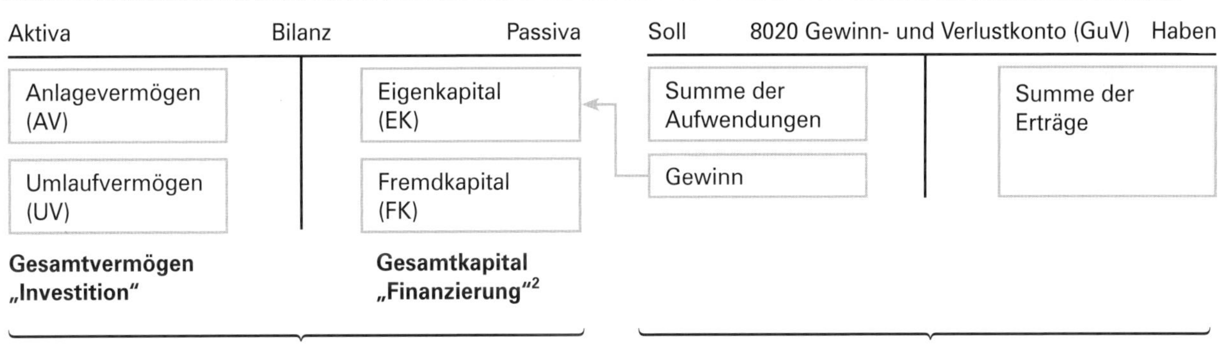

Finanzwirtschaftliche Jahresabschlussanalyse, z. B.

- **Vermögensstruktur:** z. B. Verhältnis von AV zu UV
- **Kapitalstruktur:** z. B. Verhältnis von FK zu EK
- **Liquiditätsanalyse: Zusammenhang zwischen Investition und Finanzierung**
  - Investition (lang- und mittelfristig: z. B. Verhältnis von EK zum AV [Deckungsgrade])
  - Finanzierung (kurzfristig: z. B. Liquiditätsgrade)

Erfolgswirtschaftliche Jahresabschlussanalyse, z. B.

- **Rentabilitäten**
- **Cashflow**
- **EBIT/DA** (**e**arnings **b**efore **i**nterest, **t**axes, **d**epreciation and **a**mortization)
- **Analyse der Aufwands- und Ertragsstruktur**

➢ Strategische Jahresabschlussanalyse

Um auch zukünftig Erfolge erzielen zu können, müssen unter Berücksichtigung von Stärken und Schwächen im Umfeld des Unternehmens sowie im Unternehmen selbst rechtzeitig Wettbewerbsvorteile aufgebaut werden. Denn der Wert eines Unternehmens hängt von den zu erwartenden Erfolgs- und Liquiditätszuflüssen (Erfolgspotenzial) ab. Dazu bietet sich z. B. die Erstellung einer Balanced Scorecard, eine SWOT- oder Portfolio-Analyse an (vgl. Kapitel 3).

1 Ein Gewinn führt zur Erhöhung des Eigenkapitals. Auf diese Weise entsteht eine Verbindung von der GuV zur Bilanz.

2 Alles, was im Anlage- und Umlaufvermögen auf der Aktivseite investiert ist, wird durch das Eigen- und Fremdkapital auf der Passivseite finanziert. Daher sind Aktiv- und Passivseite der Bilanz immer gleich hoch.

1.3.4 Aufbau einer Strukturbilanz

Eine Analyse des Jahresabschlusses erfolgt anhand der Auswertung von Bilanz und GuV. Es werden nach einheitlichen Maßstäben Kennzahlen ermittelt, die im

- Zeitvergleich (z. B. Vergleich von Daten des Berichtsjahres zu Vorperioden),
- Vergleich mit branchengleichen Unternehmen bzw. mit dem stärksten Wettbewerber (Benchmarking) oder im
- Soll-Ist-Vergleich (Vergleich mit Zielwerten)

lohnende Erkenntnisse für das Unternehmen versprechen. Für die Auswertung von Bilanzkennziffern ist zunächst eine Zusammenfassung einzelner Bilanzpositionen zu einer Strukturbilanz üblich.

Strukturbilanz[1]	**Aktiva**	**Berichtsjahr**		**Vergleichswert**		**Abweichung**	
Bestandteile sind z.B.		**in €**	**in % vom Gesamtvermögen**	**in €**	**in % vom Gesamtvermögen**	**in €**	**in %**
Immaterielle Vermögensgegenstände (z. B. selbst geschaffene gewerbliche Schutzrechte), Sachanlagen (z. B. Grundstücke, Gebäude, TAM, BGA), Finanzanlagen (z. B. Beteiligungen, Wertpapiere des AV)	**Anlagevermögen**						
Roh-, Hilfs-, Betriebsstoffe, (R, H, B), unfertige und fertige Erzeugnisse, geleistete Anzahlungen	**Vorräte**						
Forderungen, Wertpapiere des UV, sonstige Vermögensgegenstände, Aktive Rechnungsabgrenzung } in der Regel kurzfristig	**Forderungen**						
Guthaben bei Kreditinstituten, Kassenbestand, Schecks	**Flüssige Mittel**						
Vorräte + Forderungen + Flüssige Mittel = Summe Umlaufvermögen	**Summe Umlaufvermögen**						
Anlagevermögen + Umlaufvermögen = Gesamtvermögen (GV)	**Gesamtvermögen**						

Strukturbilanz	**Passiva**	**Berichtsjahr**		**Vergleichswert**		**Abweichung**	
Bestandteile sind z.B.		**in €**	**in % vom Gesamtkapital**	**in €**	**in % vom Gesamtkapital**	**in €**	**in %**
Gezeichnetes Kapital + Kapitalrücklage + Gewinnrücklagen + Bilanzgewinn bzw. – Bilanzverlust – noch nicht ausgeschüttete Dividende = Eigenkapital (EK)	**Eigenkapital**[2]						
Verbindlichkeiten mit einer Restlaufzeit von über 5 Jahren, Pensionsrückstellungen	**Langfristiges Fremdkapital**						
Verbindlichkeiten mit einer Restlaufzeit von über einem bis zu 5 Jahren	**Mittelfristiges Fremdkapital**						
Verbindlichkeiten mit einer Restlaufzeit von bis zu einem Jahr, Steuerrückstellungen, sonstige kurzfristige Rückstellungen, noch nicht ausgeschüttete Dividende, Passive Rechnungsabgrenzung	**Kurzfristiges Fremdkapital**						
Summe aus kurz-, mittel- und langfristigem Fremdkapital	**Summe Fremdkapital**						
Eigenkapital (EK + Fremdkapital (FK) = Gesamtkapital (GK)	**Gesamtkapital**						

1 Auch andere Darstellungsformen sind möglich.
2 Das Eigenkapital wird in der Strukturbilanz üblicherweise nach teilweiser Gewinnverwendung dargestellt (vgl. Coenenberg/Haller/Schultze, a. a. O., S. 1039).

1.3.5 Erläuterung von wichtigen Fachbegriffen in einer Bilanz

Fachbegriff	Erläuterung
Gezeichnetes Kapital	Ist das i. d. R. feste Eigenkapital (Grundkapital) der AG, auf das die Haftung der Gesellschafter (Aktionäre) für die Verbindlichkeiten der AG beschränkt ist.
Offene Rücklagen	Sie gehören zum **Eigenkapital** der Kapitalgesellschaften und werden in der Bilanz offen ausgewiesen. Die Bildung von Rücklagen führt zur offenen Selbstfinanzierung von Kapitalgesellschaften. Zu den offenen Rücklagen gehören Gewinnrücklagen (z. B. gesetzliche, satzungsmäßige, andere Rücklagen) und Kapitalrücklagen.
Kapitalrücklage	Enthält hauptsächlich Beträge, die dem Eigenkapital von außen zufließen, z. B. durch die Ausgabe von jungen Aktien über dem Nennwert (Agio).
Gesetzliche Rücklage	**Ist gesetzlich erzwungen:** Sie muss von Aktiengesellschaften gemäß § 150 AktG gebildet werden.
Satzungsmäßige Rücklage	**Ist freiwillig:** Im Gesellschaftsvertrag (Satzung) kann die Bildung dieser Rücklagen vereinbart werden.
Andere Gewinnrücklage	**Ist freiwillig:** Sie kann sowohl (vorab) durch Vorstand/Aufsichtsrat als auch auf der Hauptversammlung der Aktionäre gebildet werden. Sie stärkt die Eigenkapitalbasis des Unternehmens (vgl. § 58 AktG).
Jahresüberschuss/ Jahresfehlbetrag	Ist das in der GuV ermittelte Jahresergebnis, das aus dem Saldo von Erträgen und Aufwendungen der GuV gebildet wird.
Bilanzgewinn/ Bilanzverlust	An die Stelle der Posten „Jahresüberschuss/-fehlbetrag" und „Gewinn-/Verlustvortrag" tritt der Posten „Bilanzgewinn/-verlust" (§ 268 Abs. 1 HGB) bei der teilweisen Verwendung des Jahresergebnisses. Die Hauptversammlung der Aktionäre beschließt, welcher Betrag vom Bilanzgewinn als Dividende an die Aktionäre ausgeschüttet wird (kurzfristiges Fremdkapital). Ein eventueller Rest vom Bilanzgewinn verbleibt als neuer Gewinnvortrag im Eigenkapital.
Rückstellungen	Sie gehören zum **Fremdkapital** von Unternehmen. Rückstellungen werden für Verpflichtungen gebildet, die aufgrund ihrer Höhe, ihres zeitlichen Eintretens und/oder ihres Bestandes ungewiss sind, aber voraussichtlich sicher erwartet werden[1] und wirtschaftlich im abzuschließenden Geschäftsjahr begründet sind. Daher müssen für Rückstellungen Schätzwerte angesetzt werden. Wurde die Rückstellung zu hoch geschätzt, stellt die Differenz bis zur Auflösung der Rückstellung eine **stille Rücklage** (Eigenkapital, das in der Bilanz nicht erkennbar ist) dar.

1.3.6 Aufbau der Gewinn- und Verlustrechnung

Für die Ermittlung der Erfolgskennzahlen zur Beurteilung der Ergebnisstruktur kann die Gewinn- und Verlustrechnung[2] in folgender Form aufbereitet werden:

Positionen in der GuV	Aufbereitete GuV	
1. Umsatzerlöse	Betriebliche Erträge	Betriebsergebnis (vor Steuern und Zinsen; EBIT)
2. + Erhöhung/– Verminderung des Bestandes an unfertigen und fertigen Erzeugnissen		
3. + andere aktivierte Eigenleistungen		
4. + sonstige betriebliche Erträge		
5. Materialaufwand	– Betriebliche Aufwendungen	
a) – Aufwendungen für Roh-, Hilfs-,Betriebsstoffe und bezogene Waren		
b) – Aufwendungen für bezogene Leistungen		
6. Personalaufwand		
a) – Löhne und Gehälter		
b) – Soziale Abgaben		
7. Abschreibungen		
a) – auf immaterielle Vermögensgegenstände des Anlagevermögens und Sachanlagen		
b) – auf Vermögensgegenstände des Umlaufvermögens		
8. – sonstige betriebliche Aufwendungen		
9. + Erträge aus Beteiligungen	+ Finanzerträge	+/– Finanzergebnis (vor Steuern)
10. + Erträge aus anderen Wertpapieren		
11. + sonstige Zinsen und ähnliche Erträge		
12. – Abschreibungen auf Finanzanlagen und Wertpapiere des Umlaufvermögens	– Finanzaufwendungen	
13. – Zinsen und ähnliche Aufwendungen		
14. – Steuern vom Einkommen und vom Ertrag	– Steuern	– Steuern
15. = Ergebnis nach Steuern		
16. – sonstige Steuern	– Steuern	
17. = Jahresüberschuss/Jahresfehlbetrag **(Jahresergebnis)**	Gesamtergebnis (Unternehmensergebnis)	Gesamtergebnis (Unternehmensergebnis)

1 Vgl. Coenenberg, A. G. u. a.: Kostenrechnung und Kostenanalyse, 8., überarbeitete Auflage, Stuttgart 2012, S. 419f.

2 Die **GuV** wird hier **gemäß § 275 Abs. 2 HGB nach dem Gesamtkostenverfahren** dargestellt.

1.3.7 Formelsammlung zur Jahresabschlussanalyse

1.3.7.1 Kennzahlen zur finanzwirtschaftlichen Jahresabschlussanalyse

Hinweise:
- Die im Folgenden dargestellten Kennzahlen sollten nicht isoliert, sondern im Zusammenhang mit anderen Kennzahlen sowie weiteren Einflussfaktoren, z.B. der Umsatzentwicklung, betrachtet werden.
- Die Kennzahlen zur Vermögens- und Kapitalstruktur sind direkt aus der Strukturbilanz ablesbar und müssen daher nicht mithilfe der im Folgenden dargestellten Formeln nochmals berechnet werden.

Bilanzkennzahlen zur Vermögensstruktur	Formel	Norm/Grundsatz	Mögliche Ursachen für Abweichungen/ Beispiele für Gegensteuerungsmaßnahmen
Anlagenquote bzw. Anlagenintensität Die Anlagenquote gibt den Anteil des langfristig im Unternehmen gebundenen Kapitals an.	$\frac{\text{Anlagevermögen (AV)} \cdot 100}{\text{Gesamtvermögen (GV)}}$	**Goldene Bankregel:** Diese Regel besagt, dass das Vermögen entsprechend seiner Verweildauer im Unternehmen finanziert werden sollte. Das heißt z.B., dass langfristige Vermögensgegenstände auch langfristig finanziert werden sollten. Mit dieser Regel soll sichergestellt werden, dass die Zahlungsfähigkeit des Unternehmens erhalten bleibt. Grundsätzlich gilt, ➢ **je höher die Anlagenquote ist,** umso unflexibler kann das Unternehmen auf Nachfrageänderungen reagieren, da die Fixkostenbelastung durch Abschreibungen und Zinsen sehr hoch ist. Allerdings ist die Anlagenquote z.B. auch abhängig von ➢ der Branche, ➢ der verfolgten Geschäftspolitik, ➢ dem Produktionsprogramm, ➢ der Fertigungstiefe bzw. dem Automatisierungsgrad.	Eine **steigende Anlagenquote und damit sinkende Umlaufquote** kann z.B. auf ➢ eine gestiegene Investitionstätigkeit/expansive Geschäftspolitik, z.B. aufgrund einer erwarteten Absatzsteigerung, ➢ eine Verschlechterung der Geschäftslage, z.B. durch einen Rückgang des Forderungsbestandes bei sinkenden Umsatzerlösen, ➢ die Rationalisierung der Lagerhaltung durch Abbau von Vorräten oder die ➢ Verbesserung des Fertigungsdurchlaufs zurückzuführen sein. Diese Vermutungen sollten allerdings im Zusammenhang mit der Entwicklung der Umsatzerlöse, der Eigenkapitalquote und den Deckungsgraden näher betrachtet werden.
Umlaufquote bzw. Umlaufintensität Die Umlaufquote gibt den Anteil des im Unternehmen kurzfristig gebundenen Kapitals an.	$\frac{\text{Umlaufvermögen (UV)} \cdot 100}{\text{Gesamtvermögen (GV)}}$ bzw. $\text{Vorratsquote} = \frac{\text{Vorräte} \cdot 100}{\text{Gesamtvermögen}}$ $\text{Forderungsquote} = \frac{\text{Forderungen} \cdot 100}{\text{Gesamtvermögen}}$ $\text{Anteil der flüssigen Mittel} = \frac{\text{flüssige Mittel} \cdot 100}{\text{Gesamtvermögen}}$	**Grundsätzlich führt eine hohe Umlaufquote** zu größerer Flexibilität und finanz- und erfolgswirtschaftlicher Stabilität im Unternehmen, da ➢ das Liquiditätspotenzial z.B. durch hohe Forderungs- und Zahlungsmittelbestände größer ist, was die Anpassungsfähigkeit an Beschäftigungs- und Strukturänderungen verbessert und ➢ die Fixkostenbelastung und damit das wirtschaftliche Risiko geringer sind.	Steigende Werte bei den Kennzahlen zum Umlaufvermögen können ➢ bei gleichzeitig gestiegenen Umsatzerlösen auf eine gute Auftragslage hindeuten, während sie ➢ bei rückläufigen Umsatzerlösen eine schlechte Absatzlage erwarten lassen (hoher, schlecht absetzbarer Vorratsbestand, hoher Forderungsbestand durch schlechte Zahlungsmoral der Kunden etc.).

Bilanzkennzahlen zur Kapitalstruktur	Formel	Norm/Grundsatz	Mögliche Ursachen für Abweichungen/ Beispiele für Gegensteuerungsmaßnahmen
Eigenkapitalanteil bzw. -quote Die Eigenkapitalquote gibt an, zu wie viel Prozent das Gesamtkapital aus Eigenkapital besteht.	$\frac{\text{Eigenkapital (EK)} \cdot 100}{\text{Gesamtkapital (GK)}}$	Eine hohe Eigenkapitalquote ist grundsätzlich positiv zu bewerten, da ➢ sie zur Unabhängigkeit des Unternehmens von seinen Gläubigern beiträgt, ➢ Eigenkapital dem Unternehmen zeitlich unbegrenzt und zinslos zur Verfügung steht, ➢ die Kreditwürdigkeit erhöht wird. Die Eigenkapitalquote sollte in Verbindung mit der Anlagenquote bzw. mit den Deckungsgraden beurteilt werden.	Das Eigenkapital kann z.B. durch ➢ eine Kapitalerhöhung zum Nennwert (Erhöhung des gezeichneten Kapitals), ➢ eine Kapitalerhöhung über dem Nennwert (Erhöhung des gezeichneten Kapitals und der Kapitalrücklage) ➢ Bildung von Rücklagen durch Einbehaltung eines Teils des Jahresüberschusses gesteigert werden. Eine Erhöhung des Eigenkapitals kann z.B. notwendig sein, um Investitionen aus eigenen Mitteln zu finanzieren.
Fremdkapitalanteil bzw. -quote bzw. Anspannungsgrad Die Fremdkapitalquote gibt an, zu wie viel Prozent das Unternehmen Fremdkapital einsetzt.	$\frac{\text{Fremdkapital (FK)} \cdot 100}{\text{Gesamtkapital (GK)}}$ $\frac{\text{kurzfristiges FK} \cdot 100}{\text{Gesamtkapital (GK)}}$ $\frac{\text{mittelfristiges FK} \cdot 100}{\text{Gesamtkapital (GK)}}$ $\frac{\text{langfristiges FK} \cdot 100}{\text{Gesamtkapital (GK)}}$	Eine hohe Fremdkapitalquote ist grundsätzlich negativ zu bewerten, da ➢ das Unternehmen in Krisenzeiten anfälliger ist, weil trotz ggf. schlechter Ertragslage Zins- und Tilgungszahlungen geleistet werden müssen, welche die Liquidität belasten, ➢ die Kreditwürdigkeit unter einer hohen Fremdkapitalquote leidet, ➢ bei hoher Verschuldung die Gläubiger zunehmend Einfluss auf die Geschäftsleitung nehmen, um die Verwendung ihrer Mittel zu kontrollieren. Da der Zinssatz für kurzfristige Kredite und damit die Zins- und Liquiditätsbelastung i.d.R. höher ist als bei langfristigen Krediten, ist ein hoher Anteil des kurzfristigen Fremdkapitals negativ zu beurteilen.	Das Fremdkapital kann z.B. durch ➢ die Tilgung von langfristigen Bankschulden bzw. ➢ den Ausgleich kurzfristiger Verbindlichkeiten (z.B. von Lieferantenkrediten) abgebaut werden. Die Umwandlung kurzfristiger in längerfristige Schulden (Umschuldung) kann die Liquidität kurzfristig verbessern.
Verschuldungsgrad Der Verschuldungsgrad gibt das Verhältnis von Fremdkapital zu Eigenkapital an.	$\frac{\text{Fremdkapital (FK)} \cdot 100}{\text{Eigenkapital (EK)}}$	Die **vertikale Kapitalstrukturregel** besagt, dass das Verhältnis von Fremd- zu Eigenkapital im Idealfall 1:1 betragen sollte. Dies wird damit begründet, dass die Eigentümer des Betriebes mindestens genau so viel durch Kapitaleinlagen oder Selbstfinanzierung beitragen müssen wie die Gläubiger. Dieses Verhältnis wird in der Realität jedoch meist nicht eingehalten. Eine Erhöhung des Verschuldungsgrades ist grundsätzlich negativ zu beurteilen.	Eine Erhöhung des Verschuldungsgrades kann auf eine Verschlechterung der Geschäftslage hindeuten. Allerdings sollte hier neben dem Risikoaspekt, der durch einen hohen Verschuldungsgrad begünstigt wird, auch der Aspekt der **Rentabilität** beachtet werden. Denn eine zusätzliche Aufnahme von Fremdkapital kann unter bestimmten Voraussetzungen zu einer Steigerung der Eigenkapitalrentabilität führen (Leverage-Effekt).
Leverage-Effekt Der Leverage-Effekt weist nach, dass die zusätzliche Kreditaufnahme zu einer Steigerung der Eigenkapitalrentabilität führen kann.	$EKR = GKR + (GKR - i) \cdot \frac{FK}{EK}$ i = Fremdkapitalzins	Die Eigenkapitalrentabilität kann durch eine zusätzliche Kreditaufnahme so lange gesteigert werden, wie der Zinssatz für das zusätzlich aufgenommene Fremdkapital unterhalb der Gesamtkapitalrentabilität liegt (Hebelwirkung des Fremdkapitals).	Die Aufnahme von Fremdkapital mit dem Ziel der Steigerung der Eigenkapitalrentabilität ist jedoch kritisch zu beurteilen, da ➢ die Annahmen z.T. realitätsfern sind (z.B. konstante Gesamtkapitalrentabilität), ➢ die Abhängigkeit von Gläubigern steigt und ggf. Liquiditätsengpässe drohen, ➢ ggf. Kreditsicherheiten fehlen.

Bilanzkennzahlen zur Investierung	Formel	Norm/Grundsatz	Mögliche Ursachen für Abweichungen/ Beispiele für Gegensteuerungsmaßnahmen
Deckungsgrad I Der Deckungsgrad I gibt an, zu wie viel Prozent das Anlagevermögen durch Eigenkapital gedeckt ist.	$\frac{\text{Eigenkapital} \cdot 100}{\text{Anlagevermögen}}$	**Enge Fassung der goldenen Bilanzregel:** Liegt der Deckungsgrad I bei 100 %, wird das gesamte Anlagevermögen durch Eigenkapital gedeckt. Das Unternehmen läuft nicht Gefahr, in Krisenzeiten das Anlagevermögen (z. B. zur Produktion benötigte Maschinen) verkaufen zu müssen, und bewahrt seine Unabhängigkeit gegenüber Gläubigern.	Aussagen zu diesen Kennzahlen sollten allerdings branchenbezogen erfolgen, da die Höhe des notwendigen Eigenkapitals zur Finanzierung des Anlagevermögens einerseits vom Geschäftsrisiko und andererseits von der Anlagenintensität abhängen. Z. B. gilt für die Chemieindustrie ein Deckungsgrad I von 80 % als hinreichend, in der Softwarebranche sind hingegen über 250 % üblich. Eine Steigerung dieser Kennzahlen kann z. B. durch eine Vergrößerung des Eigenkapitals oder den Verkauf nicht betriebsnotwendiger Gegenstände des Anlagevermögens erreicht werden.
Deckungsgrad II Der Deckungsgrad II gibt an, zu wie viel Prozent das Anlagevermögen durch langfristiges Kapital gedeckt ist.	$\frac{(\text{EK} + \text{langfristiges FK}) \cdot 100}{\text{Anlagevermögen}}$	**Erweiterte Fassung der goldenen Bilanzregel:** Das Anlagevermögen kann zusätzlich zum Eigenkapital mit langfristigem Fremdkapital finanziert werden. Auch eine Deckung der eisernen Vorräte durch langfristiges Kapital ist für die Sicherstellung der Betriebsbereitschaft sinnvoll. Der Deckungsgrad II sollte grundsätzlich mindestens 100 % betragen.	

Bilanzkennzahlen zur Zahlungsbereitschaft (Liquidität)	Formel	Norm/Grundsatz	Mögliche Ursachen für Abweichungen/ Beispiele für Gegensteuerungsmaßnahmen
Liquidität 1. Grades/ Barliquidität Die Liquidität 1. Grades gibt den Grad der kurzfristigen Zahlungsbereitschaft an.	$\frac{\text{flüssige Mittel} \cdot 100}{\text{kurzfristiges Fremdkapital}}$	Diese Kennzahl sollte bei mindestens 20 % liegen (one-to-five-rate), um die kurzfristige Zahlungsfähigkeit zu sichern. Unter Renditegesichtspunkten sollte die Barliquidität nicht unnötig hoch gehalten werden, da andere Anlageformen (als z. B. Barmittel in der Kasse zu lagern) i. d. R. höhere Renditen erwirtschaften.	Die Analyse dieser Kennzahlen ist besonders problematisch, da ➢ die laufenden Zahlungsverpflichtungen (z.B. Miete, Löhne, Gehälter) unberücksichtigt bleiben, ➢ oft eine beträchtliche Zeitspanne zwischen Bilanzstichtag und Aufstellung bzw. Veröffentlichung des Jahresabschlusses liegt, sodass die Ergebnisse zum Analysezeitpunkt nicht mehr aktuell sind, ➢ die Barliquidität z. B. durch eine Umschuldung (Umwandlung kurzfristiger Schulden in längerfristige) relativ leicht beeinflussbar ist. Daher sollte insbesondere bei Betriebsvergleichen die Darstellung der kurzfristigen Liquidität mithilfe von absoluten Zahlen, z.B. wie folgt, vorgezogen werden: liquide (flüssige) Mittel – kurzfristiges Fremdkapital = Unter-/Überdeckung + kurzfristige Forderungen = Unter-/Überdeckung + Vorräte = Unter-/Überdeckung } Liquiditäts-staffelrechnung Eine Verbesserung der Liquidität könnte z. B. durch den Verkauf nicht betriebsnotwendiger Anlagegegenstände, die Umschuldung von kurz- in langfristige Schulden, eine verbesserte Auftragslage, eine bessere Zahlungsmoral der Kunden, (z. B. durch Einräumung des Skontoabzugs, eine schnellere Auftragsabwicklung) erreicht werden. Aufgrund seiner Stromgrößenorientierung liefert der Cashflow bessere Erkenntnisse für eine Liquiditätsanalyse.
Liquidität 2. Grades/ einzugsbedingte Liquidität Die Liquidität 2. Grades gibt den Grad der einzugsbedingten Zahlungsbereitschaft an.	$\frac{(\text{flüss. Mittel} + \text{kurzfr. Forder.}) \cdot 100}{\text{kurzfristiges Fremdkapital}}$	Diese Kennzahl sollte bei mindestens 100 % liegen, um die Sicherstellung der Zahlungsfähigkeit zu gewährleisten.	
Liquidität 3. Grades/ absatzbedingte Liquidität Die Liquidität 3. Grades gibt die Zahlungsbereitschaft auf mittlere Sicht an.	$\frac{\text{Umlaufvermögen} \cdot 100}{\text{kurzfristiges Fremdkapital}}$	Es sollte eine doppelte Deckung des kurzfristigen Fremdkapitals durch das Umlaufvermögen vorliegen (200 %), da ein eiserner Bestand an Roh-, Hilfs- und Betriebsstoffen zur Aufrechterhaltung der Produktion vorhanden sein muss.	

1.3.7.2 Kennzahlen zur erfolgswirtschaftlichen Jahresabschlussanalyse[1]

Erfolgskennzahlen zur Beurteilung der Rentabilität	Formel/Lösungsweg	Zweck der Kennzahlen	Beispiele für Gegensteuerungsmaßnahmen
Eigenkapitalrentabilität (EKR)/ Unternehmerrentabilität Die EKR gibt an, zu wie viel Prozent sich das durchschnittlich investierte Eigenkapital[2] im Unternehmen verzinst hat.	$\frac{\text{Jahresergebnis} \cdot 100}{\text{durchschnittliches Eigenkapital}}$	Die EKR ist eine wichtige Zielgröße für gewinnorientierte Unternehmen bzw. Anteilseigner. Ein Vergleich mit der Rendite einer alternativen (ggf. risikoarmen) Anlageform zeigt einem Anleger, welche Investition die günstigste ist.	Eine Verbesserung dieser Kennzahlen kann z. B. durch ➢ ein höheres Jahresergebnis, d. h. – geringere Kosten durch Rationalisierungsmaßnahmen, z. B. höhere Kapazitätsauslastung (Fixkostendegressionseffekt), optimale Losgrößen bzw. optimale Bestellmengen, Optimierung der Fertigungsabläufe (Minimierung von Ausfallzeiten, optimales Produktionsprogramm), Angebotsvergleiche, erhaltene Mengenrabatte, Preisverhandlungen, Automation, Produktionsverlagerung ins kostengünstigere Ausland etc.) bzw. – gestiegene Umsatzerlöse, z. B. durch den effektiven Einsatz von Marketingmaßnahmen (vgl. Kapitel 3) ➢ geringeren Kapitaleinsatz, z. B. durch – Reduzierung der Vorräte (Reduzierung von Lager- bzw. Sicherheitsbeständen durch Umstellung auf das Just-in-time-Prinzip), – Reduzierung der Forderungen durch Verkürzung von Zahlungszielen, – Verkauf nicht betriebsnotwendiger Vermögensgegenstände, – Sale-and-Lease-Back-Geschäfte (Verkauf von betriebsnotwendigem Anlagevermögen mit dem Ziel, den betriebsnotwendigen Vermögensgegenstand im Rahmen eines Leasing-Vertrages zu leasen) erreicht werden.
Gesamtkapitalrentabilität (GKR)/- Unternehmensrentabilität Die GKR gibt die Verzinsung des durchschnittlichen Gesamtkapitals[2] im Unternehmen an.	$\frac{\text{Bruttogewinn}^{3} \cdot 100}{\text{durchschnittliches Gesamtkapital}}$	Das Gesamtkapital erwirtschaftet zusätzlich zum Jahresergebnis den dem Fremdkapital zufließenden Zinsaufwand. Es wird das Gesamtergebnis der Unternehmung unter der Annahme der Schuldenfreiheit betrachtet. Da die Fremdkapitalzinsen bei der Berechnung des Jahresergebnisses bereits als Aufwand berücksichtigt wurden, muss der Zinsaufwand bei der Berechnung der GKR zum Jahresergebnis wieder hinzugerechnet werden. Die GKR wird berechnet um festzustellen, ob sich die zusätzliche Aufnahme von Fremdkapital lohnt, um damit die EKR zu steigern (Leverage-Effekt).	
Umsatzrentabilität (UR)[4] Die UR drückt den prozentualen Anteil des Bruttogewinns an den Umsatzerlösen aus.	$\frac{\text{Bruttogewinn} \cdot 100}{\text{Umsatzerlöse}}$	Sie sollte nach allgemeiner Auffassung nicht unter 5 % liegen. Sie gibt an, wie viel Euro Bruttogewinn je 100 Euro Umsatzerlöse erzielt werden.	
Gewinn je Aktie	$\frac{\text{Jahresergebnis}}{\text{Anzahl ausgegebener Aktien}}$	Anhand dieser Kennzahl kann man die Entwicklung des Gewinns je Aktie erkennen.	

1 Vgl. Coenenberg/Haller/Schultze, a. a. O., S. 1097 ff., vgl. auch Wöhe, G.: Bilanzierung und Bilanzpolitik, 9. Auflage, München 1997, S. 52 ff.
2 Durchschnittskapital = (Anfangsbestand + Schlussbestand) : 2 Auf diese Berechnung wird im Folgenden aus Vereinfachungsgründen verzichtet.
3 Bruttogewinn = Jahresergebnis + Fremdkapitalzinsen (vgl. Wöhe, G.: Einführung in die Allgemeine Betriebswirtschaftslehre, 24. Auflage, München 2010, S. 915).
4 Die Umsatzrentabilität kann alternativ auch durch die folgende Formel berechnet werden: $\frac{\text{Jahresergebnis} \cdot 100}{\text{Umsatzerlöse}}$.

1.4 Kritik an der Analyse der Bilanz und Erfolgsrechnung[1]

Doppelt veraltetes Zahlenmaterial/Stichtagsbezogenheit der Daten	➢ Bilanzen sind Abrechnungen vergangener Perioden. Sie beziehen sich nur auf den Bilanzstichtag und lassen Entwicklungen während des Geschäftsjahres außer acht. Dies gilt insbesondere für die Kennzahlen der Liquidität, die jederzeit gesichert sein muss, um einen reibungslosen Betriebsablauf zu gewährleisten. ➢ Zwischen dem Bilanzstichtag und dem Zeitpunkt der Offenlegung des Jahresabschlusses liegt ein längerer Zeitraum, sodass die ermittelten Kennzahlen zum Betrachtungszeitpunkt schon nicht mehr aktuell sind.
Fehlen erforderlicher Informationen	Der Jahresabschluss enthält in wesentlichen Teilen nur messbare ökonomische Größen. Es fehlen insbesondere Informationen zu nicht messbaren Größen wie Qualität des Managements, Image, technisches Know-how, Marktstellung sowie Informationen über Auftragsbestände, Abnahme- und Lieferverpflichtungen, freie Kreditlinien etc. Auch ökologische und soziale Faktoren bleiben unberücksichtigt. Zur weiteren (strategischen) Beurteilung ist die Einbeziehung der Kunden-, der internen Prozess- und Mitarbeiterperspektive sinnvoll.
Fehlen eines objektiven Vergleichsmaßstabs	Die Analyse erfolgt z. T. anhand von subjektiv festgelegten Soll-Werten und/oder als Normgrößen festgelegten Kennzahlen (z. B. Finanzierungsregeln, Deckungsgrade, Liquiditätsgrade).
Zweckorientierte Bewertungspolitik	Die Ergebnisse können durch Ausnutzung von Bilanzierungs- und Bewertungswahlrechten sowie durch Ermessensspielräume subjektiv beeinflusst werden.
Starke Zusammenfassung komplexer Sachverhalte	Da Einzelposten in der Strukturbilanz und in der Erfolgsrechnung zu Sammelposten zusammengefasst werden, gehen häufig wichtige Erkenntnisse verloren.
Änderungen in der GuV durch das **BilRUG (Bilanzrichtlinie-Umsetzungsgesetz)**	In der GuV müssen sämtliche Erlöse aus dem Verkauf und der Vermietung oder Verpachtung von Produkten sowie aus der Erbringung von Dienstleistungen als „Umsatzerlöse" ausgewiesen werden. Demnach enthalten die „Umsatzerlöse" auch Positionen, die für die gewöhnliche Geschäftstätigkeit nicht typisch sind. Außerdem dürfen außerordentliche Aufwendungen und Erträge in der GuV nicht separat ausgewiesen werden. Sie sind gemäß § 285 Nr. 31 HGB im Anhang anzugeben. Diese Regelung kann zu Abgrenzungsschwierigkeiten und damit zu einer Verzerrung der umsatzbezogenen Kennzahlen führen. Zwischenbetriebliche und intertemporäre Vergleiche (Zeitvergleiche) von Unternehmen werden erschwert.

1 Vgl. Küting, P., Weber, C.-P.: Die Bilanzanalyse, 11., überarbeitete Auflage, Stuttgart 2015, S. 74 ff.

1.5 Wesensmerkmale einer Ökobilanz[1]

Verbände, verschiedene Interessengruppen sowie die Gesamtgesellschaft benötigen auch Informationen, die nicht aus dem Jahresabschluss erkennbar sind, sondern sich aus der gesellschaftlichen Verantwortung der Unternehmen ergeben. Daher werden mittlerweile weitere Berichtsinstrumente gefordert und entwickelt, z. B. Nachhaltigkeitsberichte (Corporate Social Responsibility [CSR] = soziale Verantwortung des Unternehmens), die als Ergänzung zusätzlich und unabhängig vom Jahresabschluss erstellt werden.

Begriff	Unter einer Ökobilanz[2] versteht man ein Umweltprotokoll eines Produktes, eines Herstellungs- oder Verfahrensprozesses, einer Dienstleistung oder eines Produktionsstandortes. Sie ist eine Methode zur Abschätzung der negativen Auswirkungen auf die Umwelt.
Verfahren	Ökobilanzen betrachten die Umweltbelastung eines Produktes über den gesamten Lebensweg des Produktes hinweg (von der Rohstoffgewinnung, der Herstellung, dem Transport, der Nutzung, der Abfallbeseitigung bis zur Entsorgung).
Ziele	➢ Senkung der Umweltbelastung durch Vermeidung bzw. Wiederverwertung von Abfall sowie der Verwertung von Produkten. ➢ Entwicklung von umweltverträglicheren Produkten. ➢ Unterstützung bei politischen Entscheidungsprozessen (z. B. Verpackungsordnung). ➢ Nutzung als Werbemaßnahmen für Unternehmen, z. B. indem Unternehmen auf die Umweltverträglichkeit ihrer Produkte oder die Reduzierung negativer Effekte bei der Herstellung der Produkte auf die Umwelt hinweisen.
Kritik	➢ **Schlechte Vergleichbarkeit:** unterschiedliche Erhebungsmethoden und verschiedene Datenquellen und -qualitäten bereiten Probleme. ➢ **Unvollständigkeit:** Umweltschutz ist nur ein Aspekt im Rahmen der komplexen Entscheidungsprozesse in Staat, Wirtschaft und Gesellschaft. Der ökologische Aspekt muss auch im Zusammenhang mit ökonomischen und sozialen Faktoren betrachtet werden (z. B. können sich Unternehmen, die einen Schwerpunkt auf Mitarbeiter, deren Familien und gesellschaftliche Verantwortung legen, nach dem Management- und Zertifizierungssystem SA 8000 [Social Accountability 8000] ausrichten und kontrollieren lassen. Ebenfalls können sich Unternehmen z. B. zur Vermeidung von Kinderarbeit verpflichten). ➢ **Eingeschränkte Berichterstattungspflicht:** Nachhaltiges Wirtschaften und unternehmerische Verantwortung (CSR) bedeuten auch, dass die Informationen, die für die Anspruchsgruppen/Stakeholder eines Unternehmens oder einer Organisation wichtig sind, offen gelegt werden. Nach mehrjährigen Diskussionen über einen Entwurf zur CSR-Berichtspflicht müssen allerdings nur große börsenorientierte Unternehmen mit mehr als 500 Beschäftigten seit 2017 eine nichtfinanzielle Erklärung publizieren, in der sie gemäß § 289 c HGB auf ➢ Umwelt-, Arbeitnehmer- und Sozialbelange sowie ➢ die Achtung der Menschenrechte und ➢ Bekämpfung von Korruption und Bestechnung eingehen müssen.

1 https://www.nachhaltigkeit.info/artikel/csr_berichte_1037.htm

2 Vgl. auch nachfolgenden Artikel: Ökobilanz: Puma prangert eigene Umweltsünden an.

Öko-Bilanz: Puma prangert eigene Umweltsünden an

Treibhausgase, Luftverschmutzung, Abfälle: Der Sportartikel-Hersteller Puma verursacht einen jährlichen Umweltschaden von fast 150 Millionen Euro. Das geht aus einer neuartigen Öko-Bilanz hervor, die das Unternehmen erstmals vorgestellt hat. Besonders problematisch ist demnach die Schuhproduktion.

Herzogenaurach – Beim Thema Umweltverschmutzung denken Verbraucher nicht unbedingt als erstes an Turnschuhe oder Trainingsjacken. Doch auch die Herstellung solcher Produkte ist ökologisch bedenklich. Das zeigt eine sogenannte ökologische Gewinn- und Verlustrechnung, die der Sportartikelkonzern Puma erstmals vorgelegt hat. In der Bilanz für 2010 beziffert das Unternehmen die Umweltschäden durch Herstellung, Transport und Vertrieb der eigenen Produkte auf 145 Millionen Euro.

Einen Schaden von 94 Millionen Euro hatte die Marke mit der springenden Raubkatze bereits im Frühjahr durch Treibhausgas-Emissionen und den Verbrauch von Wasser ausgewiesen. Nun kommen noch einmal 51 Millionen Euro für Auswirkungen von Landnutzung, Luftverschmutzung und Abfällen hinzu.

Lediglich sechs Prozent der Gesamtsumme gehen Puma zufolge auf das Konto des Kerngeschäfts – also auf Büros, Lager, Läden und Logistik. Die größten Schäden entstünden hingegen bei externen Partnern, mehr als die Hälfte auf die Produktion von Rohstoffen wie Leder, Baumwolle oder Kautschuk.

Zwei Drittel aller Umweltbelastungen fallen laut der Bilanz in Asien an, wo auch die Rivalen Nike und Adidas aus Kostengründen gerne produzieren. Innerhalb der Produktgruppen sorgen Schuhe für viel höhere Verschmutzungen als Textilien und Accessoires.

Laut dem früheren Puma-Chef Jochen Zeitz sucht das Unternehmen nun die Zusammenarbeit mit Regierungen, Umweltschutzorganisationen und anderen Sportartikelfirmen. Ziel sei es, „ein neues Geschäftsmodell zu etablieren, das nicht gegen, sondern im Einklang mit der Natur arbeitet".

Außerdem werde das Puma-Mutterunternehmen PPR bis 2015 für alle weltweiten Luxus- und Sportlifestyle-Marken eine Bilanz erstellen, aus der sämtliche Umweltbelastungen hervorgingen, sagte Zeitz. Damit verpflichtet er PPR mit Marken wie Gucci, Stella McCartney oder Yves Saint Laurent, dem Beispiel von Puma zu folgen. Der Manager ist bei PPR neben dem Ausbau des Sportbereichs auch für das Thema Nachhaltigkeit zuständig.

Zeitz sprach sich dafür aus, dass auch andere Firmen zu ökologischen Bilanzen verpflichtet werden. [...]

Quelle: http://www.spiegel.de/wirtschaft/unternehmen/oeko-bilanz-puma-prangert-eigene-umweltsuenden-an-a-798252.html

1.6 Zusammenfassende Trainingsaufgabe zur Jahresabschlussanalyse

TRAINING!

Die Robotics AG ist ein seit ca. 20 Jahren in Stuttgart ansässiges Unternehmen, das Maschinen für Industrieunternehmen herstellt. Dazu verwendet die Robotics AG vor allem universell einsetzbare Maschinen und Werkzeuge. Das Unternehmen gehört zur Branche der Maschinen- und Metallwarenindustrie. Diese Branche war in den letzten Jahren durch einen kontinuierlichen Aufwärtstrend geprägt. Zunehmende Konkurrenz aus asiatischen Ländern bereitet den meisten Unternehmen dieser Branche aber zunehmend Sorgen. Dennoch wird in der Branche für das Berichtsjahr durchschnittlich eine Eigenkapitalrentabilität von 6 % erwartet.

Anhand eines Auszuges aus dem Geschäftsbericht der Robotics AG sollen Sie Informationen zur Vermögens-, Finanz- und Ertragslage des Unternehmens für das Vorjahr und das Berichtsjahr ableiten.

Dazu liegen folgende Informationen vor:

Strukturbilanz der Robotics AG

Strukturbilanz	Berichtsjahr		Vorjahr		Abweichung	
AKTIVA	**in €**	**in % vom GV**	**in €**	**in % vom GV**	**in €**	**in %**
Anlagevermögen	9.300.000	66,78	7.800.000	61,95	1.500.000	19,23
Vorräte	3.347.700	24,04	2.986.000	23,72	361.700	12,11
Forderungen[1]	808.550	5,81	1.205.000	9,57	– 396.450	– 32,90
Flüssige Mittel	471.100	3,38	600.000	4,77	– 128.900	– 21,48
Summe Umlaufvermögen	**4.627.350**	33,22	**4.791.000**	38,05	– 163.650	– 3,42
Gesamtvermögen (GV)	**13.927.350**	**100,00**	**12.591.000**	**100,00**	1.336.350	10,61

1 kurzfristig

Strukturbilanz	Berichtsjahr		Vorjahr		Abweichung	
PASSIVA	**in €**	**in % vom GK**	**in €**	**in % vom GK**	**in €**	**in %**
Eigenkapital	9.976.000	71,63	9.448.000	75,04	528.000	5,59
Langfristiges Fremdkapital	2.180.000	15,65	1.584.000	12,58	596.000	37,63
Mittelfristiges Fremdkapital	0	0,00	0	0,00	0	0,00
Kurzfristiges Fremdkapital	1.771.350	12,72	1.559.000	12,38	212.350	13,62
Summe Fremdkapital	3.951.350	28,37	3.143.000	24,96	808.350	25,72
Gesamtkapital (GK)	**13.927.350**	**100,00**	**12.591.000**	**100,00**	1.336.350	10,61

GuV der Robotics AG gemäß § 275 (2) HGB in Euro für das	**Berichtsjahr**	**Vorjahr**
1. Umsatzerlöse[1]	31.500.000	25.767.500
2. + Erhöhung des Bestandes an unfertigen und fertigen Erzeugnissen	500.000	700.000
3. + andere aktivierte Eigenleistungen	50.000	10.500
4. + sonstige betriebliche Erträge		
5. Materialaufwand		
a) – Aufwendungen für Roh-, Hilfs-, Betriebsstoffe und bezogene Waren	18.360.000	15.420.000
b) – Aufwendungen für bezogene Leistungen	2.690.000	2.280.000
6. Personalaufwand		
a) – Löhne und Gehälter	5.740.000	4.640.000
b) – Soziale Abgaben	2.585.000	2.080.000
7. Abschreibungen		
a) – auf immaterielle Vermögensgegenstände des Anlagevermögens und Sachanlagen	1.111.600	700.000
b) – auf Vermögensgegenstände des Umlaufvermögens		
8. – Sonstige betriebliche Aufwendungen	109.400	105.000
9. + Erträge aus Beteiligungen		
10. + Erträge aus anderen Wertpapieren		
11. + sonstige Zinsen und ähnliche Erträge	25.000	23.000
12. – Abschreibungen auf Finanzanlagen und Wertpapiere des Umlaufvermögens		
13. – Zinsen und ähnliche Aufwendungen	73.000	55.000
14. – Steuern vom Einkommen und vom Ertrag	350.000	325.000
15. = Ergebnis nach Steuern	1.056.000	896.000
16. – sonstige Steuern		
17. = **Jahresüberschuss/Jahresfehlbetrag (Jahresergebnis)**	**1.056.000**	**896.000**
– Einstellung in andere Gewinnrücklagen	528.000	448.000
= **Bilanzgewinn**	**528.000**	**448.000**

1 In der Position „Umsatzerlöse" der Robotics AG befinden sich sowohl im Vor- als auch im Berichtsjahr nur Erlöse aus der „gewöhnlichen Geschäftstätigkeit".

Zur weiteren Auswertung liegen folgende Informationen vor:[1]

	Berichtsjahr	Vorjahr
Durchschnittliches EK	9.712.000	9.224.000
Durchschnittliches FK	3.547.175	3.071.500
Durchschnittliches GK	13.259.175	12.295.500
Zuführung zu langfristigen Rückstellungen	keine	keine
Durchschnittliche Anzahl der Mitarbeiter	230	200

Außerordentliche Aufwendungen und Erträge sind im Vor- und Berichtsjahr nicht entstanden und daher in den oben dargestellten Positionen der GuV nicht enthalten.

Das Grundkapital der Robotics AG besteht im Vor- und Berichtsjahr aus 1,6 Mio. Stammaktien.

Arbeitsaufträge:

1. **Berechnen Sie (I)**

DOWNLOAD

   1.1 die Bilanzkennzahlen zur Investierung und zur Zahlungsbereitschaft sowie
   1.2 die Erfolgskennzahlen (Eigen-, Gesamt- und Umsatzrentabilität).

2. **Werten Sie** die Kennzahlen der Jahresabschlussanalyse **aus (II)** und **beurteilen Sie (III)** die Entwicklung der einzelnen Kennzahlen.

3. **Entwickeln Sie selbstständig** einen Bericht **(III)**, in dem Sie die Vermögens-, Finanz- und Ertragslage der Robotics AG zusammenfassen.

DOWNLOAD

Bearbeitungshinweis:

- Den Arbeitsauftrag 1 können Sie entweder mithilfe der abgedruckten Formulare oder mit Excel (Vorlage als Download) lösen.
- Die Arbeitsaufträge 2 und 3 sollten Sie selbstständig auf eigenem Papier lösen. Vergleichen Sie anschließend Ihre Lösungen mit den Musterlösungen.
- **Musterlösungen: siehe Seite 140 ff.**

1 **Nur zur Information (nicht zur Berechnung notwendig):**
Höhe des Eigenkapitals im Jahr vor dem Vorjahr: 9.000.000 €
Höhe des Fremdkapitals im Jahr vor dem Vorjahr: 3.000.000 €
Höhe des Gesamtkapitals im Jahr vor dem Vorjahr: 12.000.000 €
Keine Zuführung zu langfristigen Rückstellungen im Vorjahr.

Lösungsformular 1 zu Arbeitsauftrag 1.1:

Bilanzkennzahlen	Formel	Lösungsweg Berichtsjahr	Ergebnis Berichtsjahr	Ergebnis Vorjahr
zur Vermögensstruktur[1]				
Anlagenquote				
Umlaufquote				
zur Kapitalstruktur[1]				
Eigenkapitalquote				
Fremdkapitalquote				
Anteil des langfristigen Fremdkapitals				
Anteil des kurzfristigen Fremdkapitals				
Verschuldungsgrad				
zur Investierung				
Deckungsgrad I				
Deckungsgrad II				

1 Diese Daten können aus der Strukturbilanz direkt entnommen werden.

Bilanzkennzahlen	Formel	Lösungsweg Berichtsjahr	Ergebnis Berichtsjahr	Ergebnis Vorjahr
zur Zahlungsbereitschaft				
Liquidität 1. Grades				
Liquidität 2. Grades				
Liquidität 3. Grades				

Lösungsformular 2 zu Arbeitsauftrag 1.2:

Erfolgskennzahlen	Formel	Lösungsweg Berichtsjahr	Ergebnis Berichtsjahr	Ergebnis Vorjahr
Eigenkapitalrentabilität				
Gesamtkapitalrentabilität				
Umsatzrentabilität[1]				

1 Diese Kennzahlen können auch nur auf Basis des Jahresergebnisses berechnet werden (vgl. Fußnote 4 auf Seite 25).

1.7 Balanced Scorecard (BSC)[1]

1.7.1 Grundlagen zur Balanced Scorecard

➤ Definition

Die BSC ist ein ganzheitliches Führungskonzept. Sie besteht aus einem integrativen System aus strategischen Zielen, Ursache-Wirkungs-Beziehungen, Messgrößen, Zielwerten und strategischen Aktionen.

➤ Zweck

Das Konzept der BSC[2] wurde entwickelt, um ein ausgewogenes System aus finanziellen und nicht finanziellen Messgrößen zu schaffen.

Das übergeordnete strategische Ziel, die „Unternehmensvision" (z. B. Erreichen der Marktführerschaft), wird über ein Zielsystem angestrebt, das die **Finanz-, Kunden-, Prozess- und Mitarbeiterperspektive** miteinander verknüpft. Mit der Zuordnung zu den Perspektiven soll ein einseitiges Denken bei der Verfolgung der Ziele verhindert werden.

➤ Aufbau

- Ausgangspunkt einer BSC ist die **Vision.**
- Aus der Unternehmensvision werden je **Perspektive** die jeweiligen **strategischen Ziele** abgeleitet, schlüssig aufeinander abgestimmt und an die Mitarbeiter herangetragen.
- Zur Planung und Verfolgung der Zielerreichung werden den strategischen Zielen finanzielle und nicht finanzielle **Messgrößen** sowie die Soll- und Ist-Werte dieser Messgrößen gegenübergestellt.
- Die Zielerreichung soll über **strategische Aktionen** sichergestellt werden.

➤ Vision

Visionen sind Zukunftsbilder, die beschreiben, was eine Unternehmung langfristig erreichen will.

➤ Perspektive

Die Betrachtung aus verschiedenen Perspektiven gewährleistet, dass alle wesentlichen Aspekte eines Vorhabens in ein ausgewogenes Verhältnis einbezogen werden. Diese Perspektiven sind grundsätzlich branchenspezifisch bzw. unternehmensindividuell zu bestimmen. Als Standardperspektiven werden im Konzept der BSC die Finanz-, Kunden-, (interne) Prozess- und Mitarbeiterperspektive (auch „Lernen und Wachstum" oder „Potenzialperspektive" genannt) betrachtet.

➤ Strategische Ziele

Strategische finanzielle Ziele und relevante Ziele der Kunden-, Prozess- und Mitarbeiterperspektive werden so aufeinander abgestimmt, damit die Vision erreicht werden kann.

➤ Messgrößen

Messgrößen sind Kennzahlen, welche die Erreichung von strategischen Zielen anzeigen. Dazu gehören:

1. Finanz-/erfolgswirtschaftliche Kennzahlen

Beispiele:

Die Liquidität und die Rentabilität spiegeln die Aktionärsperspektive wider und sind für die Shareholder-Value-Orientierung unerlässlich.[3]

1 Vgl. Horvath, P. u. a.: Balanced Scorecard umsetzen, 4., überarbeitete Auflage, Stuttgart

2 Anfang der 1990-er Jahre hat ein Forschungsteam rund um den Harvard Professor Robert S. Kaplan das Konzept der BSC entwickelt.

3 Vgl. Müller-Stewens, G.: Strategisches Management, 3., aktualisierte Auflage, Stuttgart 2005, S. 631.

5 Merkur-Nr. 0380

2. Nichtfinanzielle Kennzahlen (Beispiele)

Kennzahlen über Markt und Kunden	➢ Umfragen zur Messung der Kundenzufriedenheit mit den Produkten (Produktqualität, Produktdesign, Produktpalette), mit den Mitarbeitern (Freundlichkeit, Kompetenz, Umgang mit Reklamationen etc.) oder mit dem Ablauf (Lieferzeiten, Liefertreue) ➢ Anzahl Neukunden ➢ Entwicklung von Marktanteilen
Kennzahlen über Prozesse	➢ Zeit von der Idee zur Produktionsreife (time-to-market) ➢ Anzahl neuer Patente ➢ Durchlaufzeiten ➢ Produktivitätskennzahlen (z. B. Wirtschaftlichkeit[1], Arbeits- oder Kapitalproduktivität[2]) ➢ Prozessqualität (z. B. Ausfall- oder Fehlerquote)
Kennzahlen über Mitarbeiter und Fähigkeiten	➢ Umfragen zur Mitarbeiterzufriedenheit ➢ Erhebungen über Mitarbeiterfluktuation ➢ Krankenstand ➢ Verbesserungsvorschläge je Mitarbeiter ➢ Mitarbeiterproduktivität ➢ Umsatz je Mitarbeiter

Diese Kennzahlen sind insbesondere für Führungskräfte wichtig, um frühzeitig ein Gespür für Entwicklungen im Markt und Unternehmen zu erhalten, und aus diesen zu lernen und darauf zu reagieren.[3]

Aus der Ermittlung der Kennzahlen können jedoch nur dann wichtige Erkenntnisse und Maßnahmen abgeleitet werden, wenn ein **Zeitvergleich** mit Kennzahlen von Vorperioden, **Soll-Ist-Vergleiche** durch Vergleich von Istwerten mit Zielwerten oder Vergleiche mit den **Kennzahlen branchengleicher Unternehmen** erfolgen.

➢ Strategische Aktionen

Mithilfe von strategischen Aktionen sollen die im Rahmen der BSC gesetzten strategischen Ziele erreicht werden. Dazu können einzelne Maßnahmen, Maßnahmenbündel oder Projekte umgesetzt werden.

➢ Ursache-Wirkungs-Beziehungen

Mit der Verknüpfung von Zielen verschiedener Perspektiven lassen sich Ursache-Wirkungs-Zusammenhänge darstellen. Damit erhält das Management ein Instrument, seine Annahmen transparent darzustellen und in einigen Fällen auch Zusammenhänge der Zielerreichung inhaltlich zu überprüfen. Allerdings stellen Ursache-Wirkungs-Zusammenhänge im nicht monetären Bereich z. T. nicht überprüfbare Hypothesen dar, wie z. B. dass ein besseres Image zu höheren Erträgen führt.

➢ Stärken und Schwächen des BSC-Konzeptes

Stärken des BSC-Konzeptes	Schwächen des BSC-Konzeptes
➢ Mehrdimensionalität ➢ konsequente Verfolgung der Strategieumsetzung ➢ Konzentration auf strategische, wettbewerbsentscheidende Ziele zur Steuerung des Unternehmens ➢ Ursache-Wirkungs-Zusammenhänge zwischen den Zielen dienen als Steuerungshilfe ➢ Vernetzung verschiedener Hierarchien im Unternehmen, hierarchieübergreifender Kommunikationsprozess ➢ Individualität der BSC für jedes Unternehmen	➢ es existieren keine Qualitätsrichtlinien für den Aufbau einer BSC sowie für die Umsetzung dieser im Betrieb ➢ die unternehmensspezifische Individualität erschwert den Vergleich von Inhalten mit anderen Unternehmen ➢ für Zielwerte existieren häufig keine Standards ➢ die Inhalte sind häufig nicht präzise formuliert

1 Wirtschaftlichkeit = Leistungen/Kosten.

2 Arbeitsproduktivität = Ausbringungsmenge/eingesetzte Arbeitsstunden.
Kapitalproduktivität = Ausbringungsmenge/durchschnittlich eingesetzes Sachkapital.

3 Vgl. Müller-Stewens, G., a. a. O., S. 626 ff.

1.7.2 Beispiel für den Aufbau einer Balanced Scorecard

Finanzperspektive: Was erwarten die Kapitalgeber vom Unternehmen?

Strategische Ziele	Messgrößen	Ziele/Istwert	Strategische Aktionen
Umsatzwachstum steigern	Umsatzsteigerung		Verbesserung des Vertriebssystems durch Nutzung kostengünstiger Absatzwege (Internet)
Renditewachstum steigern	EBIT, ROI		Kostensenkung durch Kooperation mit Lieferanten, C-Teile günstiger beschaffen
Vergrößerung des Marktwertes	Börsenkurs		Imageverbesserung durch Öffentlichkeitsarbeit

Kundenperspektive: Was erwarten die Kunden vom Unternehmen?

Strategische Ziele	Messgrößen	Ziele/Istwert	Strategische Aktionen
Akquisition von Neukunden	Anzahl Neukunden/Monat		Bekanntheitsgrad von Innovationen durch Werbemaßnahmen erhöhen
Kundenbetreuung aktiver gestalten	Anzahl Besuche von Reisenden/Kunde		24-Stunden-Erreichbarkeit, mehr Vertriebsmitarbeiter einstellen
Kundenbindung stärken	Wiederverkaufsquote		Treuerabatte für Stammkunden

Vision „Marktführerschaft“

Prozessperspektive: Welche internen Prozesse müssen wir verbessern, um die Erwartungen der Kapitalgeber und Kunden zu erfüllen?

Strategische Ziele	Messgrößen	Ziele/Istwert	Strategische Aktionen
Prozesse beschleunigen	Durchlaufzeit/Stück		Transportwege verkürzen, Lagerbestände senken
Entwicklungszeiten reduzieren, Flexibilität erhöhen	Anteil der Neuentwicklungen mit weniger als 6 Monaten Entwicklungszeit		Anreize durch Prämien schaffen
Innovationen fördern	Anzahl neuer Patente		
Erhöhung der Prozessqualität	Ausschussquote		Prämien für eine Ausschussquote unter 1 %, Stärkung der Eigenverantwortlichkeit der Mitarbeiter

Mitarbeiter-(Potenzial-)perspektive: Wie können wir unser Potenzial nutzen, um den Herausforderungen gerecht zu werden?

Strategische Ziele	Messgrößen	Ziele/Istwert	Strategische Aktionen
Zufriedenheit der Mitarbeiter erhöhen	Mitarbeiterzufriedenheitsindex, Anzahl Fehltage je Mitarbeiter, Fluktuationsrate		Mitarbeiterprämien, Events
Qualifikation steigern	Anzahl Schulungstage je Mitarbeiter, Anzahl der Verbesserungsvorschläge		Mitarbeiterschulung, Kontakte mit Hochschulen intensivieren

Mögliche Ursache-Wirkungs-Zusammenhänge:

Wenn die Steigerung der Mitarbeitermotivation und der Qualifikation durch die oben in der Mitarbeiterperspektive dargestellten strategischen Aktionen gelingen und die Ist- den Zielwerten angenähert werden können, dann wird dies zu einer Verbesserung der internen Prozessqualität beitragen. Auch Innovationen werden gefördert und Entwicklungszeiten können sich verkürzen. Dies beeinflusst wiederum die Kundenperspektive positiv. Durch Innovationen wird die Neugewinnung von Kunden möglich, auch eine Steigerung der Absatzzahlen und damit der Umsatzerlöse kann dadurch erreicht werden. Die Beschleunigung von Prozessen fördert die Flexibilität eines Unternehmens und trägt damit zur Befriedigung von Kundenwünschen und zur Verbesserung der Kundenbindung bei. Auch wenn eine verbesserte Kundenbetreuung gelingt, wirkt sich dies positiv auf die Umsatzerlöse aus. Bei verhältnismäßig geringer steigenden Kosten durch die Beschleunigung von Prozessen können die Rendite erhöht und der Marktwert gesteigert werden. Man kommt der Vision der „Marktführerschaft“ näher.

2 Erfassung, Verteilung, Analyse und Zurechnung von Kosten (Kosten- und Leistungsrechnung, aus Lerngebiet 3 der RRL)

2.1 Ableitung der Kosten und Leistungen aus der Finanzbuchhaltung

2.1.1 Zielsetzung von Buchführung und Kosten- und Leistungsrechnung

Eine Steuerung des Betriebsprozesses mit den Informationen aus dem Jahresabschluss ist nicht möglich. Dazu dient die Kosten- und Leistungsrechnung (sie wird im Folgenden als KLR bezeichnet). Diese baut wiederum auf den Daten der Buchführung bzw. des Jahresabschlusses auf, sodass die KLR am Jahresabschluss ansetzt.

Folgende grundlegende **Unterschiede** bestehen **zwischen der Buchführung und der KLR:**

Buchführung	Kosten- und Leistungsrechnung
➢ **externes** Rechnungswesen ➢ ermittelt das **Unternehmensergebnis** (Gesamtergebnis) durch Gegenüberstellung von **Aufwendungen** und **Erträgen** in der Gewinn- und Verlustrechnung ➢ gesetzliche Vorschriften, z. B. aus dem Handelsgesetzbuch bzw. Steuergesetze, müssen beachtet werden ➢ ist die Grundlage für die Aufstellung des Jahresabschlusses ➢ bildet die **Basis für die KLR**	➢ **internes** Rechnungswesen ➢ ermittelt das **Betriebsergebnis** durch Gegenüberstellung von **Kosten** und **Leistungen** ➢ es existieren keine gesetzlichen Vorschriften ➢ wird unterteilt in Voll- und Teilkostenrechnung, wobei die – **Vollkostenrechnung** der langfristigen Existenz des Betriebes dient, dazu gehört z. B. die Kontrolle der Wirtschaftlichkeit im Betrieb, die Kalkulation kostendeckender Preise, die Kostenkontrolle sowie die Ermittlung von Betriebsergebnissen und die Ermittlung der Herstellungskosten im Rahmen des Jahresabschlusses – **Teilkostenrechnung** die Grundlage für kurzfristig zutreffende, marktorientierte Entscheidungen bildet

Der Übergang von der Buchführung zur Kosten- und Leistungsrechnung erfolgt mithilfe der **Abgrenzungsrechnung (Ergebnistabelle).** Aus den Aufwendungen und Erträgen der Buchführung werden die Kosten und Leistungen der KLR entwickelt.

2.1.2 Überblick über die Vollkostenrechnung

Um die Vollkostenrechnung vollständig abzubilden, sind vier Schritte notwendig, die jeweils aufeinander aufbauen:

Abgrenzungsrechnung (Ergebnistabelle)

Grundlage ist die Gewinn- und Verlustrechnung der Buchführung:

- nicht betriebliche, außerordentliche und periodenfremde Aufwendungen und Erträge werden herausgerechnet, da nur der Werteverzehr für die KLR relevant ist, der regelmäßig durch die Herstellung und den Verkauf der Produkte entstanden ist.
- kalkulatorische Kosten werden verrechnet, um Preis- bzw. Kostenschwankungen auszuschalten und Vergleiche mit Vorperioden oder Vergleiche mit branchengleichen Unternehmen zu ermöglichen.

Ziel ist die Ermittlung der Kosten und Leistungen, des Betriebsergebnisses sowie der Wirtschaftlichkeit.

Kostenartenrechnung

Die in der Ergebnistabelle ermittelten Kosten werden hier für verschiedene Zwecke nach unterschiedlichen Kriterien eingeteilt nach:

- der Verbrauchsart, z. B. in Material-, Personalkosten, um Kostenvergleiche zu ermöglichen,
- dem Verhalten bei Änderung der Beschäftigungslage in variable, fixe und Mischkosten für die Teilkostenrechnung,
- dem zeitlichen Aspekt in Ist- bzw. Normalkosten, um Kostenkontrollen zu ermöglichen oder
- der Verrechnung auf die Kostenträger in Einzel- und Gemeinkosten für die **Vollkostenrechnung.**

Kostenstellenrechnung

Ziel:
Die in der Kostenartenrechnung ermittelten **Gemeinkosten** werden in den Betriebsabrechnungsbogen (BAB) übernommen, um die Kalkulation vorzubereiten und die Kosten in den Kostenstellen zu kontrollieren.

Vorgehensweise:

- möglichst verursachungsgerechte Verteilung der Gemeinkosten auf die Kostenstellen.
- Ermittlung der Zuschlagssätze für die Kalkulation.
- Ermittlung und Analyse von Kostenabweichungen im BAB.

Kostenträgerrechnung

Sie besteht aus der

- Kostenträgerstückrechnung und der
- Kostenträgerzeitrechnung.

Kostenträgerstückrechnung:
ermöglicht die Kalkulation kostendeckender Preise, da sie die durch die Herstellung eines Kostenträgers verursachten Selbstkosten ermittelt. Dazu gehören z. B. die:

- Zuschlagskalkulation als Vor- und Nachkalkulation,
- Rückwärtskalkulation,
- Differenzkalkulation,
- Kalkulation mit Maschinenstundensätzen und
- Prozesskostenkalkulation.

Kostenträgerzeitrechnung:
ermittelt alle Kosten, die für einen Kostenträger innerhalb eines Zeitabschnitts entstanden sind sowie unter Einbeziehung der Umsatzerlöse das Umsatzergebnis. Nach Berücksichtigung der Kostenabweichung im BAB kann das Betriebsergebnis ermittelt werden.

2.1.3 Von der Buchführung zur KLR mithilfe der Abgrenzungsrechnung (Ergebnistabelle)

Wenn man kostendeckende Preise kalkulieren möchte, müssen zunächst die nicht zum eigentlichen Betriebszweck gehörenden, extrem selten bzw. in unüblicher Höhe anfallenden und nicht zur Rechnungsperiode (Abrechnungszeitraum) gehörenden Aufwendungen und Erträge ausgeschaltet werden. Diese nennt man „neutrale Aufwendungen" bzw. „neutrale Erträge". Ansonsten würde man Dinge in den Preis mit einkalkulieren, die nichts mit der Herstellung oder dem Verkauf der Erzeugnisse zu tun haben. Folgende Übersichten sollen dabei helfen, die Unterschiede zwischen den Begriffen verständlich zu machen:

2.1.3.1 Übersicht über die Abgrenzung von neutralen und betrieblichen Erträgen/Leistungen

Erträge

neutral, z. B.			betrieblich
betriebsfremd	**außerordentlich**	**periodenfremd**	**Leistungen**
Beispiele: ➢ Zinserträge, ➢ Erträge aus Wertpapiergeschäften (z. B. Kursgewinne), ➢ Erträge aus Beteiligungen an anderen Unternehmen (z. B. Dividenden), ➢ Erträge aus der Währungsumrechnung.	**Beispiele:** ➢ Steuererlass (Finanzamt erlässt Steuern), ➢ Erträge aus Gläubigerverzicht (z. B. Bank erlässt oder ermäßigt den Rückzahlungsbetrag eines Kredits), ➢ Erträge aus Vermögensabgang (Verkauf eines Anlagegutes über dem Buchwert), ➢ einmalige Subventionen (z. B. zur Unternehmensgründung).	**Beispiele:** ➢ Steuerrückerstattung für vergangene Geschäftsjahre, ➢ Erträge aus der Auflösung von Rückstellungen (die im Vorjahr gebildete Rückstellung war zu hoch), ➢ Zahlungseingang auf eine in Vorperioden abgeschriebene Forderung (z. B. auf eine wegen Insolvenz des Kunden abgeschriebene Forderung erhalten wir doch noch einen Zahlungseingang).	**Beispiele:** ➢ Umsatzerlöse,[1] ➢ Mehrbestände an unfertigen und fertigen Erzeugnissen, ➢ aktivierte Eigenleistungen (durch Mitarbeiter des Betriebes selbst hergestellte und im Betrieb genutzte Werkzeuge oder Maschinen), ➢ Entnahme von Gegenständen und sonstigen Leistungen für private Zwecke.

Alle Erträge, die nichts mit der Herstellung und dem Verkauf der Produkte eines Industriebetriebes zu tun haben (betriebsfremde Erträge), die außerordentlich selten oder in unüblicher Höhe anfallen (außerordentliche Erträge) bzw. nicht zur betrachteten Rechnungsperiode (z. B. Monat, Jahr) gehören, bezeichnet man als **neutrale Erträge.** Die relativ regelmäßig anfallenden, zur betrachteten Rechnungsperiode gehörenden und **betrieblichen Erträge** entsprechen den **Leistungen.**

1 Die **Umsatzerlöse** enthalten auch Bestandteile, wie z. B. Mieterträge, die mit der „gewöhnlichen Geschäftstätigkeit" eines Industriebetriebes nichts zu tun haben. Da es sich bei der KLR um eine betriebsinterne Rechnung handelt, wird im Folgenden die Annahme getroffen, dass als Leistung nur die Umsatzerlöse betrachtet werden, die für „typische Erzeugnisse" im Rahmen der „gewöhnlichen Geschäftstätigkeit" erbracht werden.

2.1.3.2 Übersicht über die Abgrenzung von neutralen und betrieblichen Aufwendungen/Kosten

Aufwendungen

neutral, z. B. | **betrieblich**

betriebsfremd	außerordentlich	periodenfremd	Zweckaufwand
Beispiele: ➢ Abschreibungen auf Finanzanlagen und Wertpapiere des Umlaufvermögens, ➢ Spenden, ➢ Abschreibungen oder sonstige Aufwendungen für nicht betrieblich genutzte Vermögensgegenstände (z. B. für vermietete Gebäude), ➢ Verluste aus der Währungsumrechnung.	**Beispiele:** ➢ Verluste aus Vermögensabgang (Verkauf eines Anlagegutes unter dem Buchwert), ➢ hohe außerplanmäßige Abschreibungen, außergewöhnlich hohe/seltene Aufwendungen (z. B. bei der Erschließung neuer Märkte, aus Garantieverpflichtungen, Forderungsverluste, Verluste aus nicht abgedeckten Schadensfällen),[1] ➢ Verluste aus Enteignungen.	**Beispiele:** ➢ Steuernachzahlung für vergangene Geschäftsjahre, ➢ Nachzahlung von Löhnen oder Gehältern für vergangene Rechnungsperioden, ➢ Verluste aus der Auflösung von Rückstellungen.	**Beispiele:** ➢ Minderbestand an unfertigen und fertigen Erzeugnissen, ➢ Materialaufwand, ➢ Löhne, Gehälter, ➢ Aufwendungen für Werbung, ➢ Büromaterial, ➢ Versicherungen, ➢ planmäßige Abschreibungen auf Sachanlagen, ➢ Mietaufwand, ➢ Zinsaufwand, ➢ Verluste aus Schadensfällen.[2]

Grundkosten (werden unverändert aus der GuV in die KLR übernommen)	**Anderskosten** (werden mit anderen Werten als in der GuV in die KLR übernommen)	**Zusatzkosten** (diesen Kosten steht in der GuV kein Aufwand gegenüber)
z. B. Minderbestand (BV), Löhne, Gehälter, Aufwendungen für Werbung, Büromaterial, Versicherungen, Mietaufwand.	z. B. Rohstoffaufwand als Durchschnittspreis, um Schwankungen in der Kalkulation zu verhindern (Verrechnungspreis),[3] kalkulatorische Abschreibungen, kalkulatorische Zinsen, kalkulatorische Wagnisse.[4]	z. B. kalkulatorischer Unternehmerlohn, kalkulatorische Miete. Sie dienen insbesondere dazu, Vergleiche mit anderen Unternehmen der gleichen Branche vornehmen zu können. ↑ **Die Zusatzkosten werden in der Buchführung nicht erfasst!**

Kosten

1 Vgl. Eisele, W., Knobloch, A. P.: Technik des betrieblichen Rechnungswesens, 8., vollständig überarbeitete und erweiterte Auflage, München 2011, S. 506 ff.

2 Vgl. Übersicht „Wagnisse" auf Seite 42.

3 Wenn die Rohstoffpreise stark schwanken, werden u. U. Durchschnittspreise als Verrechnungspreise angesetzt.

4 Die kalkulatorischen Wagnisse können auch zu den Zusatzkosten gehören, wenn nämlich in der entsprechenden Rechnungsperiode tatsächlich keine Schadensfälle eingetreten sind.

2.1.3.3 Kalkulatorische Kosten

➤ Ziele für den Ansatz kalkulatorischer Kosten

Die **Ziele für den Ansatz kalkulatorischer Kosten** in der KLR sind:

- Vermeidung von Schwankungen in den Verkaufspreisen
- Ermöglichung von Vergleichen
  - Zeitvergleiche (Kostenvergleiche verschiedener Abrechnungsperioden, um die Wirtschaftlichkeit zu kontrollieren)
  - Branchenvergleiche (Vergleich mit anderen Unternehmen der gleichen Branche)

➤ Gründe für den Ansatz einzelner kalkulatorischer Kosten

Abschreibungen[1] (Anderskosten)

Bilanzielle: werden in der Bilanz angesetzt, weil

- man in einer Erfolgssituation (sofern rechtlich zulässig) **degressiv** abschreibt, um den steuerpflichtigen Gewinn frühzeitig zu senken. Dieses Verfahren hätte schwankende Abschreibungsbeträge zur Folge.
- man höchstens von den **Anschaffungs- bzw. Herstellungskosten** abschreiben darf und hinsichtlich der Abschreibungsdauer an die jeweilige **vom Finanzamt vorgeschriebene Nutzungsdauer** gebunden ist.
- das **gesamte abnutzbare Anlagevermögen** der planmäßigen Abschreibung unterliegt.

Kalkulatorische: werden in der KLR angesetzt, weil

- Schwankungen vermieden werden sollen: Zur Kalkulation eines Verkaufspreises, der längere Zeit Gültigkeit hat, ist es in der KLR ratsam, das **lineare** Abschreibungsverfahren zu wählen.
- man am Ende der **tatsächlichen Nutzungsdauer** eines Anlagegutes dieses gegen ein neues, gleichwertiges, mittlerweile ggf. teureres Wirtschaftsgut ersetzen möchte. Dazu ist die Abschreibung von den **Wiederbeschaffungskosten** notwendig.

  kalkulatorische Abschreibung pro Jahr

  $$= \frac{\text{Wiederbeschaffungskosten}}{\text{tatsächliche Nutzungsdauer in Jahren}}$$

- nur die Kosten für das **betrieblich genutzte abnutzbare Anlagevermögen** zur Kalkulation kostendeckender Preise relevant sind und nur so eine Vergleichbarkeit mit branchengleichen Unternehmen gewährleistet wird.

F

1 Vgl. Eisele/Knobloch, a.a.O., S. 813f.

Zinsen[1] (Anderskosten)

Bilanzielle: werden in der Bilanz angesetzt

für die **effektiv zu zahlenden Zinsaufwendungen.** Diese hängen ab von:

- der jeweiligen Ausstattung des Unternehmens mit Eigen- bzw. Fremdkapital,
- den unterschiedlichen Fremdkapitalzinssätzen, die im Zeitablauf u. U. auch schwanken können,
- der Frage, ob mit dem Kapital auch nicht betriebsnotwendiges Vermögen finanziert wurde.

Außerdem bleiben die entgangenen Zinsen ohne Beachtung, die der jeweilige Unternehmer erzielen könnte, wenn er sein Geld auf dem Kapitalmarkt anlegen und nicht in sein Unternehmen investieren würde.

Kalkulatorische: werden in der KLR angesetzt

für das **betriebsnotwendige Kapital:**

	Betriebsnotwendiges Anlagevermögen (d. h. z. B. ohne brachliegende Grundstücke, vermietete Gebäude o. Ä.)
+	Betriebsnotwendiges Umlaufvermögen (d. h. z. B. ohne Aktien, die zu Spekulationszwecken genutzt werden)
=	Betriebsnotwendiges Vermögen
	Abzugskapital (d. h. ohne das Kapital, das dem Unternehmen zinslos zur Verfügung steht, wie z.B. Lieferantenkredite, kurzfristige Rückstellungen oder Anzahlungen von Kunden)
=	Betriebsnotwendiges Kapital

Kalkulatorische Zinsen pro Jahr

$$= \text{Betriebsnotwendiges Kapital} \cdot \frac{\text{Zinssatz}}{100}$$

Der Zinssatz wird in Höhe des Zinsniveaus am Kapitalmarkt für langfristige Kredite angesetzt (wird in Aufgaben i. d. R. angegeben).

Kalkulatorischer Unternehmerlohn (Zusatzkosten)[2]

Der kalkulatorische Unternehmerlohn wird angesetzt bei Einzelunternehmen und Personengesellschaften, weil die Gesellschafter dieser Rechtsformen kein Gehalt beziehen, wie es die Vorstandsmitglieder und Geschäftsführer bei Kapitalgesellschaften erhalten. Während das Gehalt der Vorstandsmitglieder und Geschäftsführer bei Kapitalgesellschaften in der GuV als Aufwand und in der KLR als Grundkosten erfasst wird, muss aus Gründen der Vergleichbarkeit für die Gesellschafter von Einzelunternehmen und Personengesellschaften ein in der Höhe vergleichbares Gehalt in Form des kalkulatorischen Unternehmerlohns als Zusatzkosten in die KLR eingerechnet werden. Da diese Kosten nicht in der Buchführung gebucht werden, ihnen also kein Aufwand gegenübersteht, bezeichnet man den kalkulatorischen Unternehmerlohn als Zusatzkosten.

1 Vgl. Eisele/Knobloch, a. a.O., S. 817 f.

2 Tritt bei Aktiengesellschaften nicht auf.

Kalkulatorische Miete (Zusatzkosten)[1]

Die kalkulatorische Miete dient ebenfalls der Vergleichbarkeit branchengleicher Unternehmen. Stellt ein Unternehmer seinem Unternehmen Privaträume zur Verfügung, für die keine Miete gezahlt werden muss, ist es nicht vergleichbar mit einem Unternehmen, das Miete für seine Räume zahlen muss. Darüber hinaus könnte der Unternehmer auch die dem Unternehmen zur Verfügung gestellten Räume an einen Dritten vermieten, der dann Miete zahlen müsste. Aus diesen Gründen wird u.U. eine kalkulatorische Miete in ortsüblicher Höhe in die KLR als Zusatzkosten verrechnet, welcher in der Buchführung kein Mietaufwand gegenübersteht.

Wagnisse[2]

Allgemeines Unternehmerrisiko	Schadensfälle, die z.B. durch eine Wirtschaftskrise auftreten oder ihre Ursache in einer falschen Unternehmenspolitik haben, sind weder versicherbar noch in den Verkaufspreis einkalkulierbar **(keine Kosten)**.
Versicherte Wagnisse	z.B. Brand, Hagel oder Wasserschaden, gehen in Form von Versicherungsbeiträgen als **Grundkosten in die KLR** ein.
Nicht versicherte Wagnisse	sind betrieblich bedingte und aufgrund von Erfahrungswerten berechenbare Wagnisse (z.B. Forderungsausfälle von Kunden, Verderb oder Diebstahl von Waren, Garantieverpflichtungen o.Ä.). Es werden die Schadensfälle z.B. der letzten 5 Jahre mit einem Durchschnittswert aus vergangenen Rechnungsperioden als **kalkulatorische Wagnisse** in den Verkaufspreis einkalkuliert. Dabei liegt das Ziel darin, Schwankungen auszugleichen, denn Schadensfälle treten normalerweise in eher unregelmäßigen Abständen auf.

sind **Anderskosten,** wenn den kalkulatorischen Wagnissen in dieser Abrechnungsperiode in der Buchführung tatsächlich gebuchte Schadensfälle in anderer Höhe als Aufwand gegenüberstehen.

sind **Zusatzkosten,** wenn den kalkulatorischen Wagnissen in dieser Abrechnungsperiode in der Buchführung tatsächlich keine gebuchten Schadensfälle als Aufwand gegenüberstehen.

1 Tritt bei Aktiengesellschaften nicht auf.

2 Vgl. Eisele/Knobloch, a.a.O., S. 817f.

2.1.3.4 Beispiel zur Erstellung einer Ergebnistabelle

Buchführung (Rechnungskreis I)			Kosten- und Leistungsrechnung (Rechnungskreis II)						
			Abgrenzungsrechnung				Betriebsergebnisrechnung		
			Unternehmensbezogene Abgrenzungen		Kostenrechnerische Korrekturen				
Konto	Aufwand	Ertrag	neutrale Aufwendungen	neutrale Erträge	betrieblicher Aufwand	verrechn. Kosten	Kosten	Leistungen	Begriffszuordnung
Umsatzerlöse		300.000	→	→	→	→	→	→ 300.000	Leistung
Erträge a. d. Auflösung von Rückstellungen		5.000	→	→ 5.000					neutraler Ertrag
Aufw. für Hilfsstoffe	20.000	→	→	→	→	→	→ 20.000		Grundkosten
Löhne	80.000	→	→	→	→	→	→ 80.000		Grundkosten
Verluste aus Vermögensabgang	7.000	→	→ 7.000						neutraler Aufwand
Abschr. auf Sachanlagen	30.000	→	→	→	→ 30.000	40.000 ←	40.000		Anderskosten (kalk. Abschreibungen)
Kalk. Unternehmerlohn	wird nicht in der Fibu gebucht!	→	→	→	→ –	60.000 ←	60.000		Zusatzkosten
Summe	137.000	305.000	7.000	5.000	30.000	100.000	200.000	300.000	
Saldo	168.000			2.000	70.000		100.000		
Summe	305.000	305.000	7.000	7.000	100.000	100.000	300.000	300.000	

Abstimmung der Ergebnisse					
(1) Gesamtergebnis im Rechnungskreis I (Fibu)	168.000				
(2) Ergebnis aus unternehmensbez. Abgrenzungen		– 2.000			
(3) Ergebnis aus kostenrechnerischenn Korrekturen		70.000			
(4) = (2) + (3) Neutrales Ergebnis		68.000			
(5) Betriebsergebnis		100.000			
(6) Gesamtergebnis im Rechnungskreis II (KLR)		168.000			

Zunächst werden die Aufwendungen und Erträge aus der GuV in die Spalten „Aufwand" und „Ertrag" übernommen. Es wird wie in der GuV die Summe zur größeren Seite gebildet, als Saldo zwischen Aufwendungen und Erträgen entsteht das Unternehmensergebnis. Die neutralen Aufwendungen werden in der Spalte „neutrale Aufwendungen", die neutralen Erträge in der Spalte „neutrale Erträge" eingetragen. Auch hier wird die Summe zur größeren Seite gebildet, als Saldo ergibt sich das „Ergebnis aus unternehmensbezogenen Abgrenzungen".

Die betrieblichen Erträge entsprechen den Leistungen und werden auch dort eingetragen, die Grundkosten werden in der Spalte „Kosten" eingetragen.

Anschließend werden die kalkulatorischen Kosten in den Spalten „kostenrechnerische Korrekturen" verrechnet. Die (restlichen) betrieblichen Aufwendungen, die den Anders- und Zusatzkosten gegenüberstehen, werden aus der GuV in die Spalte „betrieblicher Aufwand" übernommen. Die kalkulatorischen Kosten werden in die Spalten „verrechnete Kosten" und „Kosten" eingetragen. Der Saldo aus den Spalten „betrieblicher Aufwand" und „verrechnete Kosten" ergibt das Ergebnis aus kostenrechnerischen Korrekturen, das zusammen mit dem Ergebnis aus unternehmensbezogenen Abgrenzungen zum „neutralen Ergebnis" führt.

Schließlich können die für die Kosten- und Leistungsrechnung notwendigen „Kosten" bzw. „Leistungen" ermittelt werden, deren Saldo das Betriebsergebnis ergibt. Das Unternehmensergebnis setzt sich dann wie folgt zusammen:

Unternehmensergebnis = Neutrales Ergebnis + Betriebsergebnis

Damit ist der Übergang von der Buchführung zur Kosten- und Leistungsrechnung vollzogen.

2.1.3.5 Hinweise zur Auswertung von Ergebnistabellen

- Zunächst sollten die Einzelergebnisse (Unternehmensergebnis, Ergebnis aus unternehmensbezogenen Abgrenzungen, Ergebnis aus kostenrechnerischen Korrekturen, Neutrales Ergebnis, Betriebsergebnis) sowie deren Zusammensetzung kurz erläutert und ggf. besondere Auffälligkeiten herausgearbeitet werden.

- Man sollte dann das Betriebsergebnis betrachten:
  - Wenn das Betriebsergebnis exakt bei null liegt, bedeutet das, dass alle Kosten gedeckt wurden. Auch die kalkulatorischen Kosten fließen über die Umsatzerlöse in das Unternehmen zurück. Die längerfristige Existenz des Unternehmens ist gesichert, da z. B. Ersatzinvestitionen über die kalkulatorischen Abschreibungen finanziert werden können. Erweiterungsinvestitionen sind aus eigener Kraft allerdings nicht möglich, dafür müsste ein Betriebsgewinn erzielt worden sein.
  - Ist das Betriebsergebnis positiv, kann der überschüssige Betrag z. B. zur Finanzierung von Erweiterungsinvestitionen aus eigener Kraft oder zur Preissenkung verwendet werden.
  - Wenn das Betriebsergebnis negativ ist, werden logischerweise im Umkehrschluss nicht alle Kosten gedeckt (s. o.).

  Die Wirtschaftlichkeit des Betriebes sollte in diesem Zusammenhang berechnet werden:

  $$\text{Wirtschaftlichkeit} = \frac{\text{Leistungen}}{\text{Kosten}}$$

  Eine Wirtschaftlichkeitskennzahl von 1,1 bedeutet z. B., dass der Betrieb je 1 € Kosten Leistungen in Höhe von 1,10 € bzw. 0,10 € Betriebsgewinn erzielt hat. Der Betrieb arbeitet wirtschaftlich, d.h., der Einsatz der Betriebsmittel und Werkstoffe etc. war im Vergleich zu den Umsatzerlösen bzw. Leistungen sparsam, wenn diese Kennzahl größer als 1 ist. Ist diese Kennzahl gleich 1, sind alle Kosten gedeckt (s. o.), bei einer Kennzahl unter 1 arbeitet der Betrieb nicht wirtschaftlich.

  Ein Zeitvergleich dieser Kennzahl mit denen von Vorperioden oder anderen, branchengleichen Unternehmen wäre zur Auswertung wünschenswert.

- Auch in der Ausgangssituation können nützliche Informationen zur Auswertung enthalten sein.

- Ein kurzes abschließendes Fazit beendet die Auswertung der Ergebnistabelle.

2.1.3.6 Trainingsaufgabe mit Musterlösung: Ergebnistabelle im Unternehmen Brad Stark e. K.

Der Wirtschaftsingenieur Brad Stark hat zum 01.01.01 ein Unternehmen gegründet, in dem er sich auf die Herstellung und den Verkauf von kleineren Sportgeräten spezialisiert hat. In Serienfertigung[1] werden Medizinbälle, Hanteln und Expander hergestellt. Brad Stark unterliegt sowohl die technische als auch die kaufmännische Leitung seines Betriebes. Folgender Jahresabschluss liegt für sein erstes Geschäftsjahr vor:

GuV Brad Stark e. K. zum 31. 12. 01 in €

Soll		Haben	
Bestandsveränderungen	200.000	Umsatzerlöse	1.350.000
Aufwendungen f. Rohstoffe	310.000	Erträge aus Vermögensabgang	56.000
Aufwendungen f. Hilfsstoffe	80.000	Erträge aus Wertpapieren des UV	35.000
Aufwendungen f. Betriebsstoffe	14.000	Zinserträge	66.000
Fremdinstandhaltung	25.000		
Löhne	250.000		
Gehälter	55.000		
Abschreibungen auf Sachanlagen	230.000		
Mietaufwand	25.000		
Rechts-/Beratungskosten	24.000		
Büromaterial	7.700		
Beiträge zu Wirtschaftsverbänden	300		
Verluste aus Schadensfällen	15.000		
Zinsaufwand	49.500		
Abschreibungen auf Finanzanlagen	35.000		
Gewinn (EK)	186.500		
	1.507.000		1.507.000

SBK Brad Stark e. K. zum 31. 12. 01 in €

Soll		Haben	
A. Anlagevermögen		A. Eigenkapital	2.000.000
1. Grundstücke (davon 220.000 € für ein brachliegendes Grundstück)	400.000	B. Steuerrückstellungen (kurzfristig)	100.000
2. Gebäude (davon 900.000 € für vermietete Gebäude)	1.400.000	C. Verbindlichkeiten	
3. Betriebs- u. Gesch.ausstatt. (davon 80.000 € für eine stillgelegte Maschine)	500.000	1. Darlehen	1.200.000
B. Umlaufvermögen		2. Verbindlichkeiten a. L. L.	80.000
1. Rohstoffe	200.000		
2. Hilfsstoffe	20.000		
3. Betriebsstoffe	10.000		
4. Unfertige Erzeugnisse	30.000		
5. Fertige Erzeugnisse	80.000		
6. Forderungen	200.000		
7. Wertpapiere des Umlaufvermögens	500.000		
8. Bankguthaben	40.000		
	3.380.000		3.380.000

1 Unter **Serienfertigung** versteht man, dass unterschiedliche Erzeugnisse auf zum Teil gleichen Produktionsanlagen hergestellt werden. Die Herstellung dieser Produkte verursacht unterschiedliche Kosten, da die Produkte die Produktionsanlagen z. B. unterschiedlich lange in Anspruch nehmen.

Arbeitsaufträge:

1. **Berechnen Sie (I)** die jährlich anzusetzenden kalkulatorischen Kosten in den abgedruckten Feldern.
2. **Stellen Sie** die Ergebnistabelle für Brad Stark e. K. im Geschäftsjahr 01 nach obigen Angaben **dar (I)**.
3. **Werten Sie** die Ergebnistabelle von Brad Stark e. K. für das Geschäftsjahr 01 **aus (II).** Beachten Sie dazu auch die Hinweise zur Auswertung von Ergebnistabellen auf Seite 44.

DOWNLOAD

Bearbeitungshinweis:

- Lösen Sie Arbeitsauftrag 1 auf den nachfolgend abgedruckten Feldern.
- Arbeitsauftrag 2 kann entweder mithilfe des abgedruckten Formulars oder mit Excel (Vorlage als Download) gelöst werden. Arbeitsauftrag 3 sollten Sie selbstständig auf eigenem Papier lösen. Vergleichen Sie anschließend Ihre Lösungen mit den Musterlösungen.
- **Musterlösungen: siehe Seite 143 ff.**

Zu Arbeitsauftrag 1.:

Zur Berechnung der kalkulatorischen Kosten liegen folgende Angaben vor:

Für die **kalkulatorischen Abschreibungen** soll gelten:

	Wiederbeschaffungskosten	Voraussichtliche Nutzungsdauer in Jahren	Kalkulatorische Abschreibung pro Jahr
Grundstücke	800.000 €	50 Jahre	
Betrieblich genutztes Gebäude	800.000 €	20 Jahre	
Betrieblich genutzte BGA	650.000 €	5 Jahre	
Betrieblich genutzte BGA	150.000 €	3 Jahre	
Summe			

Der landesübliche Zinssatz für langfristige Kredite beträgt 3 % p. a. Dieser ist relevant für die Berechnung der **kalkulatorischen Zinsen.**

Berechnung der kalkulatorischen Zinsen pro Jahr:

Kalkulatorische Wagnisse pro Jahr:

Für die kalkulatorischen Wagnisse wird der Durchschnittswert der Branche der letzten 5 Jahre angesetzt, da eigene Daten noch nicht vorliegen. Die Verluste aus Schadensfällen betrugen in den letzten 5 Jahren:

	Nicht versicherte Schadensfälle der Branche in €
1. Jahr	13.000
2. Jahr	20.000
3. Jahr	9.000
4. Jahr	7.000
5. Jahr	11.000
Summe	

Berechnung der kalkulatorischen Wagnisse pro Jahr:

Ein Angestellter, der sich in einer vergleichbaren Position wie Brad Stark befindet, verdiente im Jahr 01 durchschnittlich 80.000 €.

Kalkulatorischer Unternehmerlohn pro Jahr:

Zu Arbeitsauftrag 2.:

Ergebnistabelle Brad Stark e. K. Geschäftsjahr 01								
Buchführung (Rechnungskreis I)			Kosten- und Leistungsrechnung (Rechnungskreis II)					
			Abgrenzungsrechnung				Betriebsergebnis-rechnung	
			Unternehmensbezogene Abgrenzungen		Kostenrechnerische Korrekturen			
Konto	Aufwand	Ertrag	neutrale Aufw.	neutrale Erträge	betrieblicher Aufwand	verrechn. Kosten	Kosten	Leistungen
Umsatzerlöse								
Minderbestand								
Erträge aus Vermögensabgang								
Erträge aus Wertpapieren des UV								
Zinserträge								
Aufw. f. Rohstoffe								
Aufw. f. Hilfsstoffe								
Aufw. f. Betr.stoffe								
Fremdinstandhalt.								
Löhne								
Gehälter								
Abschreib. auf Sachanlagen								
Mietaufwand								
Rechts-/Beratungskosten								
Büromaterial								
Beiträge zu Wirtschaftsverbänden								
Verluste aus Schadensfällen								
Zinsaufwand								
Abschreibungen auf Finanzanlagen								
Kalk. Unternehmerlohn								
Summe								
Saldo								
Summe								
Abstimmung der Ergebnisse								
(1) Gesamtergebnis im Rechnungskreis I (Fibu)								
(2) Ergebnis aus untern.bez. Abgrenzungen								
(3) Ergebnis aus kostenrechn. Korrekturen								
(4) = (2) + (3) Neutrales Ergebnis								
(5) Betriebsergebnis								
(6) Gesamtergebnis im Rechnungskreis II (KLR)								

2.2 Vollkostenrechnung: Kostenarten-, Kostenstellen- und Kostenträgerrechnung

2.2.1 Zuordnung der Kosten in der Kostenartenrechnung

Die in der Ergebnistabelle ermittelten Kosten werden hier für verschiedene Zwecke z. B. nach folgenden Kriterien eingeteilt nach:[1]

- ihrem Ursprung, z. B. in Material-, Personalkosten etc., um Kostenvergleiche zu ermöglichen. Hier entscheidet jedes Unternehmen für sich selbst, für welche Kostenarten Verbrauchsarten gebildet werden. Es ist sinnvoll, die Kostenintensität zu berechnen, diese mit Vorperioden, Planwerten oder denen branchengleicher Unternehmen zu vergleichen und ggf. Ursachen für die Abweichungen festzustellen:

$$\text{Kostenintensität je Verbrauchsart} = \frac{\text{Kosten je Verbrauchsart}}{\text{Gesamtkosten}} \cdot 100$$

- der Verrechnung auf die Kostenträger in **Einzel- und Gemeinkosten** für die **Vollkostenrechnung**:

Einzelkosten	**Gemeinkosten**
Sind die Kosten, die in Industriebetrieben i. d. R. dem Produkt bzw. der Produktgruppe, also dem Kostenträger, direkt zugeordnet werden können. Dazu gehören die Materialeinzelkosten (der Rohstoffaufwand für ein Produkt ist aus der Stückliste erkennbar), die Fertigungseinzelkosten (die Fertigungslöhne für ein Produkt lassen sich aus Zeitplänen ablesen), die Sondereinzelkosten der Fertigung (z. B. Kosten der Konstruktion des Produkts) und die des Vertriebs (z. B. eine speziell für das Produkt notwendige Transportverpackung). **Einzelkosten** gehören zu den **variablen Kosten.**	Sind die Kosten, die einem Kostenträger nicht direkt zurechenbar sind (z. B. kann man das Gehalt des Buchhalters nicht direkt einem Produkt zuordnen, sofern verschiedene Produkte hergestellt werden. Auch lässt sich z. B. der Schmierstoffverbrauch für die Maschinen nicht eindeutig einem Produkt zuordnen, wenn auf der Maschine verschiedene Produkte hergestellt werden). **Gemeinkosten** können zu den **fixen Kosten** (z. B. Gehälter) und/oder zu den **variablen Kosten** (z. B. Schmierstoffverbrauch, da dieser bei größerer Produktionsmenge steigt) gehören.

- dem Verhalten bei Änderung der Beschäftigungslage in **variable, fixe und Mischkosten** für die **Teilkostenrechnung**:

Variable Kosten	Fixe Kosten	Mischkosten
ändern sich mit der Ausbringungsmenge. Dazu gehören alle Einzelkosten (Material-, Fertigungseinzelkosten), die Sondereinzelkosten der Fertigung und des Vertriebs sowie die variablen Gemeinkosten.	bleiben mit sich ändernder Ausbringungsmenge kurzfristig konstant. Dazu gehören die fixen Gemeinkosten, z. B. Mietaufwand, Gehälter oder kalkulatorische Kosten.	enthalten fixe und variable Bestandteile (z. B. bei Stromkosten eine monatliche Grundgebühr zuzüglich Kosten in Abhängigkeit von der Verbrauchsmenge).

- der Liquiditätswirksamkeit in **ausgabewirksame** und **nicht ausgabewirksame Kosten**:

Ausgabewirksame Kosten	**Nicht ausgabewirksame Kosten**
führen zu einer Geldvermögensänderung, dazu gehören z. B. Löhne, Gehälter, Mietaufwand.	führen nicht zu einer Geldvermögensänderung, dazu gehören z. B. die kalkulatorischen Kosten.

1 Vgl. Eisele/Knobloch, a. a. O., S. 799 ff.

7 Merkur-Nr. 0380

➤ dem zeitlichen Aspekt in **Ist- bzw. Normalkosten,** um Kostenkontrollen zu ermöglichen:

Istkosten	Normalkosten
Sind die tatsächlich in einer Abrechnungsperiode entstandenen Kosten, i. d. R. die Kosten laut Ergebnistabelle.	Sind Durchschnittskosten vergangener Rechnungsperioden. Sie sind notwendig für Vergleichszwecke.

Daraus ergibt sich als wichtige Erkenntnis:[1]

Vollkostenrechnung	Teilkostenrechnung
Einzelkosten	Variable Kosten
Gemeinkosten	Fixe Kosten

Während alle Einzelkosten variabel sind, gehört ein Teil der Gemeinkosten zu den variablen Kosten (z. B. Aufwendungen für Hilfsstoffe) und ein anderer Teil zu den fixen Kosten (z. B. kalkulatorische Kosten[2]).

2.2.2 Kostenstellenrechnung

2.2.2.1 Aufgaben und Technik der Kostenstellenrechnung

Die Kostenstellenrechnung ist insbesondere in Betrieben mit Serienfertigung notwendig, da hier die Produkte aufgrund ihrer Verschiedenheit die Produktionsanlagen in unterschiedlichem Maße in Anspruch nehmen und somit unterschiedliche Kosten in den Kostenstellen verursachen. Eine Kostenstelle ist ein rechnungsmäßig abgegrenzter, kostenrechnerisch selbstständig abzurechnender Teilbereich eines Betriebes.[3] Zu den Hauptkostenstellen gehören:

- Material (enthält z. B. Gemeinkosten des Einkaufs, des Materiallagers etc.),
- Fertigung (enthält die Gemeinkosten der Produktionsstätten, z. B. Hallenmiete oder Abschreibung der Maschinen),
- Verwaltung (enthält die Gemeinkosten des Verwaltungsbereichs, z. B. die Gehälter der Verwaltungsangestellten, Büromaterial etc.),
- Vertrieb (enthält die Gemeinkosten des Vertriebsbereichs, z. B. Benzin, Versicherungsbeiträge o. Ä. für Fahrzeuge oder Gehälter der Handelsvertreter).

Die Gemeinkosten dieser Kostenstellen lassen sich nicht speziell einem Kostenträger[4] zurechnen.

Die Aufgaben der Kostenstellenrechnung bestehen darin,

➤ die Gemeinkosten verursachungsgerecht auf die Kostenstellen zu verteilen (das ist bei den Einzelkosten nicht notwendig, da sie den Kostenträgern direkt zugerechnet werden können),

➤ die Gemeinkostenzuschlagssätze zur Vorbereitung der Kalkulation sowie zur Kostenkontrolle in den Kostenstellen zu ermitteln,

➤ die Herstellungskosten im Jahresabschluss zu ermitteln.

1 Vgl. Speth, H. u. a.: Betriebswirtschaft mit Rechnungswesen | Controlling, Berufliches Gymnasium Wirtschaft, Band 2, 7. Auflage, Rinteln 2020, S. 47.

2 Die kalkulatorischen Kosten können zumindest kurzfristig als fixe Kosten betrachtet werden, da sich z. B. Technische Anlagen, Maschinen oder Gebäude bei einem Beschäftigungsrückgang nicht kurzfristig abbauen lassen.

3 Vgl. Eisele/Knobloch, a. a. O., S. 827.

4 Ein **Kostenträger** kann z. B. ein bestimmtes Produkt, eine Produktgruppe oder ein Auftrag sein.

Technik zur Erstellung eines Betriebsabrechnungsbogens:

1. Man übernimmt die Gemeinkosten aus der Ergebnistabelle bzw. aus der Kostenartenrechnung in den BAB,
2. verteilt die Gemeinkosten möglichst verursachungsgerecht auf die Kostenstellen des BAB (mithilfe von Verteilungsschlüsseln, notfalls nach Schätzungen),
3. bildet die Summe der Gemeinkosten je Kostenstelle und hat damit die Material-, Fertigungs-, Verwaltungs- und Vertriebsgemeinkosten auf Istkostenbasis ermittelt.
4. Dann übernimmt man die Materialeinzelkosten (Rohstoffaufwand) als Zuschlagsgrundlage für die Ermittlung des Materialgemeinkostenzuschlagssatzes sowie die Fertigungseinzelkosten (Fertigungslöhne) als Zuschlagsgrundlage für die Ermittlung des Fertigungsgemeinkostenzuschlagssatzes aus der Ergebnistabelle bzw. aus der Kostenartenrechnung und
5. ermittelt die Herstellkosten des Umsatzes als Zuschlagsgrundlage für die Berechnung des Verwaltungs- und Vertriebsgemeinkostenzuschlagssatzes[1] nach folgendem Schema:

Berechnung der Herstellkosten bzw. der Selbstkosten des Umsatzes

	Fertigungsmaterial (MEK)
+	Materialgemeinkosten (MGK)
=	Materialkosten
	Fertigungslöhne (FEK)
+	Fertigungsgemeinkosten (FGK)
+	Sondereinzelkosten Fertigung (SEK Fertigung)
=	Fertigungskosten
	Materialkosten + Fertigungskosten = Herstellkosten der Erzeugung (HK d. E.)
–	Mehrbestand/+ Minderbestand
=	**Herstellkosten des Umsatzes (HK d. U.)**
+	Verwaltungsgemeinkosten (VerwGK)
+	Vertriebsgemeinkosten (VertrGK)
+	Sondereinzelkosten Vertrieb (SEK Vertrieb)
=	**Selbstkosten des Umsatzes (SK d. U.)**

6. Schließlich werden die Gemeinkostenzuschlagssätze auf Istkostenbasis ermittelt:

$$\text{MGKZ}^{2} = \frac{\text{Materialgemeinkosten (MGK)}}{\text{Materialeinzelkosten (MEK)}} \cdot 100$$

$$\text{FGKZ}^{3} = \frac{\text{Fertigungsgemeinkosten (FGK)}}{\text{Fertigungseinzelkosten (FEK)}} \cdot 100$$

$$\text{VerwGKZ}^{4} = \frac{\text{Verwaltungsgemeinkosten (VerwGK)}}{\text{Herstellkosten des Umsatzes (HK d. U.)}} \cdot 100$$

$$\text{VertrGKZ}^{5} = \frac{\text{Vertriebsgemeinkosten (VertrGK)}}{\text{Herstellkosten des Umsatzes (HK d. U.)}} \cdot 100$$

7. Sollen im BAB Kostenabweichungen in den Kostenstellen ermittelt werden, müssen die Normalgemeinkosten je Kostenstelle ermittelt und mit den Istgemeinkosten verglichen werden. Man ermittelt die Kostenüber- bzw. -unterdeckungen im BAB:

Kostenüber- bzw. -unterdeckung im BAB = Normalgemeinkosten – Istgemeinkosten

Die Gesamtabweichung im BAB ist die Summe der Kostenabweichungen aller Kostenstellen.[6]

---

1 Als Zuschlagsgrundlage zur Ermittlung der Verwaltungsgemeinkosten können auch die Herstellkosten der Erzeugung herangezogen werden. Dies wird in der Literatur unterschiedlich gehandhabt.

2 Materialgemeinkostenzuschlagssatz

3 Fertigungsgemeinkostenzuschlagssatz

4 Verwaltungsgemeinkostenzuschlagssatz

5 Vertriebsgemeinkostenzuschlagssatz

6 Vgl. Trainingsaufgabe 2.3 auf Seite 55 ff. bzw. Musterlösung auf Seite 145 ff.

2.2.2.2 Analyse von Kostenabweichungen im Betriebsabrechnungsbogen

Die ermittelten Kostenabweichungen im BAB müssen noch analysiert werden. Dabei können folgende **Ursachen für die Abweichungen** verantwortlich sein:

- **Preisabweichungen** können entstehen, wenn sich der Preis (z. B. Börsenpreis) für das Gemeinkostenmaterial, also z. B. für Hilfs- oder Betriebsstoffe verändert oder Gehaltserhöhungen aufgrund von Tarifverhandlungen vorgenommen wurden. Darauf hat der Kostenstellenleiter normalerweise keinen Einfluss.
- **Beschäftigungsabweichungen** resultieren aus einer Verbesserung oder Verschlechterung der Auftragslage. Die anfallenden Fixkosten verteilen sich somit entweder auf eine größere oder auf eine kleinere Menge, sodass Kostenabweichungen entstehen. Sie könnten z. B. auch auf einen erhöhten bzw. verminderten Reparaturaufwand bei unterschiedlicher Auslastung zurückzuführen sein. Diese Abweichungen fallen nicht in den Verantwortungsbereich des Kostenstellenleiters.
- **Verbrauchsabweichungen** können entstehen, wenn z. B. geplante Fertigungszeiten oder Materialvorgaben durch eine schlechte Organisation der betrieblichen Abläufe nicht eingehalten werden. Es entsteht z. B. Ausschuss oder Verschnitt. Für diese Abweichungen müssen die Ursachen gefunden und behoben werden.

Sollten die Abweichungen nicht zu beheben sein, müssen auf Dauer die Normal-Gemeinkostenzuschlagssätze an die Ist-Gemeinkostenzuschlagssätze angepasst werden, um

- bei einer Kostenunterdeckung langfristig volle Kostendeckung zu gewährleisten bzw.
- bei einer Kostenüberdeckung konkurrenzfähig zu bleiben.

2.2.3 Verfahren der Kostenträgerrechnung

Die Kostenträgerrechnung ermittelt die Selbstkosten je Kostenträger (z. B. die Selbstkosten eines einzelnen Produktes, einer Produktgruppe oder eines Auftrages).

Kostenträgerrechnung[1]

Die **Kostenträgerstückrechnung** ermittelt die Selbstkosten je Stück.	Die **Kostenträgerzeitrechnung** erfasst die Kosten einer Abrechnungsperiode nach Kostenträgern gegliedert.

Kostenüberdeckung (+) bzw. Kostenunterdeckung (–) = Normalkosten – Istkosten

Bei einer **Kostenüberdeckung (+)** sind tatsächlich weniger Kosten entstanden als geplant.	Bei einer **Kostenunterdeckung (–)** sind tatsächlich höhere Kosten entstanden als geplant.

Zusätzlich zu den oben beschriebenen Preis-, Beschäftigungs- und Verbrauchsabweichungen bei den Gemeinkosten **können auch Abweichungen bei den Einzelkosten auftreten,** z. B. durch eine Tariferhöhung bei den Löhnen bzw. gestiegene Preise für Material oder erhöhten Verbrauch von Rohstoffen.

2.2.3.1 Kostenträgerstückrechnung als Zuschlagskalkulation

- **Vor- und Nachkalkulation**

Bei der **Zuschlagskalkulation** kann man im Rahmen der Vorkalkulation mithilfe der Normalkosten einen kostendeckenden Angebotspreis berechnen. Sie ermittelt die **Selbstkosten je Stück,** z. B. alle Kosten der Herstellung eines Medizinballes im Unternehmen Brad Stark e. K.

1 Vgl. Eisele/Knobloch, a. a. O., S. 869.

Die Zuschlagskalkulation erfolgt i. d. R. als Vor- und Nachkalkulation (siehe Schema auf Seite 148).

Vorkalkulation	Nachkalkulation
Auf Basis der **Normalkosten** lässt sich ein kostendeckender Angebotspreis für ein Produkt berechnen.	Auf Basis der **Istkosten** erhält man die tatsächlich entstandenen Kosten für ein Produkt.

Vergleich von Vor- und Nachkalkulation: Geht man davon aus, dass ein Produkt tatsächlich zum ermittelten Angebotspreis verkauft werden konnte, verbleibt für das Unternehmen der Barverkaufspreis. Der Vergleich mit den tatsächlich ermittelten Selbstkosten auf Istkostenbasis zeigt den tatsächlichen Gewinn, der mit diesem Auftrag oder Produkt erzielt wurde. Ursachen für mögliche Kostenabweichungen sollten gefunden werden, um kostendeckend zu produzieren, ggf. müssen die Normalzuschlagssätze den tatsächlichen Bedingungen angepasst werden.

➢ Rückwärtskalkulation

Die **Rückwärtskalkulation** eignet sich, wenn sich auf dem Markt nur ein bestimmter Angebotspreis durchsetzten lässt. Dann können im Rahmen einer Rückwärtskalkulation die Materialeinzelkosten ermittelt werden, die unter sonst festen Bedingungen höchstens aufgewendet werden dürfen, um den angestrebten Gewinn nicht zu gefährden. Es sind also alle Einzelkosten und Gemeinkostenzuschlagssätze vorgegeben, nur die Materialeinzelkosten nicht. Ob der Auftrag angenommen werden kann oder nicht, hängt dann davon ab, ob man das Material entsprechend günstig beschaffen oder anderes, kostengünstigeres Material für die Produktion verwenden kann. Das Berechnungsschema für die Rückwärtskalkulation finden Sie auf Seite 149.

➢ Differenzkalkulation

Die **Differenzkalkulation** eignet sich, wenn sich einerseits auf dem Markt nur ein bestimmter Angebotspreis durchsetzen lässt und andererseits die Einzelkosten und die Gemeinkostenzuschlagssätze feststehen. Dann ergibt die Differenz zwischen dem Barverkaufspreis und den Selbstkosten den verbleibenden Gewinn. Hier hängt die Annahme des Auftrages daher davon ab, ob dem Unternehmer dieser Gewinn ausreicht. Das Berechnungsschema für die Differenzkalkulation finden Sie auf Seite 150.

➢ Kritik an der klassischen Zuschlagskalkulation

Die **klassische Zuschlagskalkulation** ist ein häufig verwendetes Kalkulationsverfahren in der **Vollkostenrechnung.** Es weist jedoch einige **Mängel** auf:

Die Kosten werden nicht in fixe und variable Bestandteile zerlegt	➢ Dies ist einerseits problematisch, da ohne die Aufteilung in fixe und variable Kosten keine kurzfristigen marktorientierten Entscheidungen zur Produkt- und Preispolitik getroffen werden können. Die Vollkostenrechnung sollte daher um die Teilkostenrechnung[1] bzw. die Zielkostenrechnung ergänzt werden. ➢ Außerdem werden die Gemeinkosten den Einzelkosten prozentual zugerechnet, sodass die in den Gemeinkosten enthaltenen Fixkosten wie variable Kosten behandelt werden.
Veränderte Kostenstrukturen, zunehmender Variantenreichtum und Komplexität von Produkten	Durch den gestiegenen Automatisierungsgrad sind die Gemeinkosten in den letzten Jahrzehnten stark angestiegen, während die Lohneinzelkosten im gleichen Zeitabschnitt stark gesunken sind. Außerdem verlangen die Kunden heutzutage individualisierte Produkte, sodass die Produkte zunehmend in verschiedenen Varianten angeboten werden müssen und komplexer sind. Daher bilden die in der traditionellen Kostenrechnung verwendeten Zuschlagsgrundlagen häufig keinen zutreffenden Maßstab mehr für eine verursachungsgerechte Verrechnung der Gemeinkosten. Zur Lösung dieser Probleme wurden in den letzten Jahrzehnten z. B. die Maschinenstundensatzrechnung und die Prozesskostenrechnung entwickelt.

1 Vgl. Kapitel 2.5 auf Seite 63ff.

2.2.3.2 Technik und Tipps zur Auswertung der Kostenträgerzeitrechnung

Die Kostenträgerzeitrechnung ermittelt mithilfe des Kostenträgerblattes alle **Selbstkosten,** die für einen Kostenträger innerhalb **eines Zeitabschnitts** entstehen.

Durch Gegenüberstellung der Selbstkosten mit den jeweiligen Umsatzerlösen kann man für jeden Kostenträger den Erfolg bestimmen.

Führt man die Kostenträgerzeitrechnung auf Normalkostenbasis durch, erhält man das Umsatzergebnis, d. h. das geplante Ergebnis je Kostenträger. Addiert bzw. subtrahiert man zur Summe der Umsatzergebnisse aller Kostenträger die im BAB ermittelte Kostenabweichung, ergibt sich das Betriebsergebnis (siehe Schema auf Seite 152).

Kennzahlen und Tipps zur Auswertung der Kostenträgerzeitrechnung:

Das Umsatzergebnis gibt das geplante Ergebnis je Kostenträger an.

$$\begin{array}{l}\text{Umsatzergebnis}\\\text{je Kostenträger}\end{array} = \begin{array}{l}\text{Nettoumsatzerlöse}\\\text{je Kostenträger}\end{array} - \text{Selbstkosten des Umsatzes je Kostenträger}$$

$$\text{Betriebsergebnis} = \begin{array}{l}\text{Summe der Umsatzergebnisse}\\\text{aller Kostenträger}\end{array} \begin{array}{l}+\ \text{Kostenüberdeckung im BAB bzw.}\\-\ \text{Kostenunterdeckung im BAB}\end{array}$$

Zur Auswertung des Kostenträgerblattes bieten sich folgende Kennzahlen an:

$$\text{Geplante Umsatzrendite des Kostenträgers} = \frac{\text{Umsatzergebnis des Kostenträgers}}{\text{Umsatzerlöse des Kostenträgers}} \cdot 100$$

So kann für jeden Kostenträger ermittelt werden, wie viel Gewinn bzw. Verlust je 100 € Umsatzerlöse eingeplant werden kann.

$$\text{Wirtschaftlichkeit} = \frac{\text{Nettoumsatzerlöse}}{\text{Selbstkosten des Umsatzes}}$$

Anhand dieser Kennzahl kann man erkennen, ob die Umsatzerlöse ausreichen, um die Selbstkosten zu decken. Liegt die Kennzahl bei eins, können vermutlich alle Kosten gedeckt werden. Daher ist es umso besser, je weiter die Zahl über eins liegt.

Die Auswertung des Kostenträgerblattes darf allerdings nicht isoliert betrachtet werden. Informationen zur Lebensphase der Produkte im Produktlebenszyklus, die Position im Marktanteils-/Marktwachstums-Portfolio, Informationen aus der Beschreibung der Ausgangssituation der Produkte oder Geschäftsfelder und natürlich Erkenntnisse der Teilkostenrechnung müssen, sofern möglich, in die Analyse einbezogen werden!

TRAINING!

2.3 Zusammenhängende Trainingsaufgabe mit Musterlösung: Vollkostenrechnung im Unternehmen Brad Stark e. K.

Das Fallbeispiel Brad Stark e. K. erstreckt sich über die gesamte Vollkostenrechnung. Alle in Kapitel 2.1.2 „Überblick über die Vollkostenrechnung" auf Seite 37 dargestellten Elemente der Vollkostenrechnung können hier im Zusammenhang geübt werden. Dies führt zu einem besseren Verständnis über die Zusammenhänge der Vollkostenrechnung. Daher ist für diese Trainingsaufgabe der Ansatzpunkt die in Kapitel 2.1.3.6 erstellte Ergebnistabelle des Geschäftsjahres 01 des Sportartikelherstellers Brad Stark e. K. (siehe auch Musterlösung auf Seite 144).

Bearbeitungshinweise:

Lösen Sie die folgenden Arbeitsaufträge entweder mithilfe der abgedruckten Formulare oder mit Excel (Vorlage als Download). Weitere Lösungen sollten Sie selbstständig auf eigenem Papier vornehmen und anschließend mit den **Musterlösungen im Anhang auf Seite 145 ff. vergleichen.**

DOWNLOAD

Arbeitsauftrag 1: Kostenstellenrechnung

DOWNLOAD

Ermitteln Sie (I) die Kostenüber- und -unterdeckungen je Kostenstelle und insgesamt mithilfe der Angaben auf dem Formular **(Betriebsabrechnungsbogen)** für Brad Stark e. K. im Geschäftsjahr 01 auf Ist- und Normalkostenbasis und **beurteilen Sie (III)** die festgestellten Abweichungen.

Berechnung der Herstellkosten des Umsatzes	auf Istkostenbasis	auf Normalkostenbasis

Arbeitsblatt zu Arbeitsauftrag 1: Kostenstellenrechnung (Betriebsabrechnungsbogen) für Brad Stark e.K. 01 auf Ist- und Normalkostenbasis

Gemeinkkostenarten	in €[1]	Verteilungsschlüssel	Kostenstellen				
			Material	Fertigung	Verwaltung	Vertrieb	Summe
Aufw. f. Hilfsstoffe		Entnahmescheine		80.000,00			
Aufw. f. Betriebsstoffe		kWh 3000:9000:1000:1000					
Fremdinstandhaltung		Rechnungen		18.000,00	2.000,00	5.000,00	
Gehälter		Gehaltslisten 1:3:5:2					
Kalk. Abschreibungen		Anlagenkartei 2:10:2:4					
Mietaufwand		m^2 300:1200:200:300					
Rechts-/Beratungskosten		Schätzung	4.000,00	2.000,00	6.000,00	12.000,00	
Büromaterial		Schätzung	2.700,00	500,00	2.500,00	2.000,00	
Beiträge		Schätzung			300,00		
Kalk. Wagnisse		Schätzung 3:4:1:4					
Kalk. Zinsen		Anlagewerte 1:6:1:1					
Kalk. Unternehmerlohn		Schätzung	5.000,00	20.000,00	40.000,00	15.000,00	
Summe Istgemeinkosten							
Zuschlagsgrundlagen auf Istkostenbasis			(vgl. Ergebnistabelle auf Seite 48 bzw. Seite 144)				
			310.000,00	250.000,00	(bitte auf Seite 55 berechnen)		
Zuschlagssätze (IST)							
Normal-Gemeinkostenzuschlagssätze			20,00 %	110,00 %	8,50 %	8,00 %	
Zuschlagsgrundlagen auf Normalkostenbasis			310.000,00	250.000,00			
					(bitte auf Seite 55 berechnen)		
Normalgemeinkosten							
Kostenüber-/Kostenunterdeckung							

1 Gemeinkosten laut Ergebnistabelle auf Seite 48 bzw. Seite 144.

Arbeitsauftrag 2: Kostenträgerstückrechnung

Der Sportartikelhersteller Brad Stark e. K. stellt Hanteln, Medizinbälle und Expander her. Folgende Informationen liegen für die einzelnen Arbeitsaufträge vor:

2.1 Kostenträgerstückrechnung als Zuschlagskalkulation (Vor- und Nachkalkulation): Hanteln

Der Rohstoffaufwand je Hantelpaar beträgt 3,50 €, die Fertigungslöhne 2,72 €. Diese Angaben gelten sowohl für die Vor- als auch für die Nachkalkulation. Brad Stark e. K. strebt einen Gewinn von 5 % an, an Kundenskonto sind 2 %, an Vertreterprovision 3 % und an Kundenrabatt 8 % anzusetzen.

Ermitteln Sie (I) mithilfe der **Zuschlagskalkulation** den Angebotspreis für ein Hantelpaar. **Berechnen Sie (I)** den tatsächlichen Gewinn in Euro und Prozent unter der Voraussetzung, dass ein Hantelpaar zum kalkulierten Barverkaufspreis verkauft wurde (d. h. der Kunde tatsächlich den kalkulierten Kundenrabatt ausgehandelt hat, die Vertreterprovision dem geplanten Prozentsatz entspricht und der Kunde den Lieferantenkredit nicht in Anspruch genommen hat). **Werten Sie** die Kostenüber- und -unterdeckungen **aus (II).** DOWNLOAD

Brad Stark e. K.: Kostenträgerstückrechnung für ein Hantelpaar: Zuschlagskalkulation als Vor- und Nachkalkulation

Kalkulationsschema	Normal-Gemeinkosten-zuschlagssatz	Vor-kalkulation	Ist-Gemeinkosten-zuschlagssatz	Nach-kalkulation	Kosten-abweichung
Fertigungsmaterial					
+ Materialgemeinkosten	20,00 %				
= Materialkosten					
Fertigungslöhne					
+ Fertigungsgemeinkosten	110,00 %				
+ SEK Fertigung					
= Fertigungskosten					
Herstellkosten					
+ Verwaltungsgemeinkosten	8,50 %				
+ Vertriebsgemeinkosten	8,00 %				
+ SEK Vertrieb					
= Selbstkosten					
+ Gewinn	5,00 %				
= Barverkaufspreis					
+ Kundenskonto	2,00 %				
+ Vertreterprovision	3,00 %				
= Zielverkaufspreis					
+ Kundenrabatt	8,00 %				
= Angebotspreis					

2.2 Kostenträgerstückrechnung als Rückwärtskalkulation: Medizinball

Ein Neukunde ist bereit, Medizinbälle zu einem Angebotspreis von 25,00 €/Stück abzunehmen. Brad Stark e. K. strebt einen Gewinn von 5 % an. Die geplanten Fertigungslöhne betragen 6,00 € je Medizinball. An Kundenskonto sind 2 %, an Vertreterprovision 3 % und an Kundenrabatt 8 % anzusetzen.

DOWNLOAD

Ermitteln Sie (I) mithilfe der **Rückwärtskalkulation** die Materialeinzelkosten, die unter obigen Bedingungen maximal für einen Medizinball anfallen dürfen.

Nehmen Sie Stellung (III), ob die Annahme des Kundenauftrages sinnvoll ist, wenn die Kosten für das benötigte Fertigungsmaterial je Medizinball (mittlere Qualität) 5,00 € betragen.

Kalkulationsschema	Normal-Gemeinkostenzuschlagssatz	Rückwärtskalkulation
Fertigungsmaterial		
+ Materialgemeinkosten	20,00 %	
= Materialkosten		
Fertigungslöhne		
+ Fertigungsgemeinkosten	110,00 %	
Zwischensumme		
+ SEK Fertigung		
= Fertigungskosten		
Herstellkosten		
+ Verwaltungsgemeinkosten	8,50 %	
+ Vertriebsgemeinkosten	8,00 %	
Zwischensumme		
+ SEK Vertrieb		
= Selbstkosten		
+ Gewinn	5,00 %	
= Barverkaufspreis		
+ Kundenskonto	2,00 %	
+ Vertreterprovision	3,00 %	
= Zielverkaufspreis		
+ Kundenrabatt	8,00 %	
= Angebotspreis		

2.3 Kostenträgerstückrechnung als Differenzkalkulation: Expander

Ein Kunde ist bereit, Expander zu einem Angebotspreis von 5,50 €/Stück abzunehmen. Der Rohstoffaufwand je Expander beträgt 1,50 €, die Fertigungslöhne 1,00 €. An Kundenskonto sind 2 %, an Vertreterprovision 3 % und an Kundenrabatt 8 % anzusetzen. Brad Stark e. K. strebt einen Gewinn von 6 % an.

Berechnen Sie (I) den Gewinn, der für den Sportartikelhersteller Brad Stark e. K. verbleibt und **diskutieren Sie (III),** ob er den Kundenauftrag unter obigen Bedingungen annehmen sollte.

DOWNLOAD

Kalkulationsschema	Normal-Gemeinkostenzuschlagssatz	Differenzkalkulation
Fertigungsmaterial		
+ Materialgemeinkosten	20,00 %	
= Materialkosten		
Fertigungslöhne		
+ Fertigungsgemeinkosten	110,00 %	
+ SEK Fertigung		
= Fertigungskosten		
Herstellkosten		
+ Verwaltungsgemeinkosten	8,50 %	
+ Vertriebsgemeinkosten	8,00 %	
+ SEK Vertrieb		
= Selbstkosten		
+ Gewinn		
= Barverkaufspreis		
+ Kundenskonto	2,00 %	
+ Vertreterprovision	3,00 %	
= Zielverkaufspreis		
+ Kundenrabatt	8,00 %	
= Angebotspreis		

Arbeitsauftrag 3: Kostenträgerzeitrechnung

DOWNLOAD

Ermitteln Sie (I) das Betriebsergebnis gemäß folgender Angaben und mithilfe des Kostenträgerblattes auf Normalkostenbasis für den Sportartikelhersteller Brad Stark e.K. im Geschäftsjahr 01 und **werten Sie** die Kostenträgerrechnung mithilfe geeigneter Kennzahlen **aus (II).**

	Hantelpaar	Medizinball	Expander	Summe
MEK (Rohstoffaufwand) in €/Stück	3,50	5,00	1,50	
Herstellmenge in Stück	50.000	9.000	60.000	
FEK (Fertigungslöhne) in €/Stück	2,72	6,00	1,00	
Minderbestand in €	100.000	50.000	50.000	200.000
Nettoumsatzerlöse	656.000	214.000	480.000	1.350.000

Normal-Materialgemeinkostenzuschlagssatz 20 %
Normal-Fertigungsgemeinkostenzuschlagssatz 110 %
Normal-Verwaltungsgemeinkostenzuschlagssatz 8,5 %
Normal-Vertriebsgemeinkostenzuschlagssatz 8 %

Kalkulationsschema	Lösungswege	Hantelpaar	Medizinball	Expander	Summe Normalkosten

2.4 Kritik der Vollkostenrechnung

➤ Da die Höhe des Deckungsbeitrags für **Entscheidungen zum Produktionsprogramm** maßgeblich ist, können diese nicht mithilfe der Voll- sondern nur mithilfe der Teilkostenrechnung getroffen werden. Es fehlt eine Unterscheidung von fixen und variablen Kosten.

Beispiel:

Nachdem die Kostenträgerzeitrechnung für die Hanteln und Medizinbälle im Geschäftsjahr 01 ein negatives Umsatzergebnis ergab, liegen nun aus der Vollkostenrechnung des Sportartikelherstellers Brad Stark e. K. für das Geschäftsjahr 02 folgende Informationen vor:

Kostenträgerzeitrechnung auf Normalkostenbasis Brad Stark e. K. für das Geschäftsjahr 02

Kalkulationsschema	Zuschlags-sätze	Hantelpaar	Medizinball	Expander	Summe
Fertigungsmaterial		180.000,00	50.000,00	90.000,00	320.000,00
+ Materialgemeinkosten	20,00 %	36.000,00	10.000,00	18.000,00	64.000,00
= Materialkosten		216.000,00	60.000,00	108.000,00	384.000,00
Fertigungslöhne		140.000,00	58.000,00	61.000,00	259.000,00
+ Fertigungsgemeinkosten	110,00 %	154.000,00	63.800,00	67.100,00	284.900,00
+ SEK Fertigung		0,00	0,00	0,00	0,00
= Fertigungskosten		294.000,00	121.800,00	128.100,00	543.900,00
Herstellkosten der Erzeugung		510.000,00	181.800,00	236.100,00	927.900,00
– Mehrbest. bzw. + Minderbest.		0,00	0,00	0,00	0,00
= Herstellkosten des Umsatzes		510.000,00	181.800,00	236.100,00	927.900,00
+ Verwaltungsgemeinkosten	8,50 %	43.350,00	15.453,00	20.068,50	78.871,50
+ Vertriebsgemeinkosten	8,00 %	40.800,00	14.544,00	18.888,00	74.232,00
+ SEK Vertrieb		0,00	0,00	0,00	0,00
= Selbstkosten des Umsatzes		594.150,00	211.797,00	275.056,50	1.081.003,50
Nettoumsatzerlöse		750.000,00	200.000,00	340.000,00	1.290.000,00
Umsatzergebnis		155.850,00	– 11.797,00	64.943,50	208.996,50
+ Kostenüberdeckung/ – Kostenunterdeckung aus dem BAB					0,00
= Betriebsergebnis					208.996,50

In den Gemeinkosten sind 30 % variable Kosten enthalten, die Einzelkosten sind zu 100 % variabel.

Das Kostenträgerblatt verleitet zu der Aussage, dass die Hanteln im Jahr 02 das erfolgreichste Produkt der Brad Stark e. K. sind, während die Medizinbälle am besten aus dem Produktionsprogramm genommen werden sollten, da sie sowohl im Geschäftsjahr 01 als auch im Geschäftsjahr 02 ein negatives Umsatzergebnis aufweisen. Diese Vermutung muss mithilfe der **Teilkostenrechnung** überprüft werden:

		Hantelpaar	Medizinball	Expander	Summe
Umsatzerlöse		750.000,00	200.000,00	340.000,00	1.290.000,00
– variable Kosten					0,00
	Einzelkosten	320.000,00	108.000,00	151.000,00	579.000,00
	variable Gemeinkosten	82.245,00	31.139,10	37.216,95	150.601,05
= Deckungsbeitrag		347.755,00	60.860,90	151.783,05	560.398,95

Man erkennt, dass der Deckungsbeitrag aller Produkte positiv ist, also jedes Produkt zur Deckung der Fixkosten beiträgt.

Daher sind **Entscheidungen zum Produktionsprogramm** nicht mithilfe der Voll-, sondern nur mithilfe der Teilkostenrechnung zu treffen. Die Medizinbälle tragen zur Deckung der Fixkosten bei und bleiben im Produktionsprogramm.

- **Entscheidungen zur Preispolitik** führen aufgrund von Daten der Vollkostenrechnung zu unsinnigen Ergebnissen. Sie können nur mithilfe der Teilkostenrechnung getroffen werden.

Beispiel:

Für die **Expander** liegen folgende Informationen vor:

Bei einer monatlichen Produktionsmenge von 5.000 Expandern, die sich zum Stückpreis von 5,50 € absetzen lässt, entstehen variable Stückkosten in Höhe von 2,50 €/Stück und monatliche Fixkosten in Höhe von 13.000 €. Wenn die monatliche Produktions- und Absatzmenge wegen nachlassender Nachfrage auf 4.000 Stück sinkt, dann verteilen sich die Fixkosten auf eine kleinere Menge, sodass stückfixe Kosten in Höhe von 13.000 € : 4.000 Stück = 3,25 €/Stück entstehen. Addiert man die variablen Stückkosten in Höhe von 2,50 €/Stück, entstehen insgesamt 5,75 € an Stückkosten und man müsste den Preis anheben, um alle Kosten zu decken. Dies ist jedoch wirtschaftlicher Unsinn, da im Fall einer nachlassenden Nachfrage diese durch eine Preiserhöhung weiter abnehmen würde. Vorschlag: Preissenkung bis maximal auf die kurzfristige Preisuntergrenze.

Auch im Fall einer zunehmenden Nachfrage führt die Vollkostenrechnung zu einem unsinnigen Ergebnis. Angenommen, die monatliche Produktions- und Absatzmenge steigt auf 6.500 Stück, dann verteilen sich die Fixkosten auf eine größere Stückzahl, sodass stückfixe Kosten in Höhe von 13.000 € : 6.500 Stück = 2,00 €/Stück entstehen. Addiert man die variablen Stückkosten in Höhe von 2,50 €/Stück, entstehen insgesamt 4,50 € an Stückkosten und man könnte eine Preissenkung vornehmen. Dies ist jedoch nicht notwendig, da die Nachfrage auch ohne Preissenkung zunimmt. Hier könnte sogar über eine leichte Preiserhöhung nachgedacht werden, um den Gewinn weiter zu vergrößern.

- Alle Gemeinkosten im BAB, auch die nicht verursachungsgerecht zurechenbaren Fixkosten, werden zum Teil anhand von **Schätzwerten** auf die Kostenstellen verteilt. Diese Schätzungen müssen nicht unbedingt richtig sein.
- Die **proportionale Zurechnung der Gemeinkosten zu den Einzelkosten** ist problematisch, da sich in den Gemeinkosten Fixkosten befinden, die durch die proportionale Verrechnung wie variable Kosten behandelt werden. Dadurch werden unter Umständen Großaufträge mit zu hohen oder Kleinaufträge mit zu niedrigen Fixkosten belastet.
- Aufgrund der zunehmenden Bedeutung der Gemeinkosten bilden die in der traditionellen Kostenrechnung verwendeten Zuschlagsgrundlagen keinen zutreffenden Maßstab mehr für eine verursachungsgerechte Verrechnung der Gemeinkosten und können zu **Fehlern in der Produkt- und Preispolitik** führen. Zur Lösung dieser Probleme können die Maschinenstundensatzrechnung und die Prozesskostenrechnung dienen, die allerdings nicht zwischen variablen und fixen Kosten differenziert.[1]

1 Vgl. Coenenberg u. a., a. a. O., S. 156 ff.

2.5 Betriebliche Entscheidungen mithilfe der Teilkostenrechnung

Die Vollkostenrechnung muss um die Teilkostenrechnung ergänzt werden, da nur so kurzfristige, marktorientierte Entscheidungen vorbereitet und getroffen werden können.

2.5.1 Grundlegende Unterschiede zwischen der Voll- und der Teilkostenrechnung

Vollkostenrechnung	Teilkostenrechnung
➢ Ansatzpunkt sind die Kosten ➢ Aufteilung der Kosten in Einzel- und Gemeinkosten ➢ Wichtige Aufgaben: – Ermittlung der Selbstkosten bzw. des Betriebsergebnisses, – Kalkulation kostendeckender Preise, – Kontrolle der Wirtschaftlichkeit, – Bewertung der fertigen und unfertigen Erzeugnisse in der Bilanz. ↓ **Sie ist notwendig zur Sicherung der langfristigen Existenz des Unternehmens!**	➢ Ansatzpunkt ist der am Markt erzielbare Preis ➢ Aufteilung der Kosten in fixe und variable Kosten ➢ Wichtige Aufgaben: – Bestimmung von Preisuntergrenzen und von Deckungsbeiträgen, – Entscheidung über die Annahme bzw. Ablehnung von Zusatzaufträgen bzw. über die Eigenfertigung oder den Fremdbezug, – Festlegung des gewinnmaximalen Produktionsprogramms. ↓ **Sie ist notwendig für kurzfristig zu treffende, marktorientierte Entscheidungen!**

FAZIT

↓

Aufgrund der unterschiedlichen Ziele dieser Kostenrechnungssysteme muss ein Unternehmen sowohl die Voll- als auch die Teilkostenrechnung einsetzen.

2.5.2 Teilkostenrechnung in Ein-Produkt-Unternehmen

2.5.2.1 Formelsammlung/Grundlagen

➢ **Formelsammlung**

x	=	Produktions- und Absatzmenge		
$K(x)$	=	Gesamtkosten der Menge x	=	$K_V + K_F = k_v \cdot x + K_F = k \cdot x$
k	=	Stückkosten	=	$K(x) : x = k_v + k_f$
K_V	=	Gesamte variable Kosten	=	$k_v \cdot x$
k_v	=	Variable Stückkosten	=	$K_V : x$ bzw. $\frac{(K_2 - K_1)}{(x_2 - x_1)}$
K_F	=	Gesamte Fixkosten	=	$K(x) - k_v \cdot x = K(x) - K_v$
k_f	=	Fixe Stückkosten	=	$K_F : x$
$U(x)$	=	Umsatzerlöse	=	$p \cdot x$
p	=	Stückpreis	=	$U(x) : x$
$G(x)$	=	Gewinn	=	$g \cdot x = U(x) - K(x) = p \cdot x - (k_v \cdot x + K_F)$
g	=	Stückgewinn	=	$G(x) : x = p - k$

Deckungsbeitrag

Der **Deckungsbeitrag** gibt an, wie viel ein Produkt zur Deckung der sowieso anfallenden Fixkosten beiträgt. Er kann wie folgt berechnet werden:

$$DB(x) = \text{Gesamtdeckungsbeitrag} = db \cdot x = U(x) - K_V$$
$$db = \text{Stückdeckungsbeitrag} = DB(x) : x \text{ oder } p - k_v$$

Deckungsbeitragsrechnung als Stückrechnung	
Stückpreis	p
– Variable Stückkosten	$- k_v$
= Stückdeckungsbeitrag	$= db$
– Fixe Stückkosten	$- k_f$
= Stückgewinn	$= g$

Deckungsbeitragsrechnung als Gesamtrechnung	
Umsatzerlöse	$U(x)$
– Variable Gesamtkosten	$- K_V$
= Gesamtdeckungsbeitrag	$= DB$
– Fixkosten	$- K_F$
= Gewinn	$= G(x)$

Solange der Deckungsbeitrag größer als null ist, trägt ein Produkt zur Fixkostendeckung bei. Es ist daher nicht wirtschaftlich, ein Produkt mit positivem Deckungsbeitrag aus dem Produktionsprogramm herauszunehmen.

Kostenverläufe bei linearen Umsatz- und Kostenfunktionen

Die **Kostenverläufe** stellen sich bei linearen Umsatz- und Kostenfunktionen im Normalfall wie folgt dar:

- Die Fixkosten bleiben mit zunehmender Produktionsmenge bis zur Kapazitätsgrenze konstant. Die variablen Kosten nehmen mit zunehmender Produktionsmenge proportional zu.

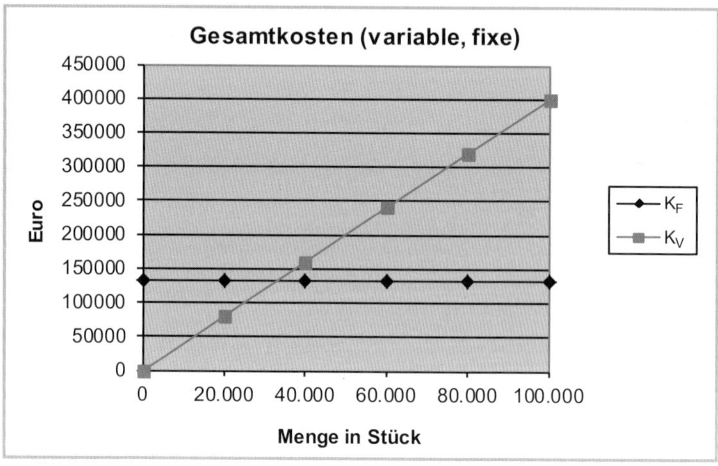

- Die variablen Kosten bleiben je Stück konstant. Da die Fixkosten unabhängig von der Produktionsmenge anfallen, sinken die stückfixen Kosten und damit auch die Stückkosten mit zunehmender Produktionsmenge degressiv. Der Fixkostenblock verteilt sich bei einer größeren Produktionsmenge auf eine größere Stückzahl (Gesetz der Massenproduktion bzw. Fixkostendegressionseffekt), daher liegt das Gewinnmaximum bei linearen Kostenfunktionen an der Kapazitätsgrenze.

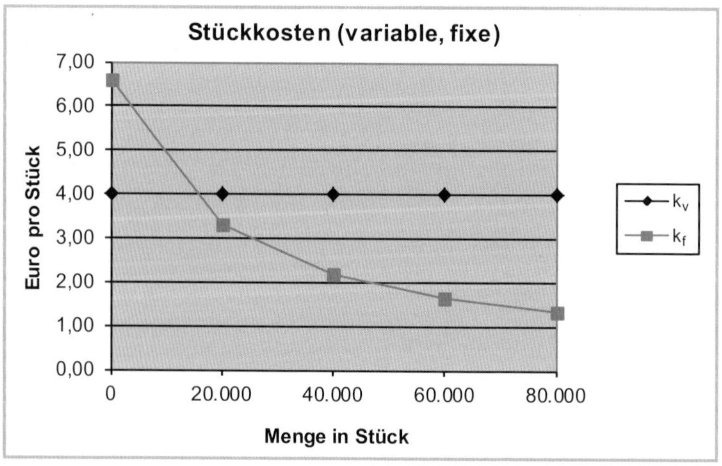

➤ Gewinnschwelle

Unter der **Gewinnschwelle**[1] versteht man die Menge, von der an ein Unternehmen Gewinn erzielt, d. h. die Verlustzone verlässt. An dieser Stelle ist der Gewinn gleich null, da Kosten und Umsatzerlöse gleich hoch sind. Die Ermittlung der Gewinnschwelle ist auf verschiedene Weise möglich:

$G(x) = 0$, daraus folgt:
- ➤ $U(x) = K(x)$ oder
- ➤ $K_F : db$ oder
- ➤ $p = k$
- ➤ $g = 0$

F

- ➤ Man erkennt die Gewinnschwelle am Schnittpunkt von Umsatz- und Kostenfunktion bzw. an dem Punkt, an dem die Gewinnfunktion die x-Achse schneidet.

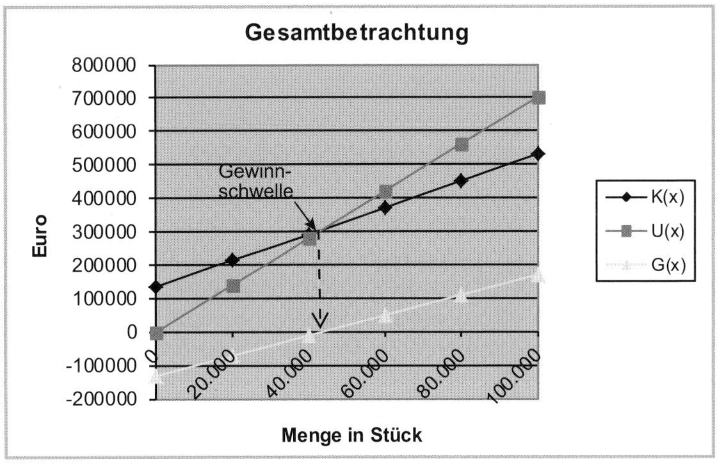

- ➤ Die Gewinnschwelle kann auch durch den Schnittpunkt der Funktion aus Stückkosten und Stückpreis bestimmt werden bzw. durch den Punkt, an dem die Stückgewinnfunktion die x-Achse schneidet.

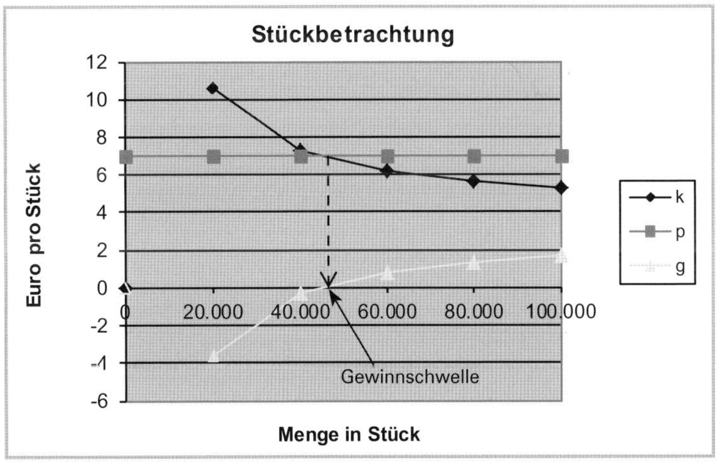

➤ Ermittlung der kritischen Menge

Durch dieses Verfahren bestimmt man die Menge, Laufzeit o. Ä. (x), bei der zwischen zwei verschiedenen Entscheidungsmöglichkeiten Kostengleichheit besteht (z. B. beim Kostenvergleich verschiedener Produktionsanlagen). Dazu setzt man die Kostenfunktionen beider Entscheidungsmöglichkeiten miteinander gleich und löst nach x auf. Auch eine tabellarische oder grafische Lösung ist hier denkbar.

$$K(1) = K(2)$$

F

1 Auf die Prüfung der Bedingung für $G'(x) > 0$ wird hier verzichtet.

Beschäftigungsgrad

Der **Beschäftigungsgrad** gibt die Kapazitätsauslastung in Prozent an:

F

$$\text{Beschäftigungsgrad} = \frac{\text{genutzte Kapazität}}{\text{technische Maximalkapazität}} \cdot 100$$

Es kann z. B. der tatsächliche Beschäftigungsgrad oder der Beschäftigungsgrad am Break-even-Point bestimmt werden.

Gewinnmaximum

Das **Gewinnmaximum** befindet sich bei linearem Funktionsverlauf an der Kapazitätsgrenze.

Fixkostenanstieg bei Expansion/Kostenremanenz

Während die Fixkosten einerseits bei einer Expansion (z. B. Kauf weiterer Maschinen) sprunghaft ansteigen, können sie andererseits bei einer Verkleinerung des Betriebes nicht wieder so schnell abgebaut werden: Wird z. B. ein bestimmtes Produkt durch die kurzfristige Umstellung des Produktionsprogramms oder aufgrund eines negativen Deckungsbeitrages aus dem Produktionsprogramm genommen, dann lassen sich die diesem Produkt zurechenbaren Kosten i. d. R. nicht so schnell abbauen. Dies liegt z. B. an Kündigungsschutzfristen, d. h., dass Angestellte, die Gehälter (Fixkosten) beziehen, nicht umgehend entlassen werden können oder nicht mehr benötigte Maschinen, die z. B. Fixkosten in Form von kalkulatorischen Abschreibungen und Zinsen verursachen, nicht oder nicht sofort verkauft werden können. Dieses Problem wird als Kostenremanenz bezeichnet.[1] Es betrifft häufig stark automatisierte Betriebe, da diese in einer Krise ihre technischen Anlagen und Maschinen nicht so schnell verkaufen können.

Ermittlung der variablen Stückkosten

Die Ermittlung der **variablen Stückkosten** kann bei linearem Kostenverlauf auch mithilfe nachfolgender Formel berechnet werden:

F

$$\text{Variable Stückkosten } (k_v) = \frac{(K_2 - K_1)}{(x_2 - x_1)}$$

Man teilt die Differenz zweier angegebener Gesamtkosten für unterschiedliche Mengen durch die Differenz der unterschiedlichen Mengenangaben.

Die Fixkosten erhält man, wenn man von den Gesamtkosten einer Menge (z. B. von x_2) die jeweiligen variablen Gesamtkosten subtrahiert:[2]

F

$$K_f = K_2 - k_v \cdot x_2$$

Zusatzauftrag

Zusatzaufträge erhält ein Unternehmen häufig nur dann, wenn im Vergleich zum regulären Nettoverkaufspreis für das Produkt Zugeständnisse gemacht werden. Die Annahme eines Zusatzauftrages ist immer dann wirtschaftlich sinnvoll, wenn die Kapazität ausreicht und der Deckungsbeitrag des Zusatzauftrages größer oder gleich null ist.

F

Annahme des Zusatzauftrages,[3] falls db (Zusatzauftrag) ≥ 0
Ablehnung des Zusatzauftrages,[3] falls db (Zusatzauftrag) < 0

---

1 Vgl. Eisele/Knobloch, a. a. O., S. 907.

2 Vgl. Eisele/Knobloch, a. a. O., S. 895.

3 Unter rein wirtschaftlichen Aspekten.

Aus Gründen der Arbeitsplatzerhaltung sind Zusatzaufträge zur besseren Auslastung der Kapazität grundsätzlich als positiv einzustufen. Weitere mögliche Entscheidungskriterien sind z. B.:

Gegen den Zusatzauftrag	Für den Zusatzauftrag
➢ Kunde verlangt dauerhaft den niedrigeren Preis ➢ bisherige Kunden könnten von dem geringeren Preis erfahren und ebenfalls darauf bestehen ➢ ggf. Wechselkursrisiko bei Aufträgen in ausländischer Währung[1] ➢ Zahlungsschwierigkeiten bei Kunden aus dem Ausland, die sich in einer Wirtschaftskrise befinden[1] ➢ ggf. Imageverlust	➢ bessere Kapazitätsauslastung (sinkende Stückkosten durch Fixkostendegression) ➢ Arbeitsplatzerhaltung ➢ Erschließung neuer Märkte (z. B. Neukunden im Ausland) ➢ Vergrößerung des Marktanteils, Verdrängung der Konkurrenz

➢ Eigenfertigung/Fremdbezug bei ausreichender Kapazität[2]

In diesem Fall ist die Eigenfertigung wirtschaftlich sinnvoller als der Fremdbezug, wenn die variablen Kosten (= Einzelkosten + variable Gemeinkosten) bei Eigenfertigung gleich bzw. niedriger sind als der Bezugspreis bei Fremdbezug,[3] d. h. die absolute Kostenersparnis bei Eigenfertigung größer oder gleich null ist.

$$\begin{array}{c}\text{Absolute Kostenersparnis}\\ \text{je Stück bei Eigenfertigung}\end{array} = \begin{array}{c}\text{Fremdbezugspreis bzw.}\\ \text{Einstandspreis je Stück}\end{array} - \text{variable Stückkosten}$$

Weitere mögliche Entscheidungskriterien sind z. B.:

Fremdbezug	Eigenfertigung
➢ nicht ausreichende Kapazität ➢ zu hohe Investitionskosten bei Einrichtung der Eigenfertigung ➢ fehlendes eigenes Know-how ➢ unsichere Absatzprognosen ➢ Qualitätsführerschaft des Zulieferers ➢ gesicherte Patente	➢ höhere Flexibilität ➢ keine Abnahmeverpflichtung ➢ es gibt keinen geeigneten Zulieferer ➢ Image/hohe eigene Qualität ➢ Auslastung vorhandener Kapazitäten/Sicherung von Arbeitsplätzen ➢ Vermeidung von Abhängigkeiten von Lieferanten

1 Diese Gefahr besteht allerdings nicht nur bei Zusatzaufträgen.

2 Unter der Voraussetzung eines Stückdeckungsbeitrages $\geq$ null und einem kurzfristigen Betrachtungszeitraum.

3 Vgl. Eisele/Knobloch, a. a. O., S. 893.

Preisuntergrenze

Der Stückpreis (Barverkaufspreis) entspricht bei

kurzfristiger (absoluter) Preisuntergrenze	**langfristiger Preisuntergrenze**
den variablen Stückkosten (Einzelkosten + variable Gemeinkosten), d. h. $p = k_v$	den gesamten Stückkosten (Einzelkosten + alle Gemeinkosten), d. h. $p = k$
Ziele sind z. B.: ➢ die Erhöhung der Absatzchancen und Vergrößerung des Marktanteils, ➢ die Abwehr der Konkurrenz durch einen „Kampfpreis", z. B. bei der Neueinführung von Produkten und ➢ der Absatz von Restbeständen.	**Ziele sind z. B.:** ➢ Die volle Kostendeckung, d. h., es wird kein Verlust erwirtschaftet. ➢ Das Unternehmen gerät nicht in Zahlungsschwierigkeiten. ➢ Ersatzinvestitionen können aus eigener Kraft finanziert werden. ➢ Es besteht ein Preisspielraum „nach unten".
Gefahren sind z. B.: ➢ Verlust in Höhe der gesamten Fixkosten, der Deckungsbeitrag ist null. ➢ Liquiditätsschwierigkeiten, da die ausgabewirksamen Fixkosten nicht gedeckt sind (z. B. Gehälter, Mietaufwand). ➢ Ersatz- und Erweiterungsinvestitionen können aus eigener Kraft nicht finanziert werden. ➢ Nur kurzzeitig möglich, ggf. wird eine spätere Preiserhöhung von den Kunden nicht akzeptiert.	**Gefahren sind z. B.:** ➢ Erweiterungsinvestitionen (Expansionen) können nicht aus eigener Kraft finanziert werden. ➢ Schlechtere Absatzchancen als bei kurzfristiger Preisuntergrenze.

2.5.2.2 Trainingsaufgabe mit Musterlösung am Fallbeispiel Polly Ester AG

TRAINING!

Ausgangssituation:

Die Polly Ester AG ist ein Zulieferbetrieb des Sportartikelherstellers Brad Stark e. K. In diesem Unternehmen wird ausschließlich Füllmaterial (Plastikgranulat) für Bälle in großen Mengen hergestellt. Die Produktions- und Absatzmenge der Polly Ester AG betrug im Oktober 02 65.005 Zentner,[1] die zu einem Preis von je 7 € je Zentner abgesetzt wurden. Folgende Kosten sind für Oktober 02 bekannt, wobei die Mischkosten (Aufwendungen für Betriebsstoffe, soziale Abgaben, Energiekosten) zu 40 % variabel und zu 60 % fix sind. Die technische Maximalkapazität der Polly Ester AG beträgt 100.000 Zentner pro Monat.

1 Ein Zentner entspricht 50 Kilogramm.

Arbeitsaufträge:

1. **Ermitteln Sie (I)** mithilfe der Tabelle zu 1. die fixen und variablen Kosten und **arbeiten Sie** aus den Informationen die Kostenfunktion **heraus (II).**
2. **Berechnen Sie (I)** in der vorbereiteten Tabelle zu 2. die fehlenden Werte.
3. **Berechnen Sie (I)** die Gewinnschwelle für Oktober 02, den Beschäftigungsgrad an der Gewinnschwelle und das angestrebte Gewinnmaximum unter sonst gleichen Bedingungen.
4. **Ermitteln Sie (I)** das Betriebsergebnis für Oktober 02 mithilfe der Deckungsbeitragsrechnung.

Bearbeitungshinweise:

Lösen Sie die Arbeitsaufträge 1 und 2 entweder mithilfe der abgedruckten Formulare oder mit Excel (Vorlagen als Download). Weitere Lösungen sollten Sie selbstständig auf eigenem Papier vornehmen und anschließend mit den **Musterlösungen auf Seite 154 f.** vergleichen.

Zu Arbeitsauftrag 1.:

Kostenart	Kosten	Variable Kosten	Fixkosten	Mischkosten
Aufwendungen für Rohstoffe	130.000 €			
Aufwendungen für Hilfsstoffe	26.500 €			
Aufwendungen für Betriebsstoffe	4.500 €			
Zeitlöhne	84.000 €			
Gehälter	56.000 €			
Soziale Abgaben	38.000 €			
Mietaufwand	25.000 €			
Energiekosten	6.300 €			
Aufw. f. Kommunikation (Flatrate)	2.700 €			
Kalkulatorische Abschreibung	12.400 €			
Kalkulatorische Zinsen	6.700 €			
Summe	392.100 €			
Verteilung der Mischkosten				
Summe				

Zu Arbeitsauftrag 2.:

x (St.)	K_F (€)	K_V (€)	K(x) (€)	U(x) (€)	G(x) (€)	k_v (€/St.)	k_f (€/St.)	k (€/St.)	p (€/St.)	g (€/St.)
0										
20.000										
40.000										
60.000										
80.000										
100.000										

3 Strategisches Marketing, Marktpolitische Entscheidungen treffen im Bereich Distributions- und Kommunikationspolitik (aus Lerngebiet 5 der RRL)

3.1 Strategisches Marketing

3.1.1 Überblick

Strategisches Marketing umfasst

- eine Analyse und Planung der strategischen Ausgangssituation (Markt, Unternehmen)
- die Auswahl und Umsetzung einer konkreten Marketingstrategie, die zur Erreichung der verfolgten marketingspezifischen Unternehmungsziele beiträgt und
- eine Überprüfung des Erfolgs der gewählten Strategie sowie die Ableitung von Erkenntnissen für zukünftige Entwicklungen.[1]

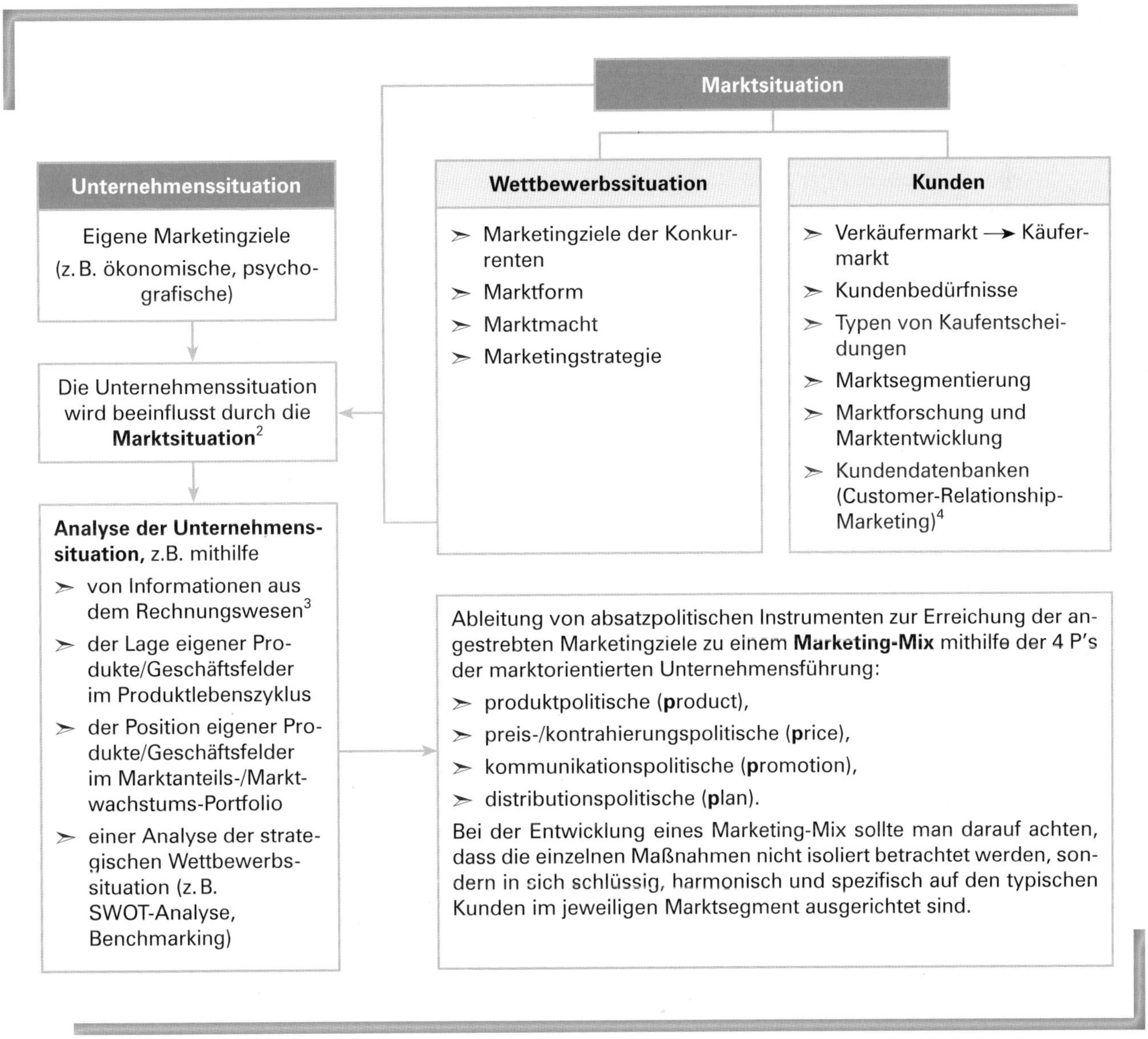

1 Vgl. Huber, Andreas: Marketing, 3., vollständig überarbeitete Auflage, München 2016, S. 57 ff.
2 Diese kann auch durch globale Umweltfaktoren (z. B. Technologieentwicklung, Rechtsprechung) beeinflusst werden.
3 Vgl. Kapitel 2.
4 Vgl. Kapitel 3.4.1 auf Seite 99.

3.1.2 Grundlagen zur Analyse der Marktsituation

Eine Analyse der Marktsituation kann in Abiturklausuren Anlass für die Planung einer Marketingstrategie sein. Zum Beispiel lassen sich anhand von Informationen in der Ausgangssituation, Branchenberichten, Marktberichten/-statistiken oder Konkurrenzanalysen wichtige Erkenntnisse für die Planung ableiten. Die Globalisierung, die demografische Entwicklung, die ökologische und soziale Verantwortung der Unternehmen, die Entwicklung neuer Informations- und Kommunikationstechnologien usw. erfordern die Anpassung bestehender Marketingkonzepte. In der folgenden Zusammenfassung werden die Grundlagen zur Analyse der Marktsituation erläutert:

➢ Kunden: Marketing als Unternehmenskonzeption auf Käufermärkten

- ➢ **Käufermarkt:** Käufer haben eine bessere Position als Verkäufer, da Kunden heutzutage i. d. R. aus einem vielfältigen Angebot wählen können. Dies erfordert starke Marketingaktivitäten der Anbieter.
- ➢ Ausgangspunkt der Marketingaktivitäten ist daher die Befriedigung der **Kundenbedürfnisse:**

Grundbedürfnisse, z. B. nach Nahrung, Kleidung	Soziale Bedürfnisse, z. B. Zugehörigkeitsgefühl, Zuneigung	Bedürfnis nach Sicherheit, z. B. nach Absicherung	Bedürfnis nach Anerkennung, z. B. Prestige	Bedürfnis nach Selbstverwirklichung

Welche der Bedürfnisse für den jeweiligen Kunden bei der Kaufentscheidung im Vordergrund stehen, hängt beispielsweise von kulturellen (z. B. soziale Schicht), sozialen (z. B. Familie, Gruppen), persönlichen (z. B. Alter, Geschlecht) Faktoren oder von der Einstellung oder der Motivation ab.

➢ Kundenanalyse (Typen von Kaufentscheidungen, Marktsegmentierung)

Die Analyse des Kaufentscheidungsprozesses liefert den Unternehmen wichtige Informationen zum Konsumentenverhalten und damit für eine Marketingstrategie:

- ➢ **Typen von Kaufentscheidungen:**[1] lassen sich danach unterscheiden, ob ein Produkt
  - von einem Individuum, z. B. Konsument (Privathaushalt), einer Unternehmung bzw. Institution oder einem Kollektiv, z. B. Familie, Buying Center (Einkaufsgremium),
  - gewohnheitsmäßig, geplant oder impulsiv (spontan, affektgesteuert) gekauft wird.
- ➢ **Marktsegmentierung:**[2] ist die Aufteilung des Gesamtmarktes in verschiedene, gleichartige Käufergruppen (Teilmärkte) mit unterschiedlichen Bedürfnissen. Aufgrund dieser Einteilung wird einerseits eine effiziente Entwicklung von Produkten oder Dienstleistungen ermöglicht, außerdem lassen sich Marketingaktivitäten gezielt einsetzen.

Beispiel:

Einteilung des Gesamtmarktes (hier am Beispiel eines Konsumgütermarktes) nach

- ➢ geografischen Merkmalen, z. B. nach Regionen, Siedlungsdichte oder Klima;
- ➢ (sozio-)demografischen Merkmalen, z. B. Lebensalter, Geschlecht, Ausbildung, Beruf, Einkommen, Haushaltsgröße;
- ➢ psychografischen Merkmalen, z. B. Zugehörigkeit zu sozialer Klasse, Lebensstil, Persönlichkeit, Einstellungen;
- ➢ verhaltensorientierten Merkmalen, z. B. Kaufanlass (Routinekäufer, besonderer Kaufanlass), gesuchter Nutzen (hohe Qualität, niedriger Preis), Käuferstatus (Erstkäufer, regelmäßiger Käufer), Preisverhalten, Mediennutzung, Einkaufsstätten.

---

1 Vgl. Meffert, H.: Marketing: Grundlagen marktorientierter Unternehmensführung, 9., überarbeitete und erweiterte Auflage, Wiesbaden 2000, S. 101 f.

2 Vgl. Kotler, P., Armstrong, G. u. a.: Grundlagen des Marketing, 5., aktualisierte Auflage, München 2011, S. 464 f.

➢ Marktforschung und Marktentwicklung[1]

- **Marktforschung** ist die systematische Anlage und Durchführung von Datenerhebungen (diese sollten auf relevanten, genauen, aktuellen und objektiven Informationen basieren) sowie die Analyse und Weitergabe von Daten und Befunden.
- In Abhängigkeit von der Erhebungsart unterscheidet man:

Primärforschung (Feldforschung)	Sekundärforschung (Schreibtischforschung)
➢ Sammlung von Daten direkt am Markt, ➢ Informationsgewinnung z. B. als Voll- oder Teilerhebung durch Befragung (Fragebögen per Post, Telefoninterviews, persönliche Befragung), Experiment, Beobachtung, Test, Panel (ein bestimmter Personenkreis wird über einen längeren Zeitraum befragt), Datenerhebung über das Internet usw., ➢ wird häufig von Marktforschungsunternehmen durchgeführt und ist daher i. d. R. zeit- und kostenintensiv, ➢ eignet sich insbesondere zur Neugewinnung von Marktdaten bei der Einführung neuer Produkte, da auf Erfahrungswerte nicht zurückgegriffen werden kann.	➢ basiert auf der Gewinnung und Auswertung von Daten, die im Unternehmen bereits für andere Zwecke gesammelt wurden, z. B. aus dem Rechnungswesen/Controlling, ➢ zusätzlich kann auf externe Informationsquellen zurückgegriffen werden, z. B. aus Veröffentlichungen aus der Wirtschaft und Erhebungen der Bundesregierung, Internetquellen, ➢ die Daten sind schneller und kostengünstiger verfügbar als bei Primärforschung, ➢ kann für bestehende Produkte verwendet werden.

- Mithilfe der **Marktforschung** wird der Markt bei der

Marktanalyse	Marktbeobachtung
zu einem bestimmten Zeitpunkt untersucht.	über einen längeren Zeitraum beobachtet.

Ziel: Ableitung von wichtigen Erkenntnissen und Trends **(Marktprognose),** an denen die Marketingstrategie der nächsten Jahre ausgerichtet wird. Obwohl die Erhebungsverfahren der Marktforschung einen hohen Genauigkeitsgrad aufweisen, kann es allerdings z. B. durch nicht vorhersehbare Risiken (höhere Gewalt, politische Entwicklungen) auch Abweichungen von der erwarteten Marktprognose geben.

- **Kennzahlen der Marktforschung**:
  - Ein **Markt** ist die Gesamtheit aller tatsächlichen und potenziellen Käufer (Käufer, die sowohl Kaufinteresse, als auch genügend Einkommen und Zugang zum Markt haben) für ein Produkt oder eine Dienstleistung.
  - Die **Branche** ist die Gesamtheit aller Anbieter auf diesem Markt.

1 Vgl. Kotler/Armstrong u. a., a. a. O., S. 441 ff.

Daraus lassen sich folgende **Kennzahlen**[1] der Marktforschung ableiten:

Marktpotenzial = potenzieller[2] Gesamtabsatz/-umsatz der gesamten Branche am Markt

Marktvolumen = tatsächlicher Gesamtabsatz/-umsatz der gesamten Branche am Markt

Absatzpotenzial = potenzieller Gesamtabsatz/-umsatz eines Unternehmens am Markt

Absatzvolumen = tatsächlicher Gesamtabsatz/-umsatz eines Unternehmens am Markt

$$\text{Sättigungsgrad des Marktes} = \frac{\text{Marktvolumen}}{\text{Marktpotenzial}} \cdot 100$$

$$\text{Marktanteil (aktuell)} = \frac{\text{Absatzvolumen}}{\text{Marktvolumen}} \cdot 100$$

$$\text{Marktanteil (erwartet)} = \frac{\text{Absatzpotenzial}}{\text{Marktpotenzial}} \cdot 100$$

$$\text{Marktanteil (relativer)} = \frac{\text{eigener Marktanteil}}{\text{Marktanteil des größten Konkurrenten}}$$

$$\text{Marktwachstum} = \frac{(\text{Umsatz Folgejahr} - \text{Umsatz Berichtsjahr}) \cdot 100}{\text{Umsatz Berichtsjahr}}$$

- **Marktform**: Marketingaktivitäten sind ebenfalls abhängig von der Marktform. Mit zunehmender Anzahl von Konkurrenten sind verstärkte Marketingmaßnahmen notwendig.

(zweiseitiges) Polypol	(Angebots-)Oligopol	(Angebots-)Monopol
Viele Anbieter, viele Nachfrager.	Wenige Anbieter, viele Nachfrager.	Ein Anbieter, viele Nachfrager.

- **Marktmacht**: Je höher der Marktanteil, je niedriger die Anzahl der Konkurrenten und je höher die Anzahl der Nachfrager ist, umso größer ist die Marktmacht eines Unternehmens.

3.1.3 Grundlagen zur Analyse der Unternehmenssituation

Zur Planung der Marketingstrategie ist es zunächst wichtig, Kenntnisse über mögliche Marktnischen, Marktsättigung oder Marktanteile der Konkurrenz zu erlangen, um

- die Lage der Produkte oder Geschäftsfelder des Unternehmens im **Produktlebenszyklus (PLZ)** zu kennen,
- die Positionierung der Produkte oder Geschäftsfelder des Unternehmens im **Marktanteils-/Marktwachstums-Portfolio** zu erarbeiten,
- neue strategische Zukunftsfelder zu erkennen, die auf neuen Technologien aufbauen,
- Informationen über Chancen, Risiken, Stärken und Schwächen (SWOT-Analyse, Benchmarking) zu gewinnen.

In eine vollständige Planung der Marketingstrategie sollten zusätzlich auch die in der jeweiligen Ausgangssituation enthaltenen sowie die in der Kosten- und Leistungsrechnung[3] bereitgestellten oder ermittelbaren Informationen einbezogen werden.

1 Die Kennzahlen können in Mengen- oder Werteinheiten gemessen werden.

2 Potenziell = maximal erreichbar.

3 Vgl. Kapitel 2.

3.1.3.1 Produktlebenszyklus

Dieses Modell beschreibt den „Lebensweg“ eines Produktes im Zeitablauf, gemessen an Umsatz- und Erfolgsentwicklung (Gewinn, Verlust):

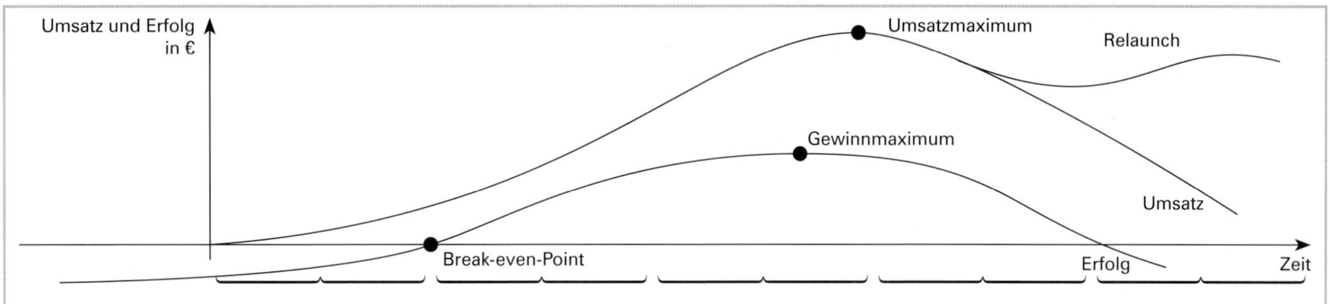

Phase im PLZ	Einführung	Wachstum	Reife	Sättigung	Degeneration
Merkmale	Es wird Verlust erwirtschaftet, da Aufwendungen für Forschung, Entwicklung und Werbung die Umsatzerlöse übersteigen.	Der Umsatz steigt, die Gewinnschwelle wird durchbrochen, der Gewinn steigt, da die Nachfrage nach dem Produkt und der Bekanntheitsgrad zunehmen.	Umsatz und Gewinn erreichen ihr Maximum; der Gewinn sinkt allmählich, da z. B. eine Preissenkung aufgrund zunehmender Konkurrenz vorgenommen wird; ggf. entstehen höhere Kosten durch produktpolitische Maßnahmen.	Der Umsatz sinkt, da die Nachfrage nach dem Produkt abnimmt; es tritt Marktsättigung ein; der Gewinn sinkt weiter, ggf. steigen die Kosten durch Relaunch-Bestrebungen (z. B. Produktvariation).	Falls kein Relaunch gelingt, gelangt das Produkt in die Degenerationsphase. Es findet kaum noch Nachfrager, es drohen Verluste; ggf. ist eine weitere Preissenkung erforderlich, um Restbestände zu verkaufen; Konkurrenzprodukte können die Kundenwünsche z. B. aufgrund des technischen Fortschritts besser befriedigen.

Kritik am Lebenszyklusmodell: Die einzige Variable zur Erklärung der Absatzentwicklung ist die Zeit. Da wichtige Einflussgrößen wie z. B. das Verhalten der Konkurrenten, das Kundenverhalten, konjunkturelle Schwankungen etc. unberücksichtigt bleiben, handelt es sich bei dieser Darstellung um eine starke Vereinfachung der Realität.[1]

3.1.3.2 Marktanteils-/Marktwachstums-Portfolio

- **Ziel**: Mit dem Marktanteils-/Marktwachstums-Portfolio wird ein produktübergreifender Denkrahmen für notwendige Maßnahmen in einem strategischen Planungsprozess geschaffen. Das Portfolio gilt dann als ausgeglichen, wenn das Wachstum eines Unternehmens gesichert ist. Dieses ist gegeben, wenn ein Risikoausgleich zwischen den verschiedenen Produkten/Geschäftsfeldern, die Kapital verbrauchen, und denen, die andere Produkte mit Kapital versorgen können, erzielt wird.

- **Aufbau**: Der entsprechende Marktanteil bzw. das Marktwachstum[2] werden für jedes Produkt/Geschäftsfeld in die Matrix eingetragen und mit einem Kreis versehen, der den Umsatz des Produktes/Geschäftsfeldes im Verhältnis zum Gesamtumsatz aller Produkte/Geschäftsfelder angibt.

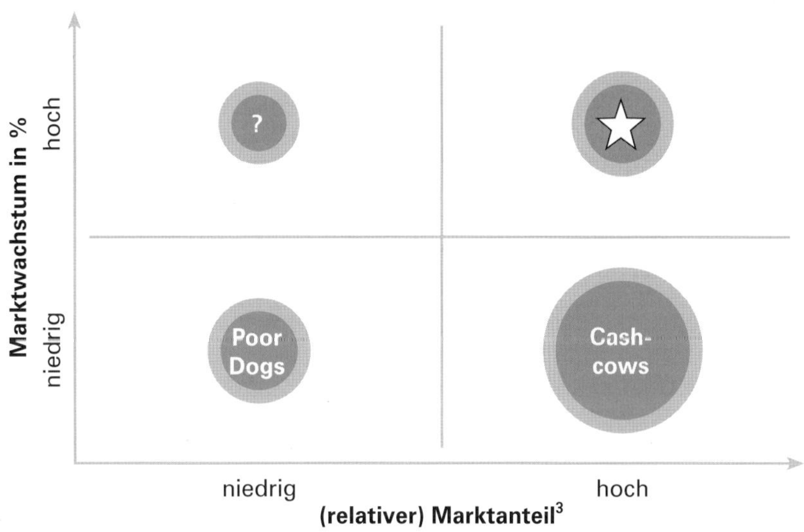

1 Vgl. Homburg, Chr., Krohmer, H.: Marketingmanagement, 2., überarbeitete und erweiterte Auflage, Wiesbaden 2006, S. 455.

2 Unter dem Marktwachstum wird das Wachstum des Gesamtmarktes (der Branche) verstanden.

3 Wird häufig auch als absolute Zahl und nicht in Prozent ausgedrückt.

- **Einteilung der X-Achse**: Wenn der relative Marktanteil (vgl. Formel auf Seite 74) 1 beträgt, dann ist das Unternehmen Marktführer für dieses Produkt und der relative Marktanteil ist ab dieser Grenze als hoch einzustufen.
- **Einteilung der Y-Achse**: Die Grenzziehung zwischen hohem und niedrigem Marktwachstum (vgl. Formel auf Seite 74) kann z. B. durch Orientierung
  - am durchschnittlichen Branchenwachstum,
  - am unternehmensinternen Wachstumsziel oder
  - am gesamten Wirtschaftswachstum

  erfolgen.

- **Grundsätzliche Empfehlungen für Strategien in den einzelnen Feldern der Matrix:**[1]

Questionmarks (Offensivstrategie)	Benötigen i. d. R. im Verhältnis zu ihrem Umsatz erhebliche finanzielle Mittel, um sich schnell auf dem Markt behaupten zu können und sie zu Stars zu machen. Es sollte eine Orientierung am Lebenszyklusmodell erfolgen, denn für Produkte oder Geschäftseinheiten, die neu eingeführt wurden, lohnen sich ggf. diese Investitionen. Produkte mit geringem Marktwachstum, die sich in einer späten Lebenszyklusphase befinden, werden hingegen zwangsläufig zum Poor Dog.
Stars (Investitions-strategie)	Sind meistens sehr profitabel, erfordern aber beträchtliche finanzielle Mittel, wenn die starke Position auf dem schnell wachsenden Markt gehalten bzw. ausgebaut werden soll, z. B. für die Neukundengewinnung oder Weiterentwicklung der Produkte.
Cashcows (Abschöpfungs-strategie)	Setzen aufgrund ihrer starken Position auf einem allenfalls schwach wachsenden Markt mehr Kapital frei als vernünftigerweise zu reinvestieren wäre. Es reichen Kundenbindungsprogramme in dem Umfang, wie sie zur Behauptung der Marktposition erforderlich sind. Mit diesen Produkten sollten die Gewinne erzielt werden, die für die Investitionen, z. B. für Forschung und Entwicklung oder Einführungswerbung in Wachstumsmärkten (Stars oder Questionmarks), benötigt werden.
Poor Dogs (Desinvestitions-strategie)	Sie sollten so behandelt werden, dass sie keine finanzielle Belastung für das Unternehmen darstellen, der Deckungsbeitrag sollte nicht negativ sein. Handlungsoptionen sind hier der allmähliche Rückzug oder die Beschränkung auf einzelne Marktnischen.

- **Kritikpunkte am Marktanteils-/Marktwachstums-Portfolio-Modell**:
  - Subjektive Einteilung der Matrixfelder ist möglich,
  - unternehmensspezifische Aspekte bleiben unberücksichtigt,
  - Synergieeffekte zwischen den Produkten/strategischen Geschäftseinheiten werden vernachlässigt,
  - die Darstellung eines komplexen Zusammenhangs wird auf zwei Dimensionen beschränkt.

3.1.3.3 Technologie-Portfolio[2]

Da Marktportfolios nur das Marktwachstum sowie den (relativen) Marktanteil darstellen und Technologieentwicklungen nicht explizit einbezogen werden, kann ein Marktportfolio keine Anhaltspunkte für neue strategische Zukunftsfelder liefern, die auf neuen Technologien aufbauen.

Bei innovationsorientierten Problemstellungen wird stattdessen häufig auf Technologie-Portfolios zurückgegriffen, denn die technologische Dimension ist in technologisch orientierten Industrien die wichtigste Quelle für Wettbewerbsvorteile.

1 Vgl. Homburg/Krohmer, a. a. O., S. 541 f.

2 Vgl. Reinecke, S., Janz, S.: Marketingcontrolling, Stuttgart 2007, S. 122.

Möglicher Aufbau eines Technologie-Portfolios:

Zukunfts-Perspektiven (Attraktivität) einer Technologie in der Branche (unternehmens-externe Größe)

	niedrig	mittel	hoch
hoch	?	investieren	investieren
mittel	desinvestieren	?	investieren
niedrig	desinvestieren	desinvestieren	?

Spezifische Position des Unternehmens (Ressourcenstärke, z. B. hinsichtlich Know-how, Finanzstärke) bezüglich der Technologie (unternehmensinterne Größe)

Durch die Abbildung der in einem Produkt oder im Unternehmen verwendeten Technologie in der oben dargestellten Matrix soll deutlich werden, welche Strategie das Unternehmen anstreben sollte, d. h., ob es sich für das Unternehmen lohnt, in die Technologie zu investieren, zunächst eine situationsabhängige Prüfung durchzuführen oder zu desinvestieren.

3.1.3.4 SWOT-Analyse, Benchmarking

Ein Unternehmen muss sich unter Beachtung strategischer Unternehmensziele und gegebener Rahmenbedingungen für eine Gesamtstrategie im Marketing entscheiden. Um die strategische Wettbewerbssituation zu analysieren, bieten sich z. B. eine SWOT-Analyse (Analysis of **S**trength, **W**eakness, **O**pportunities and **T**hreats) oder das Benchmarking an.

➤ **SWOT-Analyse**

Das Ziel einer SWOT-Analyse ist es, auf übersichtliche Weise

➢ **unternehmensexterne**
- **Chancen** (z. B. Wachstumsmöglichkeiten, Markttrends, demografische Entwicklung, neue Technologien, neue Vertriebsmöglichkeiten) und
- **Risiken** (z. B. Marktbedrohung durch Preisverfall, zunehmende Konkurrenz, Auftreten von Substitutionsprodukten, technologische, ökologische, politische oder rechtliche Entwicklungen, Engpässe auf dem Beschaffungsmarkt) mit

➢ **unternehmensinternen**
- **Stärken** (z. B. besonders qualifizierte und motivierte Mitarbeiter, hohes Image, Marktstellung) und
- **Schwächen** (z. B. fehlende Erfahrung in bestimmten Bereichen, starre Organisationsstruktur, begrenzte finanzielle Ressourcen, geringe Rentabilität)

zu verknüpfen, um kritische Handlungsfelder zu erkennen und zu bearbeiten sowie Potenziale für das eigene Unternehmen zu erkennen.[1] Chancen sollten genutzt, Risiken begrenzt, Stärken entwickelt und Schwächen abgebaut werden.[2]

1 Vgl. Huber, a. a. O., S. 65 f. und Bruhn, M.: Marketing, 13., aktualisierte Auflage, Wiesbaden 2016, S. 41 ff.

2 Vgl. Werani, Thomas: Business-to-Business-Marketing: Ein verbesserter Ansatz, Stuttgart 2012, S. 65.

➢ **Benchmarking:**

Darunter versteht man einen systematischen Prozess, bei dem die eigenen Produkte, Dienstleistungen und Geschäftsprozesse mit denen der stärksten Wettbewerber verglichen werden, um Wettbewerbsvorteile auf das eigene Unternehmen zu übertragen. Daher kann Benchmarking als ein Managementkonzept zur kontinuierlichen Selbstverbesserung angesehen werden.

Hinweis:
Auch eine Break-even-Analyse (Gewinnschwellenanalyse) kann bei der Analyse der Unternehmenssituation sinnvoll sein. Vgl. dazu Kapitel 2.5.2 auf Seite 65.

3.1.3.5 Trainingsaufgabe zur Marktanalyse (Mindmap) und zur SWOT-Analyse

Die Frogo AG verwöhnt mit Tiefkühlprodukten

Unternehmen und Produkte

Die Frozen Gourmet Food AG (kurz Frogo AG) ist eine börsennotierte Aktiengesellschaft, die tiefgekühlte Nahrungsmittel herstellt und verkauft. Das Unternehmen wurde vor ca. 10 Jahren von Starkoch Jean L´Affair gegründet. Er hatte die Idee, exquisite Tiefkühlkost für gesundheitsbewusste Single-Haushalte bzw. Berufstätige mit gehobenem Einkommen anzubieten, die gutes Essen zu schätzen wissen, zeitlich jedoch sehr eingespannt sind. In dieser Nische ist die Frogo AG Marktführer. Das Unternehmen verwendet zur Herstellung nur frische Zutaten aus kontrolliertem Anbau. Dabei bleibt die Frogo AG ihrer sozialen und ökologischen Verantwortung stets gerecht. Diese Qualität hat natürlich ihren Preis. Der Absatz erfolgt ausschließlich deutschlandweit an Endverbraucher über ein eigenes Vertriebssystem, das sich durch besonders kurze Lieferfristen auszeichnet, daher allerdings sehr hohe Kosten verursacht. Die Produkte können nach Katalog z. B. schriftlich, telefonisch oder online über den firmeneigenen Webshop direkt nach Hause bestellt werden.

Das aktuelle Produktionsprogramm der Frogo AG lässt sich folgenden Sparten zuordnen:

Sparte 1: Pizza (Werk Osnabrück)
Pizza wird in hochwertiger Restaurantqualität in verschiedenen Sorten produziert.
Sparte 2: Gerichte (Werk Hannover)
Folgende tiefgekühlte mediterrane Gerichte werden hergestellt: ➢ Minestrone (Italienische Gemüsesuppe) mit Pizzabrötchen, ➢ Coq au vin (Hühnchen in Wein) mit Rosmarinkartoffeln und Grillgemüse, ➢ Paella (Spanisches Reisgericht mit Gemüse und Meeresfrüchten).

Der Vorstand und die Aktionäre der Frogo AG sind mit dem Kursverlauf der Aktie zufrieden. Der Aktienkurs ist im Laufe der letzten Jahre kontinuierlich gestiegen. Auch zukünftig sind die Aktionäre an einer Erhöhung des Marktwertes interessiert. Dazu will das Unternehmen weiter wachsen und immer besser und effizienter werden. Die Frogo AG möchte auch zukünftig durch hohe Qualität und ständig geschmacklich verbesserte Produkte den Kundenwünschen optimal gerecht werden. Aufgrund sich verkürzender Produktlebenszyklen ist die Entwicklung neuer Produkte eine wichtige Aufgabe in der Frogo AG.

Daher wurde bereits 2020 das bestehende Produktionsprogramm um eine weitere Sparte ergänzt:

Sparte 3: Snacks (Werk Oldenburg)
Der Starkoch Jean L´Affair hat besondere Smoothies entwickelt, die in verschiedenen Geschmacksrichtungen tiefgekühlt angeboten werden.

Marktsituation

Diese wird anhand folgender Quellen dargestellt:

Quelle M 1:[1]

Essen ist nur jedem Zweiten wichtig – junge Erwachsene, Männer und Geringverdiener achten am wenigsten auf die Gesundheit

Für die Hälfte aller Befragten hat das Essen einen hohen Stellenwert. Das heißt aber auch: Im Leben jedes zweiten Menschen in Deutschland verkommt es zur Nebensache. Frauen ist ihre Ernährung dabei deutlich wichtiger als Männern – und sie ernähren sich auch wesentlich gesünder. Beim starken Geschlecht steht das Motto „Hauptsache lecker!“ klar im Vordergrund. Jeder zweite Mann, aber nur jede dritte Frau sagt dies von sich.

Besonders wenig achten die jungen Erwachsenen unter 25 Jahren darauf, ob ihr Essen gesund ist. Das Motto „Hauptsache gesund!“ gilt nicht einmal für jeden vierten von ihnen. Und nur jeder zehnte Unter-25-Jährige gibt an, dass er sich konsequent gesund ernährt – von den Senioren sagen dies immerhin vier von zehn. Auch Einkommen und Bildungsstand haben einen Einfluss darauf, wie gesund man isst: Je höher Schulbildung und Einkommen, desto gesünder ist, was auf den Tisch kommt.

[...] Fertiggerichte kommen besonders oft bei den jungen Erwachsenen auf den Tisch: Sechs von zehn Unter-25-Jährigen essen einmal die Woche bis täglich Fertigessen – jeder sechste sogar öfter als dreimal die Woche. Im Bevölkerungsschnitt greifen vier von zehn Menschen mindestens ein- bis zweimal die Woche zu Tütensuppe oder Tiefkühlpizza. Nur in der Hälfte aller Haushalte gibt es täglich ein selbst zubereitetes Mahl. In jedem dritten wird noch drei- bis fünfmal die Woche gekocht, beim Rest bleibt die Küche meist kalt. Zeitmangel ist der Hauptgrund, der davon abhält, sich häufiger an den Herd zu stellen.

[...] Und: Viele Menschen haben schlichtweg keine Lust oder sind zu faul zum Kochen. Bei jedem Sechsten siegt die Trägheit über den Appetit – bei den Männern sogar bei fast jedem Vierten.

Quelle M2:[2]

Analyse des deutschen Markt- und Wettbewerbsumfeldes für Tiefkühlkost

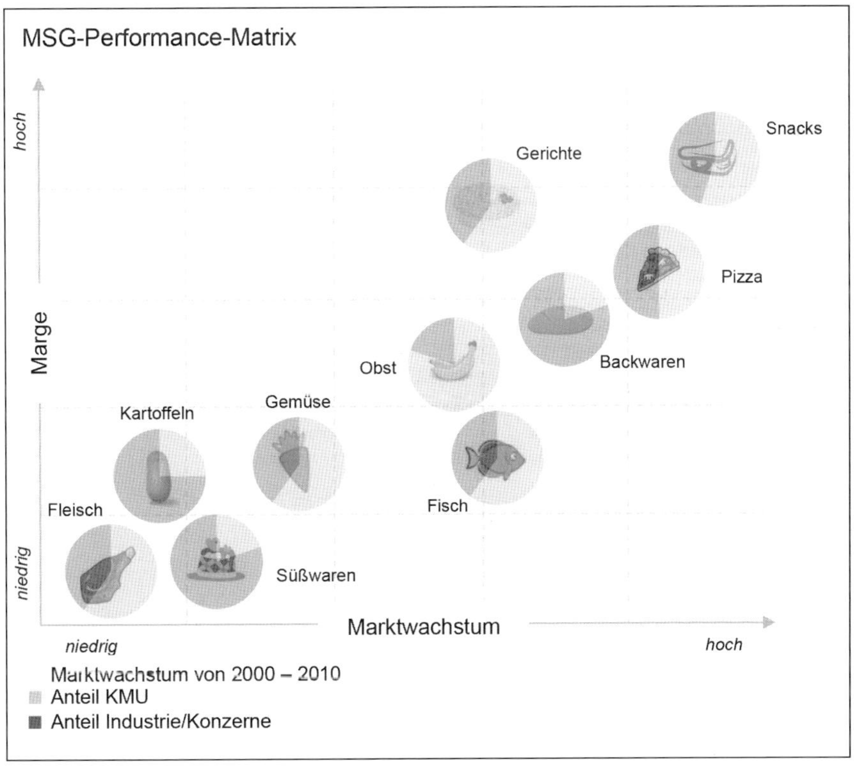

MSG = Munich Strategy Group (Unternehmensberatung)

KMU = Kleine und mittelständische Unternehmen

Marge= Gewinnspanne

1 http://www.tk.de/centaurus/servlet/contentblob/498712/Datei/139516/Zusammenfassung_TK_Ernaehrungsumfrage.pdf

2 Munich Strategy Group (Hrsg.): BRANCHENDOSSIER TIEFKÜHLKOST – Leuchtturmsegment der Lebensmittelbranche, S. 7; http://www.munich-strategy.com/fileadmin/downloads/Studienausz%C3§BCge/120911

Quelle M3:[1]

Hersteller von Tiefkühlkost gucken in die Röhre

[...] Auf dem Markt herrscht ein scharfer Wettbewerb. Denn die einst von hohen Wachstumsraten verwöhnte Branche tritt fast auf der Stelle. Mit der Folge, dass die Tiefkühlanbieter versuchen, sich gegenseitig die Kunden abspenstig zu machen. Es seien „teils ruinöse Preiskämpfe" im Gange, kommentiert das Fachblatt „Lebensmittel Zeitung" die Entwicklung.

Jahrzehntelang konnten sich die Tiefkühl-Hersteller auf einen schier unstillbaren Appetit der Bundesbürger auf Fischstäbchen, Spinat und Fertigpizza verlassen. Zwischen 1982 und 2012 stieg der Pro-Kopf-Verbrauch an Tiefkühlprodukten in Deutschland nach Angaben des Deutschen Tiefkühlinstituts (dti) Schritt für Schritt von 15,9 auf 41 Kilogramm pro Jahr. Rein rechnerisch bedeutet das ein Plus von mehr als 800 Gramm pro Jahr. Dabei wurden allerdings nicht nur die Einkäufe der Verbraucher berücksichtigt, sondern auch der Einsatz von Tiefkühlprodukten in Kantinen und Restaurants.

Doch die Zeiten haben sich geändert. Es gebe zwar noch ein Umsatzwachstum, aber kaum noch ein Mengenwachstum, sagt die Handelsexpertin Ulrike Singer von der Gesellschaft für Konsumforschung (GfK).

Erich Reimann (Sächsische Zeitung)

Hinweis:

Nachdem Sie die folgenden Arbeitsaufträge bearbeitet haben, können Sie diese mit den Musterlösungen auf Seite 155f. vergleichen!

Arbeitsaufträge:

Als Assistentin/Assistent des Vorstands sind Sie zunächst an der Vorbereitung des Geschäftsberichts für das vergangene Geschäftsjahr 2020 beteiligt. Sie werden damit beauftragt, das Konsumentenverhalten und die Marktentwicklung der vergangenen Jahre bei Tiefkühlprodukten zu untersuchen sowie eine SWOT-Analyse zu erstellen. Als Grundlage für die Entscheidungsfindung dienen die Informationen zum Unternehmen, zu den Produkten und zur Marktsituation.

1. **Stellen Sie** das Konsumentenverhalten anhand der Quelle M1 in verschiedenen Marktsegmenten als Mindmap **dar (I).**
2. 2.1 **Stellen Sie** die Chancen, Risiken, Stärken und Schwächen der Frogo AG mithilfe einer SWOT-Analyse **dar (I).**

   2.2 **Erläutern Sie (II)** drei verschiedene Marketingstrategien (vgl. Seite 83ff.) und **begründen Sie (III)** anhand der SWOT-Analyse, welche Marketingstrategie die Frogo AG verfolgt.

3.1.4 Markenpolitik[2, 3]

Begriff	Unter Markenpolitik versteht man die Markierung (Branding) von Produkten bzw. Dienstleistungen, z.B. durch Verwendung eines bestimmten Markennamens oder Markensymbols, ggf. in Kombination mit einer charakteristischen Farbe.
Ziele	Markenpolitik wird betrieben, um ➢ eine Unterscheidung zu anderen Unternehmen zu schaffen, ➢ ein dauerhaftes Qualitätsversprechen abzugeben, ➢ die Wiedererkennung des Unternehmens zu erreichen und ➢ ein bestimmtes Erscheinungsbild (Image) in der Öffentlichkeit (Corporate Identity, Corporate Design etc.) zu erzeugen.
Bedeutung	Durch die hohe Produktvielfalt und die damit verbundene zunehmende Konkurrenz sowie steigende Kundenansprüche kommt der Markenbildung eine besondere Bedeutung zu. Sie dient u.a. ➢ der Präferenzbildung, d.h., eine Marke wird einer anderen Marke vorgezogen, ➢ der Absatzförderung, wenn aufgrund der Präferenzbildung mehr abgesetzt werden kann, ➢ einer höheren Preisakzeptanz, da die Vorliebe für eine bestimmte Marke zu einer höheren Zahlungsbereitschaft führt,

1 http://www.sz-online.de/ratgeber/hersteller-von-tiefkuehlkost-gucken-in-die-roehre-2808317.html vom 01.04.2014.
2 Vgl. Huber, a.a.O., S. 155ff.
3 Vgl. Bruhn, a.a.O., S. 144ff.

- der Vertrauensbildung, z. B. durch gleich bleibende Qualität,
- der Kundenloyalität, wenn Kunden der Marke langfristig treu bleiben.

Markenwert

Der Markenwert (Brand Value) stellt eine wirtschaftliche Erfolgsgröße dar. Die wertvollsten Marken weltweit für 2020 können folgender Grafik entnommen werden (Werte in Milliarden US-Dollar):[1]

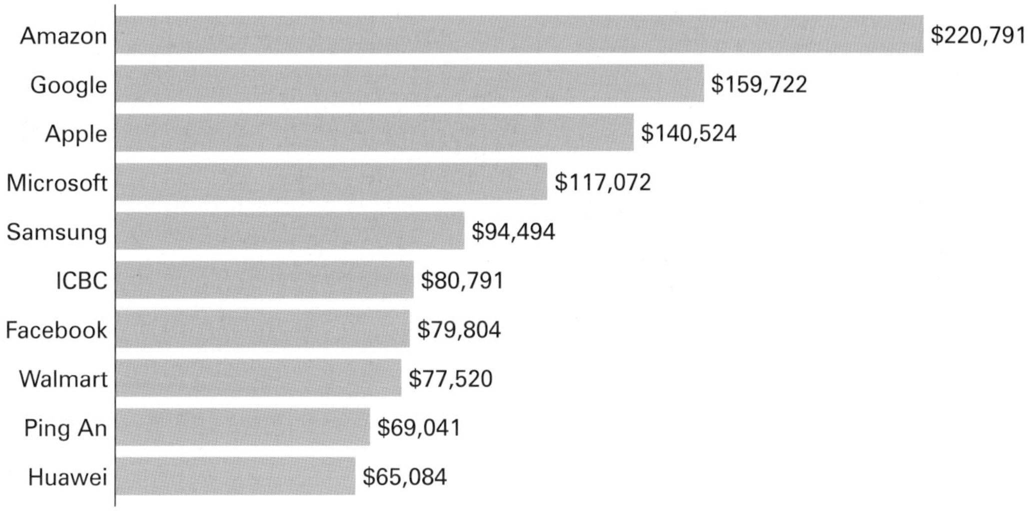

Strategien

Für eine erfolgreiche Markenführung ist die Entwicklung von Markenstrategien notwendig. Zu diesen gehören z. B.:

- **Einzelmarkenstrategien**: unterschiedliche Produkte (z. B. Windeln, Zahnbürsten, Weichspüler) eines Unternehmens (z. B. Procter & Gamble) werden unter eigenem Markennamen (z.B. Pampers, Oral-B, Lenor) gezielt verschiedenen Kundengruppen angeboten. Dabei bleibt der Hersteller selbst im Hintergrund. Diese individuelle Vermarktung zieht zwar höhere Kosten nach sich und die anderen Produkte des Unternehmens profitieren nicht, falls die Markteinführung erfolgreich war. Jedoch kann eine zielgruppengerechte Vermarktung erfolgen und das Image des Unternehmens bleibt bei Misserfolg unberührt.
- **Familienmarkenstrategien**: Unternehmen (z. B. Beiersdorf) bieten unter einer einheitlichen Markenbezeichnung (z. B. Nivea) verschiedene Produkte (z. B. Bodylotion, Deo, Shampoo) an. Dabei profitieren die einzelnen Produkte vom Image der Markenfamilie.
- **Dachmarkenstrategien**: der Firmenname (z. B. die Marke Siemens) wird mit sämtlichen Produkten eines Unternehmens verbunden, etwa mit unterschiedlichen Produktlinien (z. B. Waschmaschinen, Geschirrspüler, Staubsauger von Siemens). Dies hat den Vorteil, dass der Markenname bereits bekannt ist und geringere Kosten durch eine gemeinsame Vermarktung entstehen. Allerdings ist eine Individualisierung herausragender Produktideen schwierig und Imageprobleme eines Produktes belasten alle Produkte.
- **Mehrmarkenstrategien:** ein Unternehmen (z. B. Volkswagen) bietet mehrere Marken (z. B. Golf, Passat) einer Produktkategorie an, um durch zielgruppenspezifische Produkte die Marktabschöpfung zu erhöhen.

Weiterhin lassen sich regionale Marken (z. B. Kölsch), nationale Marken (z. B. Warsteiner) und internationale Marken (z. B. Coca Cola) unterscheiden.

Markenschutz

Gemäß § 3 des Gesetzes über den Schutz von Marken und sonstigen Kennzeichen (Markengesetz – MarkenG) können als Marke alle Zeichen, insbesondere Wörter einschließlich Personennamen, Abbildungen, Buchstaben, Zahlen, Hörzeichen, dreidimensionale Gestaltungen einschließlich der Form einer Ware oder ihrer Verpackung sowie sonstige Aufmachungen einschließlich Farben und Farbzusammenstellungen geschützt werden, die geeignet sind, Waren oder Dienstleistungen eines Unternehmens von denjenigen anderer Unternehmen zu unterscheiden.

Gemäß § 4 MarkenG entsteht z. B. Markenschutz

- durch die Eintragung eines Zeichens als Marke in das vom Patentamt geführte Register,
- durch die Benutzung eines Zeichens im geschäftlichen Verkehr, soweit das Zeichen innerhalb beteiligter Verkehrskreise als Marke Verkehrsgeltung erworben hat.

Die Laufzeit eines europäischen Patents beträgt grundsätzlich 20 Jahre (vgl. § 16 PatG, Art. 63 EPÜ) mit der Option der Verlängerung.

1 Quelle: https://brandfinance.com [Zugriff vom 04. 06. 2020].

3.1.5 Ökologie als Wettbewerbsfaktor[1]

Nachhaltigkeit gewinnt in neuerer Zeit zunehmend an Bedeutung, da z. B. das Verantwortungs- und Umweltbewusstsein der Kunden bzw. der Öffentlichkeit steigen, die Ressourcenknappheit zunimmt und Unternehmen durch staatlich verordnete Umweltauflagen dazu gezwungen werden, ökologische Aspekte in der Unternehmenspolitik zu beachten. Eine verantwortungsvolle Grundhaltung von Unternehmen hinsichtlich Nachhaltigkeit, sozialer Gerechtigkeit und Umweltverträglichkeit ist langfristig notwendig, um auch den Bedürfnissen zukünftiger Generationen gerecht zu werden und langfristig Kundenbeziehungen aufzubauen.

Im Marketing lassen sich durch Corporate Social Responsibility (CSR, vgl. Kapitel 1.5 auf Seite 27) und Nachhaltigkeit Wettbewerbsvorteile erzielen, z. B.:

- Erzielung von Kostenvorteilen, z. B durch sparsamen Umgang mit Ressourcen, Recycling, Optimierung von Abläufen in Beschaffung, Produktion und Absatz, Nutzung von staatlichen Subventionen.
- Erzielung von Preisvorteilen, indem höhere Kosten einer nachhaltigen Herstellung von Produkten mit höherer Produktqualität und Verwendung von Gütesiegeln an preisbereite Abnehmergruppen weitergegeben werden (z. B. durch Preisdifferenzierung in Verbindung mit Produktdifferenzierung).
- Erzielung von Imagegewinn, sowohl bei den Kunden als auch gegenüber der Allgemeinheit, sowie langfristiger Absatzsteigerung durch eine umwelt- und sozialverträgliche Grundhaltung des Unternehmens.

3.1.6 Ausgewählte Marketingstrategien

3.1.6.1 Abhängigkeit der Marketingstrategie von den Marketingzielen und den Wettbewerbskräften

Die Wahl der Marketingstrategie ist

- einerseits abhängig von den **Marketingzielen**:

Marketingziele werden aus den Unternehmenszielen abgeleitet. Dazu gehören

Ökonomische Ziele, z. B.
- Absatzziele (-maximierung)
- Umsatzziele (-maximierung)
- Gewinnziele (-maximierung)
- Vergrößerung des Marktanteils (z. B. Erreichen der Marktführerschaft)

Psychologische Ziele, z. B.
- Erhöhung des Bekanntheitsgrades
- Qualitätsverbesserung
- Imagesteigerung/Corporate Identity[2]
- Erhöhung der Kundenzufriedenheit
- Erhöhung der Kundenbindung

Marketingziele sollen nicht in Konflikt zueinander stehen (z. B. Senkung von Vertriebskosten und Absatzsteigerung), sondern sich entweder ergänzen (*Zielharmonie,* z. B. Absatzmaximierung und Steigerung des Bekanntheitsgrades) oder unabhängig voneinander erreichbar sein (*Zielneutralität,* z. B. Imageverbesserung und Erschließung eines neuen Marktes).

- andererseits abhängig von der Fähigkeit eines Unternehmens, mit den **Wettbewerbskräften** fertigzuwerden.

  Zu diesen Wettbewerbskräften gehören
  - die Verhandlungsstärke von Lieferanten,
  - die Verhandlungsposition der Abnehmer,

1 Vgl. Huber, a.a.O., S. 22ff.

2 Corporate Identity: Schaffung eines positiven Erscheinungsbildes in der Öffentlichkeit.

- die Bedrohung durch Ersatzprodukte,
- die Bedrohung durch bestehende und neue Konkurrenten und
- die Rivalität der bestehenden Wettbwerber untereinander.[1]

Es existiert eine Vielzahl an offensiven oder defensiven Strategien, die Unternehmen nutzen können, um ihre Wettbewerbsposition zu sichern. Im Folgenden werden die gängigsten Marketingstrategien vorgestellt.

3.1.6.2 Darstellung ausgewählter Marketingstrategien

Strategien für eine Marktpositionierung (konkurrenzgerichtete Strategie)[2]

Marktführerschaft	Unternehmen mit dem größten Marktanteil versuchen i. d. R., den eigenen Marktanteil zu halten oder weiter zu steigern. Dazu bieten sich z. B. folgende Maßnahmen an: Sonderaktionen, Preissenkungen, Imagepflege, Übernahme von Konkurrenten mit deren Kunden, Verbesserung der Kundenbindung, der Produktivität, der Kostensituation.
Marktherausforderer	Diese Unternehmen streiten mit dem Marktführer und weiteren Konkurrenten um Marktanteile. Dabei ist die Strategie riskant, den Marktführer anzugreifen, sie birgt aber hohe Gewinnaussichten. Andererseits kann der Marktherausforderer seinen Marktanteil vergrößern, indem er mehrere kleinere oder regionale Unternehmen übernimmt.
Marktfolger	Diese Unternehmen verfolgen Strategien, die ihren Konkurrenten die Position nicht streitig machen. Entweder sie kopieren das erfolgreiche Produkt sehr stark oder mit leichten Veränderungen, ggf. verbessern sie sogar die Produkte des Marktführers in wichtigen Details. Ein Marktfolger kann sich an den Erfolg des Marktführers anhängen und trägt dabei nicht das Risiko und die Kosten der Produktentwicklung.
Nischenanbieter	Diese Unternehmen spezialisieren sich auf kleine Marktsegmente, die von anderen Anbietern vernachlässigt werden. Es handelt sich meist um kleinere Unternehmen, die ihre Zielgruppe und deren Bedürfnisse so gut kennen und befriedigen, dass die Kunden bereit sind, für ihre Produkte entsprechend hohe Preise zu zahlen.

Marktfeldstrategie nach Ansoff (abnehmerorientierte Strategie)[3]

	Bestehende Produkte	Neue Produkte
Bestehende Märkte	*Marktdurchdringungsstrategie:* Verstärkter Einsatz von Marketingaktivitäten, um den Marktanteil vorhandener Produkte in bestehenden Märkten zu erhöhen.	*Produkt-/Leistungsentwicklungsstrategie:* Neue Produkte/Leistungen sollen den Umsatz auf bestehenden Märkten sichern bzw. erhöhen, indem der vorhandene Kundenstamm durch neue Produkte/Leistungen an das Unternehmen gebunden wird.
Neue Märkte	*Marktentwicklungsstrategie:* Ausweitung des Absatzpotenzials durch Erschließung neuer Märkte und Gewinnung neuer Marktsegmente mit bestehenden Produkten.	*Diversifikationsstrategie:* Ein Unternehmen begibt sich mit dem Ziel der Risikostreuung auf neue Betätigungsfelder.

1 Vgl. Porter, Michael E.: Wettbewerbsstrategie, 10., durchgesehene und erweiterte Auflage, Frankfurt a.M. 1999, S. 34.
2 Vgl. Kotler/Armstrong u. a., a.a.O., S. 589ff.
3 Vgl. Ansoff, H. I.: Management Strategie, München 1966, S. 132 bzw. Meffert, a.a.O., S. 244f.

➢ Normstrategien nach Porter[1] (abnehmergerichtete Strategie[2]):

	Umfassende Kostenführerschaft (auf dem Gesamtmarkt)	Differenzierung/Qualitätsführerschaft (auf dem Gesamtmarkt)	Konzentration auf Schwerpunkte (Strategie der Kostenführerschaft bzw. Differenzierung auf einem Teilmarkt)
Strategie	Es werden auf dem Gesamtmarkt Maßnahmen zur Erzielung eines erheblichen Kostenvorsprungs im Vergleich zur gesamten Branche ergriffen, um die Kostenvorteile durch niedrige Preise (aggressive Preisstrategie) an die Kunden weiterzugeben.	Produkte und/oder Dienstleistungen des Unternehmens werden auf dem Gesamtmarkt in hoher Produkt- und/oder Servicequalität angeboten, um die Einzigartigkeit im Vergleich zur gesamten Branche herauszustellen und einen relativ hohen Preis zu rechtfertigen.	Die Strategien der Kostenführerschaft und/oder die der Differenzierung werden nur auf einem Teilmarkt angewendet. Dieser Teilmarkt kann eine Marktnische, d.h. eine bestimmte Abnehmergruppe, oder ein begrenzter geografischer Markt sein bzw. sich z.B. nur auf ein bestimmtes Produkt des Produktionsprogramms beschränken. Mit der Konzentration auf Schwerpunkte wird das Ziel verfolgt, sich im Gegensatz zu Unternehmen, die ihre Strategie branchenweit verfolgen, nur auf ein begrenztes Ziel zu konzentrieren, um dort eine noch bessere Wirksamkeit bzw. Effizienz als die Konkurrenz zu erreichen.
Maßnahmen	➢ Einrichtung großer Produktionsanlagen mit hoher Auslastung, um Kostendegressionseffekte zu erzielen und einen hohen Marktanteil durch niedrige Verkaufspreise zu erreichen. Dies erfordert hohe Anfangsinvestitionen mit hohem Kapitalbedarf sowie eine ständige Modernisierung. ➢ Anbieten eines großen Sortiments von gleichartigen Produkten (Standardisierung), um einen möglichst einfachen, kostengünstigen Herstellungsprozess zu ermöglichen. ➢ Ständige Kostenüberwachung und klare Strukturierung von Verantwortlichkeiten. ➢ Kontrolle der Arbeitskräfte und Schaffung eines Anreizsystems zur Leistungssteigerung. ➢ Kontinuierliche Suche nach Möglichkeiten der Kostensenkung in Forschung und Entwicklung, durch Einsparungen im Einkauf, bei Werbung, Service und Vertrieb, Optimierung des Fertigungsprozesses, Suche nach günstigen Finanzierungsmöglichkeiten etc.	➢ Schaffung eines herausragenden Designs, Markennamens, Corporate Identity, Vertriebsweges etc. durch geeignete Marketingmaßnahmen. ➢ Investitionen in hochqualifizierte, hochmotivierte und kreative Mitarbeiter, um höchste Produktqualität und innovative Produkte oder Dienstleistungen zu entwickeln. ➢ Entwicklung von Kundenbindungskonzepten (z.B. Customer-Relationship-Konzepte)[3], um eine individuelle Kundenbetreuung zu gewährleisten. ➢ Permanente Beobachtung der Markt- und Unternehmenssituation.	Die vorab dargestellten Maßnahmen der Kostenführerschaft bzw. der Differenzierung (Qualitätsführerschaft) werden – ggf. kombiniert – auf dem Teilmarkt eingesetzt.
Positive Effekte	➢ Schutz gegen die Rivalität der Konkurrenten durch einen umfassenden Kostenvorsprung vor der Konkurrenz, ➢ Schutz des Unternehmens gegen mächtige Abnehmer, ➢ Schutz des Unternehmens vor mächtigen Lieferanten, da eine große Flexibilität bei Kostensteigerungen besteht, ➢ Aufbau von Eintrittsbarrieren für neue Konkurrenten.	➢ Bindung der Abnehmer an das Unternehmen, ➢ Verringerung der Preisempfindlichkeit der Abnehmer, ➢ hohe Ertragsspanne, ➢ Schaffung von Eintrittsbarrieren für das Eintreten der Konkurrenz durch Kundenloyalität, die auf die Einzigartigkeit des Produktes zurückzuführen ist, ➢ Schutz des Unternehmens gegen mächtige Zulieferer und Abnehmer sowie gegenüber Ersatzprodukten aufgrund von höheren Ertragsspannen, ➢ Schutz gegen größere Unternehmen (Konkurrenten), da diese Nischen häufig vernachlässigen.	➢ Überdurchschnittliche Erträge durch einen höheren Kostenvorsprung und/oder höheren Differenzierungsgrad im Vergleich zur Konkurrenz. ➢ Ausmachen von Zielobjekten, die am wenigsten durch Konkurrenzprodukte angreifbar sind oder von Zielobjekten, bei denen die Konkurrenz nicht mithalten kann.

1 Vgl. Porter, a.a.O., S. 70ff.
2 Vgl. Bruhn, a.a.O., S. 75ff.
3 Vgl. Kapitel 3.4, Seite 99f.

	Umfassende Kostenführerschaft (auf dem Gesamtmarkt)	Differenzierung/Qualitätsführerschaft (auf dem Gesamtmarkt)	Konzentration auf Schwerpunkte (Strategie der Kostenführerschaft bzw. Differenzierung auf einem Teilmarkt)
Risiken	➢ Anfängliche Verluste, da die Notwendigkeit von hohen Einstiegsinvestitionen besteht und eine aggressive Preissetzung zur Gewinnung von Marktanteilen notwendig ist. ➢ Die aggressive Preissetzung kann bei schlechter Absatzlage zu Verlusten führen. ➢ Technologische Entwicklungen könnten zu spät erkannt werden. ➢ Zu starke Fixierung auf das Ziel der Kostenminimierung und Vernachlässigung von Trends, Kundenbedürfnissen etc. ➢ Nachahmungseffekte der Konkurrenten können den Kostenvorsprung aufheben. ➢ Kostensteigerungen (z. B. bei der Beschaffung) können den Kostenvorsprung zur Konkurrenz schmälern.	➢ Oft kann nur ein geringer Marktanteil erreicht werden, weil einige Kunden nicht bereit oder fähig sind, den hohen Preis zu zahlen. ➢ Die Maßnahmen zur Differenzierung sind i. d. R. teuer (z. B. durch notwendige Forschung und Entwicklung, aufwendige Produktpräsentation, Kundenbetreuung) und können die Ertragsspanne verringern. ➢ Nachahmungseffekte der Konkurrenten können die erkennbare Differenzierung vermindern.	➢ Es kann nur ein geringer Marktanteil erreicht werden. ➢ Konkurrenten spezialisieren ihr Angebot noch weiter und machen die eigene Differenzierung auf dem Teilmarkt zunichte. ➢ Die Unterscheidung zwischen den Produkten/Dienstleistungen und /oder die Kostenunterschiede, die von auf dem Gesamtmarkt agierenden Unternehmen angeboten werden, und denen, die nur auf einem Teilmarkt aktiv sind, verringern sich.

Sowohl die Strategie der umfassenden Kostenführerschaft, die der Differenzierung (Qualitätsführerschaft) als auch die der Konzentration auf Schwerpunkte verleihen nach Ansicht von M. E. Porter Schutz gegen jede einzelne der fünf Wettbewerbskräfte.[1]

Gemäß M. E. Porter führen die dargestellten Strategien nur zu einem Erfolg, wenn Unternehmen bewusst eine Strategie verfolgen. Eine Vermischung dieser Strategien führt seiner Meinung nach zu einer schlechten strategischen Situation, in der die Unternehmen „zwischen den Stühlen sitzen" (stuck in the middle).

1 Vgl. Seite 84 f.

3.2 Marktpolitische Entscheidungen treffen im Bereich Distributionspolitik

3.2.1 Absatzorgane und Vertriebssysteme

3.2.1.1 Überblick: direkter – indirekter Absatz

	Direkter Absatz	Indirekter Absatz
Verkauf	erfolgt direkt an die Endabnehmer (durch eigene Organe)	erfolgt indirekt über den Handel (über fremde Organe)
Beispiele	➢ Reisende ➢ eigene Verkaufsniederlassungen (auch Werksverkauf, Verkauf über Automaten) ➢ Electronic Commerce (z. B. über einen firmeneigenen Webshop)	➢ Handelsvertreter ➢ Fachhändler (Einzel-, Großhandel) ➢ Kommissionäre ➢ Franchising ➢ Online-Händler (z. B. Amazon, Zalando)
Vorteile	➢ Mitarbeiter/-innen verfügen über sehr gute Produktkenntnisse ➢ direkter Kundenkontakt ➢ das Unternehmen hat großen Einfluss auf das Produktangebot (Produktpräsentation, Preis, Werbung, Kundendienst etc.) ➢ Aufbau und Pflege von Kundenbeziehungen	➢ Einsparung von Vertriebskosten (z.B. für die Einrichtung von Verkaufsfilialen) ➢ es muss nur eine Provision gezahlt werden, wenn Waren verkauft wurden ➢ das Absatzrisiko ist geringer ➢ hoher Bekanntheitsgrad des Absatzhelfers

3.2.1.2 Entscheidungskriterien für den Einsatz von Absatzorganen

Für welche/-s Absatzorgan/-e sich ein Unternehmen entscheidet, ist z. B. von

- **unternehmens**bezogenen (Produktprogramm, Vertriebskompetenz etc.),
- **produkt**bezogenen (Beratungsintensität, Lager- bzw. Transportfähigkeit etc.),
- **kunden**bezogenen (Anzahl der Kunden, geografische Verteilung, Aufgeschlossenheit gegenüber Vertriebsmethoden etc.),
- **sozialen** (Wertvorstellungen),
- **konkurrenz**bezogenen (Art, Anzahl, Vertriebswege der Konkurrenten etc.),
- **absatzmittler**bezogenen (Austauschbarkeit, Weisungsgebundenheit, Marktkenntnis, Fachwissen etc.),
- **kosten**bezogenen (Kostenvergleich unterschiedlicher Absatzwege)

Faktoren abhängig,[1] die z. B. mithilfe eines Punktbewertungsverfahrens (Entscheidungsbewertungstabelle, Nutzwertanalyse) abgewogen werden können.

Die **absatzmittlerbezogenen Vor- und Nachteile** sind in den folgenden Tabellen im Überblick aus verschiedenen Perspektiven dargestellt:

1 Vgl. Meffert, H., a. a. O., S. 623.

Mehrperspektivische Betrachtung verschiedener Absatzorgane

Direkter Absatz	Reisende	Eigene Verkaufsniederlassungen	**Electronic Commerce**[1], z. B. ➢ B2B: E-Commerce zwischen Unternehmen (Business to Business) ➢ B2C: E-Commerce zwischen Unternehmen und Verbrauchern (Business to Customer)
Merkmale	➢ Anstellung unselbstständiger, weisungsgebundener Mitarbeiter (Arbeitsvertrag) ➢ fehlende Selbstständigkeit, d.h. Abhängigkeit von der anstellenden Unternehmung (Hersteller) ➢ Vergütung: festes Grundgehalt (Fixum) und Umsatzprovision	Einrichtung eigener Verkaufsniederlassungen	Elektronische Abwicklung von Kaufverträgen über das Internet, z.B. Einrichtung eines firmeneigenen Webshops
Vorteile (Beispiele)	**Für das Unternehmen (Hersteller):** ➢ gute Anpassungsfähigkeit des eigenen Mitarbeiterstabs an neue Marketingsituationen und -konzepte ➢ Weisungsgebundenheit, Pflicht zur Berichterstattung des Reisenden ➢ Reisender vertritt ausschließlich die Interessen des Unternehmens (Herstellers) ➢ relativ geringer Provisionsanspruch des Reisenden bei guter Absatzlage **Für den Reisenden:** ➢ auch bei geringem Umsatz bezieht er zumindest ein festes Grundgehalt	**Für das Unternehmen (Hersteller):** ➢ Weisungsgebundenheit des Verkaufspersonals ➢ Kundendienstleistungen vor Ort ➢ individuelle Kundenberatung ➢ Maßnahmen zur Kundenbindung ➢ Werbung am „point of sale" mit selbst bestimmter Präsentation der Produkte ➢ gute Anpassungsfähigkeit des eigenen Mitarbeiterstabs an neue Marketingsituationen und -konzepte ➢ günstiger Absatzweg bei hohen Verkaufszahlen, da Provisionszahlungen und Gewinneinbußen durch Handelsspannen entfallen **Für die Kunden:** ➢ Kundennähe ➢ Service-, Beratungsleistungen ➢ Ausprobieren vor Ort (Einkaufserlebnis) ➢ fachlich kompetentes Verkaufspersonal ➢ Eingehen auf Sonderwünsche	**Für das Unternehmen (Hersteller):** ➢ Vergrößerung des Absatzgebietes (weltweit) ➢ Kundendatei kann für kostengünstige Werbung genutzt werden, um die Kundenbindung zu erhöhen ➢ Kostenersparnis, z. B. entfällt die aufwendige Gestaltung/Miete von Verkaufsräumen **Für die Kunden:** ➢ permanente Öffnungszeiten ➢ bequem, Bestellung von zu Hause aus möglich ➢ einfache Vergleichsmöglichkeit zu Konkurrenzprodukten (hohe Markttransparenz) ➢ umfangreiches Angebot
Nachteile (Beispiele)	**Für das Unternehmen (Hersteller):** ➢ kostenintensiver Außendienst (hohe Fixkosten durch Grundgehalt bei schlechter Absatzlage) ➢ relativ unflexibel, da ein Mitarbeiterwechsel nur unter Berücksichtigung personalrechtlicher Bestimmungen möglich ist **Für den Reisenden:** ➢ Weisungsgebundenheit ➢ Pflicht zur Berichterstattung	**Für das Unternehmen (Hersteller):** ➢ hohe Fixkostenbelastung durch Finanzierung eigener Verkaufs- und Lagerräume, Miete, Gehälter, Schulungen des Verkaufspersonals (insbesondere bei geringem Absatz) **Für die Kunden:** ➢ Anpassung an Öffnungszeiten ➢ Wegekosten, ggf. Parkplatzsuche	**Für das Unternehmen (Hersteller):** ➢ hohe Anfangsinvestitionen, laufende Kosten für die Betreuung der Website ➢ ggf. hohe Rücklaufquote durch Rücksendungen von Kunden ➢ keine persönliche Kundenbetreuung, -überzeugung **Für die Kunden:** ➢ kein persönlicher Kontakt ➢ ggf. Unsicherheit beim Zahlungsvorgang, Missbrauch persönlicher Daten ➢ ggf. keine individuelle Beratung, kein Ausprobieren o. Ä. ➢ ggf. aufwendige Reklamation ➢ ggf. Transport-/Verpackungskosten ➢ i. d. R. entfällt der Vor-Ort-Service, z. B. Montage

1 Vgl. hierzu auch Kapitel 3.2.4: Entwicklungstendenzen im Handel.

Mehrperspektivische Betrachtung verschiedener Absatzorgane

Indirekter Absatz	Handelsvertreter	Fach-/Vertragshändler	Kommissionäre	Franchising
Merkmale	➢ Selbstständiger Gewerbetreibender, der ständig damit betraut ist, für einen anderen Unternehmer Geschäfte zu vermitteln oder in dessen Namen abzuschließen ➢ Selbstständigkeit, d.h. freie Gestaltung der Tätigkeit bzw. der Arbeitszeit ➢ Vergütung: Umsatzprovision	➢ Einzel-/Großhandel übernimmt selbstständig den Verkauf der Produkte ➢ erwirbt Eigentum an der vom Hersteller gelieferten Ware ➢ handelt in eigenem Namen und auf eigene Rechnung ➢ trägt das volle Risiko bei Nicht-Absatz oder Nicht-Zahlung der Kunden ➢ erhält die Handelsspanne (Differenz zwischen dem Verkaufspreis und dem Einstandspreis) beim Verkauf der Produkte	➢ Kommissionäre sind Kaufleute, die gewerbsmäßig Waren für Rechnung eines anderen im eigenen Namen kaufen oder verkaufen ➢ der Hersteller wird als Kommittent, der Händler als Kommissionär bezeichnet ➢ Kommissionäre handeln in eigenem Namen und auf fremde Rechnung ➢ Kommissionäre vermitteln den Verkauf von Produkten und erhalten für den Abschluss eine Provision	➢ Vertraglich geregelte Kooperation zwischen rechtlich selbstständigen Unternehmen ➢ der Franchisenehmer bleibt rechtlich selbstständig und handelt im eigenen Namen und auf eigene Rechnung ➢ der Franchisegeber erteilt dem Franchisenehmer das Recht, seine Marke u.Ä. absatzpolitisch zu verwenden ➢ alle Franchisenehmer treten auf dem Markt einheitlich auf ➢ der Franchisegeber hat Kontroll- und Weisungsrechte
Vorteile (Beispiele)	**Für das Unternehmen (Hersteller):** ➢ leicht austauschbare Absatzmittler, wenn keine längerfristigen vertraglichen Vereinbarungen bestehen ➢ keine Fixkostenbelastung, da Handelsvertreter selbstständige Gewerbetreibende sind ➢ erst wenn der Handelsvertreter mit einem Kunden einen Kaufvertrag geschlossen hat, besteht ein Anspruch des Handelsvertreters auf Provision (variable Kosten) ➢ Handelsvertreter kennen ihr Absatzgebiet i.d.R. gut, daher gute Absatzchancen **Für den Handelsvertreter:** ➢ die Provision ist abhängig vom Verkaufserfolg der Produkte (positiv bei hohem Umsatz) ➢ trägt kein Risiko beim Forderungsausfall des Kunden ➢ gute Verkaufschancen durch ein breites Sortiment von verschiedenen Firmen ➢ ist nicht weisungsgebunden	**Für den Hersteller:** ➢ Erreichen vieler potentieller Kunden ➢ Bereitstellung von Lager- und Verkaufsfläche ➢ Kundendienstleistungen vor Ort ➢ Übernahme von Beratungsleistungen ➢ Werbung am „point of sale" mit entsprechender Präsentation der Produkte ➢ Übernahme von Maßnahmen zur Verkaufsförderung, z.B. durch Sonderverkaufsaktionen **Für die Kunden** ➢ Zusammenstellung einzelner Produkte (z.B. Schreibtisch, -stuhl, -lampe) möglich ➢ Service-, Beratungsleistungen ➢ Ausprobieren vor Ort (Einkaufserlebnis) ➢ direkter Vergleich von Produkten unterschiedlicher Hersteller ➢ fachlich kompetentes Verkaufspersonal	**Für den Hersteller (Kommittenten):** ➢ gute Absatzchancen, auch im Ausland, da der Kommissionär i.d.R. sehr branchenkundig ist, die jeweiligen Kundenbedürfnisse gut kennt und hohe Akzeptanz im Absatzgebiet genießt ➢ Einsparung von Lagerhaltungskosten, denn das Lager wird vom Kommissionär vorgehalten ➢ Weisungsrecht gegenüber dem Kommissionär (z.B. Preisvorgabe) **Für den Kommissionär:** ➢ den Kunden kann ein breites Produktprogramm angeboten werden, da Kommissionäre i.d.R. für mehrere Unternehmen arbeiten ➢ der Kaufpreis für die Waren muss erst dann abgeführt werden, wenn die Waren verkauft wurden ➢ nicht verkaufte Waren kann der Kommissionär zurückgeben ➢ er hat ein Selbsteintrittsrecht (§ 400 HGB), d.h., er kann Waren, die er für den Kommittenten verkaufen soll, selbst kaufen und (ggf. zu einem höheren Preis) weiterverkaufen	**Für Franchisegeber:** ➢ absatzwirksames und einheitliches Marketingkonzept, das die eigene Marke in den Mittelpunkt stellt ➢ geringere Kosten als ein Filialsystem ➢ geringes Investitionsrisiko ➢ schnelle Marktdurchdringung, da der Franchisenehmer keine Konkurrenzprodukte anbieten darf ➢ der Franchisenehmer ist weisungsgebunden, muss daher die Qualitätsvorgaben etc. des Franchisegebers befolgen **Für Franchisenehmer:** ➢ die Möglichkeit, sich selbstständig zu machen, wird erleichtert, da der Franchisegeber sein Wissen/Erfahrung zur Verfügung stellt ➢ rationelle und kostensparende Nutzung der vom Franchisegeber entwickelten Kommunikationspolitik, auch Weiterentwicklung der Produkte ➢ Preiskämpfe werden verringert, da sich i.d.R. alle Franchisenehmer an die Preisvorgaben des Franchisegebers halten müssen
Nachteile (Beispiele)	**Für das Unternehmen (Hersteller):** ➢ muss dem Handelsvertreter für die Verkaufsvermittlung eine Provision zahlen ➢ trägt das Risiko beim Warenabsatz und beim Forderungsausfall ➢ Handelsvertreter verkauft auch Produkte anderer Unternehmen (nachteilig bei sich nicht ergänzenden Produkten) **Für den Handelsvertreter:** ➢ seine Provision ist abhängig vom Verkaufserfolg der Produkte (negativ bei geringem Umsatz)	**Für den Hersteller:** ➢ Fachhändler verkauft auch die Produkte der Mitbewerber ➢ Gewinnmarge reduziert sich ➢ geringe Möglichkeit der Einflussnahme, z.B. bei der Produktpräsentation **Für die Kunden:** ➢ Anpassung an Öffnungszeiten ➢ Wegekosten, ggf. Parkplatzsuche	**Für den Hersteller (Kommittenten):** ➢ er trägt das Ansatzrisiko, da er nicht verkaufte Waren zurücknehmen muss **Für den Kommissionär:** ➢ er muss die Waren lagern, dies verursacht Lagerhaltungskosten	**Für Franchisegeber:** ➢ geringere Gewinnspanne als bei einem Filialsystem mit eigenen Verkaufsniederlassungen ➢ Gefahr der Marktsättigung, da Kunden u.U. das jeweils gleiche Angebot als langweilig empfinden ➢ Kontrolle der Franchisenehmer verursacht Kosten **Für Franchisenehmer:** ➢ starke Abhängigkeit vom Franchisegeber, Verlust der eigenen Unternehmensidentität ➢ vorgeschriebene Preispolitik, Qualität, Einrichtung der Verkaufsräume etc. ➢ Imageschädigung bei Skandalen ➢ trägt das Investitionsrisiko

3.2.1.3 Beispielaufgabe für eine Auswahlentscheidung zwischen Handelsvertretern und Reisenden

Ausgangssituation

Ein Tapetenhersteller sucht für den Absatz seiner Produkte, die insbesondere an Baumärkte verkauft werden sollen, nach geeigneten Absatzorganen. Zur Auswahl steht die Einstellung von Reisenden oder der Absatz über Handelsvertreter.

Das Unternehmen ist erst seit Kurzem auf dem Markt, die Absatzprognosen sind noch unsicher. Folgende Daten liegen vor:

- Ein Reisender erhält ein monatliches Gehalt in Höhe von 2.250 € zuzüglich 0,50 % Umsatzprovision.
- Ein Handelsvertreter erhält eine Umsatzprovision in Höhe von 2,00 %.

Arbeitsaufträge:

1. **Ermitteln Sie (I)** in einer quantitativen Analyse mathematisch, tabellarisch und grafisch den kritischen Umsatz je Monat und **werten Sie** Ihre Ergebnisse **aus (II).**
2. **Beurteilen Sie (III)** qualitative Kriterien mithilfe einer Entscheidungsmatrix.
3. **Entscheiden Sie (III)** sich aus der Perspektive des Tapetenherstellers für ein Absatzorgan.

Lösung zu 1.: Quantitative Analyse

Für die quantitative Analyse eignet sich z. B. die Kostenvergleichsrechnung. Es wird der Break-even-Umsatz (kritischer Umsatz) ermittelt, bei dem Gleichheit zwischen zwei Alternativen besteht. Für beide Absatzorgane wird eine Kostenfunktion aufgestellt, gleichgesetzt und nach x aufgelöst. Auch eine tabellarische oder grafische Lösung kann zum Ergebnis führen. Die Kostenvergleichsrechnung eignet sich, wenn beide Absatzorgane identische Umsätze erzielen, wovon im Folgenden ausgegangen wird.

Tabellarische Lösung:

Umsatz	Reisender	Handelsvertreter
– €	2.250,00 €	– €
50.000,00 €	2.500,00 €	1.000,00 €
100.000,00 €	2.750,00 €	2.000,00 €
150.000,00 €	3.000,00 €	3.000,00 €
200.000,00 €	3.250,00 €	4.000,00 €

Grafische Lösung:

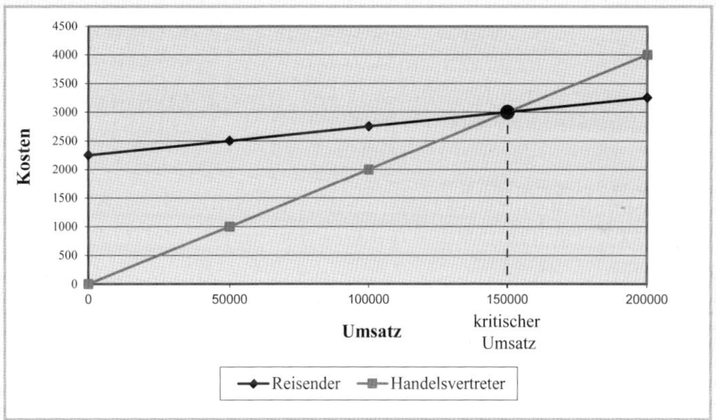

Mathematische Lösung:

x = Gesuchter Umsatz (kritischer Umsatz)

$K_{Reisender}$ = Fixum + Provision in % · Umsatz

$K_{Handelsvertreter}$ = Provision in % · Umsatz

$K_{Reisender} = 2.250 + 0{,}5/100 \cdot x$

$K_{Handelsvertreter} = 2/100 \cdot x$

$K_{Reisender} = K_{Handelsvertreter}$

$2.250 + 0{,}005 \cdot x = 0{,}02 \cdot x \quad - 0{,}005 \cdot x$

$2.250 = 0{,}015 \cdot x \quad : 0{,}015$

$150.000 = x$

Auswertung:

Bis zu einem Monatsumsatz von 150.000 € ist ein Handelsvertreter kostengünstiger. Bei einem Monatsumsatz von 150.000 € sind die Kosten für einen Reisenden und einen Handelsvertreter identisch. Bei einem größeren Monatsumsatz als 150.000 € ist ein Reisender kostengünstiger.

Lösung zu 2.: Qualitative Beurteilung

Entscheidungsmatrix

Mögliche Kriterien	Gewichtung der Kriterien in Prozent	Reisender		Handelsvertreter	
		mögliche Benotung	gewichtete Note	mögliche Benotung	gewichtete Note
Unternehmerisches Denken	20	3	0,60	6	1,20
Austauschbarkeit	35	2	0,70	5	1,75
Kontrollierbarkeit	15	6	0,90	2	0,30
Fachwissen	20	6	1,20	5	1,00
Informationsfluss	10	5	0,50	3	0,30
Summe	100		3,90		4,55

Note 6	sehr gut
Note 5	gut
Note 4	befriedigend
Note 3	ausreichend
Note 2	mangelhaft
Note 1	ungenügend

Lösung zu 3.: Entscheidung des Tapetenherstellers

Aufgrund der Unsicherheit der Absatzprognose lässt sich rechnerisch nicht sicher beurteilen, welches Absatzorgan kostengünstiger ist. Die Unsicherheit der Absatzprognose spricht eher für den Einsatz von Handelsvertretern. Die qualitative Analyse bestätigt diese Entscheidung, denn die Austauschbarkeit der Absatzorgane ist für das Unternehmen im Moment das wichtigste Entscheidungskriterium. Auch unter dem Aspekt des unternehmerischen Denkens werden Handelsvertreter gegenüber Reisenden deutlich besser benotet. Insgesamt schneiden die Handelsvertreter bei der qualitativen Analyse besser ab als die Reisenden. Erst wenn der Monatsumsatz, den ein Handelsvertreter erzielt, deutlich über 150.000 € liegt, sollte das Unternehmen dazu übergehen, Reisende einzustellen.

3.2.2 Outsourcing von Logistikleistungen

Marketinglogistik hat die Aufgabe, dem Nachfrager das gewünschte Produkt in richtiger Menge und Sorte, im richtigen Zustand, zur richtigen Zeit und am richtigen Ort und zu den dafür minimalsten Kosten bereitzustellen. Ein guter Lieferservice soll zur Erzielung von Wettbewerbsvorteilen beitragen.

Dazu sind insbesondere Entscheidungen zur **Lagerhaltung** und zum **Transport** zu treffen.[1] Die Entscheidung über Eigenleistung oder Outsourcing dieser Logistikleistungen hängt von den Unternehmenszielen, dem Leistungsbedarf und dem Dienstleistungsangebot ab.[2]

Logistikleistung	**Lagerhaltung**		**Transport**	
Intern vs. Extern	**Eigenlagerung**	**Fremdlagerung durch Dienstleister**	**Eigener Transport**	**Transport durch Dienstleister**
Kostenvorteil	Wird ein eigenes Lager eingerichtet, entstehen fixe Lagerkosten (z. B. für Miete, Abschreibungen) und variable Lagerkosten (z. B. Löhne), während die Kosten der Fremdlagerung i. d. R. nur aus variablen Lagerkosten bestehen. Durch die Ermittlung der kritischen Menge[3] lässt sich ein Kostenvergleich erstellen.		Wird ein eigener Fuhrpark eingerichtet, entstehen fixe Kosten (z. B. für Abschreibungen) und variable Kosten (z. B. Löhne), während die Kosten des Transports durch einen Dienstleister i. d. R. nur aus variablen Kosten bestehen. Durch die Ermittlung der kritischen Menge lässt sich ein Kostenvergleich erstellen.	
Qualitative Vorteile	➢ Guter Überblick über Lagerbestände ➢ hohe Versorgungssicherheit ➢ gute Auslastung der Lagerkapazität bei relativ konstanter Lagermenge ➢ sorgfältiger Umgang mit empfindlichen, wertvollen Werkstoffen	➢ Hohe Flexibilität bei schwankender Lagermenge ➢ Abwälzung des Lagerrisikos auf den Dienstleister ➢ Nutzung von Know-how des Dienstleisters ➢ Kundennähe, falls der Dienstleister mehrere dezentrale Lager vorhält	➢ Montage-, Service- und Beratungsleistungen können den Kunden direkt angeboten werden ➢ gute Auslastung des Fuhrparks bei konstanter Nachfrage ➢ hohe Lieferbereitschaft durch eigene Organisation	➢ Hohe Flexibilität bei schwankender Nachfrage ➢ Übernahme von Zwischenlagerung und sonstigen Koordinationsaufgaben ➢ Nutzung von Spezialtransportmöglichkeiten des Dienstleisters ermöglichen auch außergewöhnliche (z. B. besonders schwere) Transporte

Die Globalisierung, die starke Zunahme des Electronic Commerce, negative Auswirkungen bestimmter Transportmittel auf die Umwelt u.Ä. einerseits sowie der Kostendruck andererseits führen dazu, dass die Marketinglogistik zunehmend an Bedeutung gewinnt.

Die Lösung liegt in einer sowohl ökonomisch als auch ökologisch sinnvollen Logistik, deren wesentliche Merkmale eine hohe Auslastung, sorgfältig geplante Fahrrouten und die Kombination verschiedener Verkehrsträger sind. Dabei spielt der sogenannte **kombinierte Verkehr**, der verschiedene Verkehrsmittel integriert, eine entscheidende Rolle: je nach Produkteigenschaft und Dringlichkeit sollten die längeren Transportwege per Schiff oder Bahn zurückgelegt werden, und nur die Feinverteilung von Lastkraftwagen erfolgen. Dabei kommen häufig Container zum Einsatz.

Weitere wichtige Bestandteile eines umweltschonenden Güterverkehrs sind die Vermeidung von innerstädtischen Transporten und die regelmäßige Erneuerung des Fuhrparks mit relativ emissionsarmen Fahrzeugen.

1 Vgl. Meffert, a. a. O., S. 654 ff.

2 Vgl. Gudehus, T.: Logistik 2, 3., aktualisierte und erweiterte Auflage, Berlin 2007, S. 1 005 ff.

3 Vgl. Kapitel 2.5.2, Seite 65.

3.2.3 Rücknahmesysteme und Recycling[1]

Bereits bei der Herstellung von Gütern sollen die Voraussetzungen für eine umweltverträgliche Abfallvermeidung und -verwertung geschaffen werden. Ziel ist es, Produkte so zu gestalten, dass

- das Entstehen von Abfällen vermindert,
- eine Wiederverwendung einzelner Komponenten oder ganzer Geräte und
- eine umweltverträgliche Verwertung oder Beseitigung der Reststoffe ermöglicht werden (§ 23 Kreislaufwirtschaftsgesetz – KrWG).

Gesetzliche Vorschrift	Rücknahmevorschrift/-system
Batteriegesetz – BattG	Batterien dürfen nur in Verkehr gebracht werden, wenn die Rückgabemöglichkeit durch den Endverbraucher sichergestellt ist. Die Verbraucher sind verpflichtet, gebrauchte Batterien an den Handel oder an von den öffentlich-rechtlichen Entsorgungsträgern eingerichteten Rückgabestellen (z. B. Schadstoffmobile und Recyclinghöfe) zurückzugeben.
Altfahrzeug-Verordnung – AltfahrzeugV	Hersteller von Fahrzeugen sind verpflichtet, alle Altfahrzeuge ihrer Marke vom Letzthalter zurückzunehmen. Die Hersteller von Fahrzeugen müssen die Altfahrzeuge ab Überlassung an eine anerkannte Rücknahmestelle oder einen von einem Hersteller hierzu bestimmten anerkannten Demontagebetrieb unentgeltlich zurücknehmen.
Elektro- und Elektronikgerätegesetz – ElektroG	Die Ziele des ElektroG sind: ➢ Vermeidung von Abfällen aus Elektro- und Elektronik-Altgeräten (EAG) und Stärkung der Vorbereitung zur Wiederverwendung; ➢ umweltgerechte Entsorgung von EAG; ➢ Kreislaufführung von Elektro- und Elektronikgeräten auf der Basis der Verantwortung der Hersteller (Produktverantwortung) und damit Steigerung der Ressourceneffizienz. Verbraucherinnen und Verbraucher können auf der Grundlage des ElektroG ihre alten Elektro- und Elektronikgeräte kostenlos bei den kommunalen Sammelstellen und unter bestimmten Bedingungen auch bei großen Vertreibern abgeben. Die Hersteller müssen die Geräte bei den kommunalen Sammelstellen abholen und zur Wiederverwendung vorbereiten oder entsorgen lassen.
Verpackungsgesetz – VerpackG	➢ Die Verpackungsverordnung verpflichtet Hersteller und Handel, Verpackungen nach Gebrauch zurückzunehmen und bei deren Entsorgung mitzuwirken. ➢ **Einwegverpackungen**: pfandpflichtig sind grundsätzlich alle nicht ökologisch vorteilhaften Einweg-Getränkeverpackungen mit einem Füllvolumen von 0,1 Liter bis 3,0 Liter. ➢ **Transportverpackungen**: müssen von Herstellern und Handel zurückgenommen und entweder erneut verwendet oder außerhalb der öffentlichen Abfallentsorgung einer stofflichen Verwertung zugeführt werden. ➢ **Umverpackungen**: diese dienen zumeist lediglich einer besseren Warenpräsentation und können im Laden zurückgelassen werden. ➢ **Verkaufsverpackungen**: Erstinverkehrbringer von mit Ware befüllten Verkaufsverpackungen, die typischerweise beim privaten Endverbraucher anfallen, sind verpflichtet, sich an einem dualen System zu beteiligen, das flächendeckend die regelmäßige Abholung gebrauchter Verkaufsverpackungen beim privaten Endverbraucher oder in dessen Nähe in ausreichender Weise gewährleistet.

1 http://www.bmub.bund.de/themen/wasser-abfall-boden/abfallwirtschaft/abfallpolitik/produktverantwortung/

3.2.4 Entwicklungstendenzen im Handel

- **Einkaufstrends**[1]
  - Experten gehen davon aus, dass Einkaufen künftig zu einem Freizeiterlebnis wird.
  - Durch neue Warenangebote sollen speziell neue Kundengruppen (z. B. Senioren, Migranten) angesprochen werden.
  - Das Warenangebot soll personalisiert werden.
  - Die Nachfrage nach Handelsmarken und Discounterwaren soll steigen.
  - Das Konsumverhalten der Kunden soll zunehmend von der Fähigkeit eines Unternehmens abhängen, sozial- und umweltverträglich zu handeln (Corporate Social Responsibility).

- **Marktstruktur**

Es wird ein zunehmender Trend der Internationalisierung des Handels sowie ein Markteintritt neuer Konkurrenten erwartet.

- **Organisation der Logistikkette**

Es wird eine stärkere Kooperation von Hersteller und Händler erwartet, z. B. durch das Schaffen gemeinsamer Produktstandards, die Vernetzung von IT-Systemen und die Koordination von Produktions- und Lieferprozessen. Dabei sollen Handelsunternehmen insgesamt weniger, dafür aber größere Lieferanten nutzen.

- **Wachstum des Onlinehandels**
  - Der Onlinehandel verzeichnete in Deutschland in den letzten Jahren jährliche Wachstumsraten von ca. 10 %.[2]

Quelle: https://einzelhandel.de/presse/zahlenfaktengrafiken/1022-konjunktur/11936-umsatz-im-online-handel [Zugriff vom 07.07.2020].

  - Der Anteil der Online-Umsätze am Einzelhandel wird bis zum Jahr 2024 auf 15 % weiter ansteigen. Das entspricht einem durchschnittlichen jährlichen Anstieg von 6,6 %.[3]

---

1 https://www.forschungsinformationssystem.de/servlet/is/415832/

2 Quelle: https://www.netz98.de/blog/b2c-e-commerce-studien-prognosen-wohin-entwickelt-sich-der-b2c-onlinehandel/

3 Quelle: https://www.it-business.de/e-commerce-wachstum-voraus-a-789557/

- Laut einer Studie[1] lassen sich überdurchschnittliche Zuwachsraten besonders von einkommensstarken Haushalten in den Bereichen Elektrogeräte, Möbel und Baumärkte erzielen. Die Kunden fordern beim Onlinekauf neue Bestell- und Liefermöglichkeiten und einen reibungslosen Geschäftsablauf.
- Der stationäre Handel wird die erste Anlaufstelle für Konsumenten bleiben. Um sich gegenüber den digitalen Anbietern zu behaupten, sind allerdings Investitionen notwendig.

➤ Digitalisierung im Rahmen der Distributionspolitik

Electronic Commerce, d. h. die elektronische Abwicklung von Geschäften über das Internet, kann z. B. stattfinden zwischen

- Unternehmen und Behörden (B2A bzw. Business to Administration), z. B. Übermittlung der Umsatzsteuervoranmeldung von Unternehmen an das Finanzamt mit dem ELSTER-Verfahren,
- Unternehmen (B2B bzw. Business to Business), z. B. die elektronische Abwicklung eines Kaufvertrages zwischen zwei Unternehmen über das Internet,
- Unternehmen und Endverbrauchern (B2C bzw. Business to Customer), z. B. Online-Bestellung eines Buches.

Bei B2B- und B2C-Geschäften kann die Abwicklung entweder

- direkt über einen firmeneigenen Onlineshop/Webshop (vgl. Beispiel Seite 95) und/oder
- über einen elektronischen Marktplatz (EM) erfolgen. Hier unterscheidet man zwischen vertikalen und horizontalen elektronischen Marktplätzen. Während die horizontalen elektronischen Marktplätze, wie z. B. amazon.de oder zalando.de, die Waren branchenübergreifend zum Kauf anbieten (z. B. Schuhe, Bücher, Kleidung), verkaufen die vertikalen EM die Waren branchenspezifisch, z. B. verkauft libri.de ausschließlich Bücher.[2]

Heutzutage nutzen Unternehmen i. d. R. mehrere Absatzkanäle gleichzeitig. Über welche Absatzkanäle Einzelhändler ihre Produkte und Dienstleistungen verkaufen, kann man der folgenden Grafik entnehmen:

Über welche Vertriebskanäle verkaufen Sie derzeit Ihre Produkte bzw. Dienstleistungen?
(nach Unternehmensgröße; Mehrfachnennung möglich)

	stationäres Ladengeschäft	eigener Online-Shop	eBay	Amazon	andere überregionale Online-Marktplätze	lokaler Online-Marktplatz
Kleine Händler	84%	30%	7%	9%	6%	3%
Mittlere Händler	94%	36%	10%	13%	7%	3%
Große Händler	89%	54%	11%	4%	2%	2%

Quelle: https://www.ihk-muenchen.de/ihk/documents/Branchen/Handel/Studie_IHK-ibi-Handelsstudie-2017.pdf

1 https://home.kpmg.com/de/de/home/themen/2016/11/trends-im-handel-2025.html
2 https://www.itwissen.info/Elektronischer-Marktplatz-EM-electronic-marketplace-EM.html

➤ Kanalübergreifende Vertriebsstrategien

Der Kunde entscheidet, ob er das gewünschte Produkt z. B. in der firmeneigenen Verkaufsniederlassung, beim Fach- oder Vertragshändler, über den firmeneigenen Webshop oder über einen elektronischen Marktplatz kauft. Hinsichtlich der Verknüpfung der Absatzkanäle kann man drei Strategien unterscheiden:

Strategie	Erklärung	Beispiel	Bewertung der Strategie
Multi-Channel 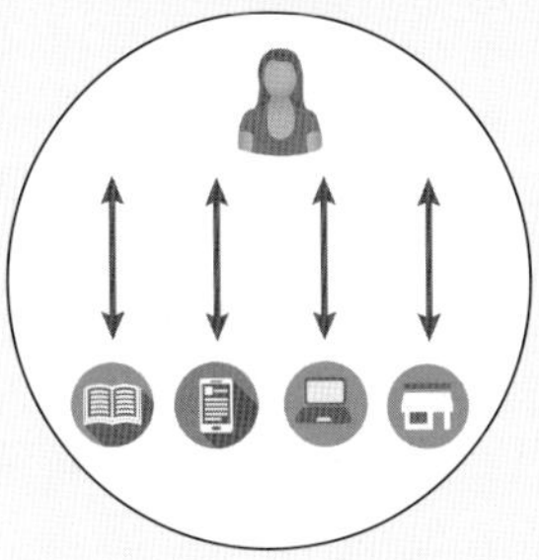	Die unterschiedlichen Absatzkanäle werden nicht miteinander verknüpft.	Der Kunde kann vom gewählten Absatzweg nicht abweichen: Hat der Kunde z. B. eine Ware im Geschäft während eines Urlaubs gekauft, kann er die Ware auch nur dort wieder zurückgeben.	Ein Umtausch/Eine Rückgabe der Ware kann für den Kunden umständlich sein. Allerdings haben Unternehmen einen guten Überblick darüber, welche Absatzwege von den Kunden am meisten genutzt werden.
Cross-Channel 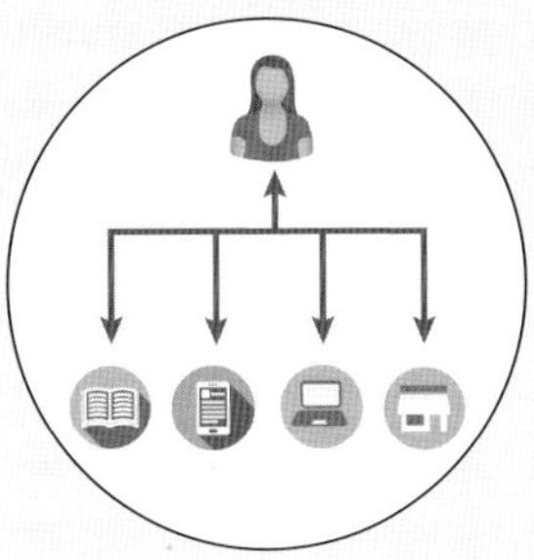	Bei dieser Strategie werden mehrere Absatzkanäle miteinander verknüpft. Der Kunde kann jedoch nur auf den Warenbestand des jeweiligen Absatzkanals zugreifen.	Hier ist es möglich, dass Kunden eine Ware, die sie im firmeneigenen Webshop gekauft haben, in die Verkaufsniederlassung zur Abholung liefern lassen können, um dadurch Versandkosten zu sparen (Click & Collect). Ebenso ist es z. B. möglich, online bestellte Ware im Geschäft zurückzugeben.	Diese Strategie der Verknüpfung von Online- und Offline-Vertriebswegen kann zur Umsatzsteigerung bei Unternehmen führen, da die Kunden auf mehreren Wegen erreicht werden können. Kunden können Kostenvorteile,[1] z. B. durch die Einsparung von Versandkosten, erlangen. Es fehlt den Kunden jedoch der vollständige Überblick über die Verfügbarkeit der Ware: Ist eine Ware z. B. online nicht mehr verfügbar, kann es trotzdem sein, dass die Ware in einer Verkaufsniederlassung noch vorhanden ist.
Omni-Channel 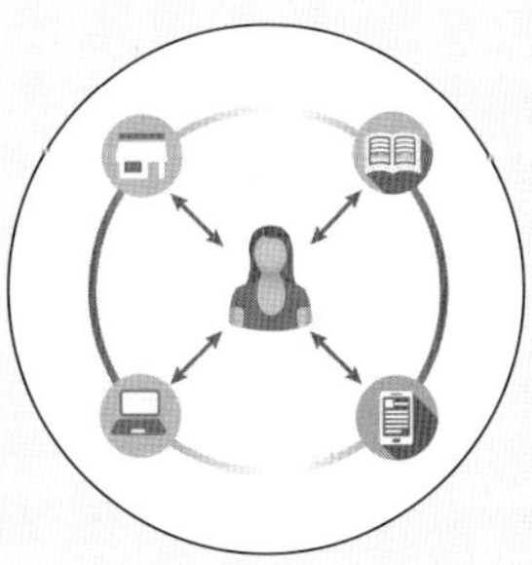	Bei dieser Strategie werden alle Absatzkanäle optimal miteinander verzahnt. Dabei hat der Kunde Zugriff auf den gesamten verfügbaren Warenbestand.	Die Kunden können jederzeit und gleichzeitig auf verschiedene Kanäle zugreifen. Sie können z. B. während der Beratung über ein Produkt beim ortsansässigen Fachhändler zeitgleich per Handy Preisvergleiche bei verschiedenen Anbietern einholen. Der Kunde kauft dort, wo seine Bedürfnisse bestmöglich befriedigt werden.	Mit dieser Strategie erreichen Unternehmen die meisten Kunden. Die Einrichtung der verschiedenen Verkaufskanäle kann allerdings auch mit hohen Kosten verbunden sein. Die Vor- und Nachteile hängen bei den Kunden von den individuellen Bedürfnissen ab (z. B. Bedeutung des Einkaufserlebnisses, Beratung, günstigster Preis).[2]

Hinweis:
Eine Gegenüberstellung von Vor- und Nachteilen des E-Commerce finden Sie auf Seite 87.

1 https://www.marketing-boerse.de/fachartikel/details/1207-cross-channel-vs-multi-channel/34628

2 https://wirtschaftslexikon.gabler.de/definition/omni-channel-management-54201

3.3 Marktpolitische Entscheidungen treffen im Bereich Kommunikationspolitik

3.3.1 Formen der Kommunikationspolitik[1]

Massen-Marketing	Breite Märkte werden durch standardisierte Botschaften angesprochen. Die Produkte werden über Zwischenhändler vertrieben. Zu den gängigsten Formen des Massen-Marketings gehören die Werbung, die Verkaufsförderung und die Öffentlichkeitsarbeit.
Direkt-Marketing	Herstellung langfristiger Kundenbeziehungen durch Dialog des Unternehmens mit sorgfältig ausgewählten Kunden.

3.3.2 Produktwerbung[2]

Mithilfe von Werbung werden Massenmedien möglichst in der Form eingesetzt, dass sie bei der jeweiligen Zielgruppe bestimmte Reaktionen (z. B. Kauf des Produktes) auslösen. Dazu sollte ein **Werbeplan** aufgestellt werden, der i. d. R. folgende Bestandteile enthält:

Werbebotschaft *Womit kann ein Werbereiz erzielt werden?*	Die Produktwerbung sollte den Nutzen für die Zielgruppe/-n bzw. Besonderheiten des Produktes hervorheben. Dabei muss z. B. der passende Werbeslogan, ein Werbebild (mit oder ohne Text o. Ä.) entwickelt werden, mit dem die Werbebotschaft ➢ glaubhaft, ➢ aktuell, ➢ einprägsam, ➢ wirksam, ➢ ethisch verantwortlich, ➢ wahr und ➢ unter Herausstellung der Vorteile des eigenen Produktes gegenüber der Konkurrenz, aber unter **Einhaltung gesetzlicher Vorschriften,**[3] an die Zielgruppe herangetragen wird.
Werbeziel *Was soll mit der Werbung erreicht werden?*	Das Unternehmen muss sich darüber klar sein, was mit der Werbung erreicht werden soll. Mögliche Ziele der Werbung können sein: ➢ zu informieren: z. B. über die Einführung eines neuen Produktes, eine Preisänderung, die Vorzüge oder Funktionsweise des Produktes, die Angebotspalette. ➢ zu überzeugen: z. B. Kunden zum sofortigen Kauf animieren, eine Vorliebe für die entsprechende Marke erzeugen. ➢ zu erinnern: z. B. bei Saisonartikeln; Erinnerungswerbung eignet sich insbesondere für Produkte, die schon länger auf dem Markt sind. Als Konkretisierung könnte man z. B. folgende Ziele nennen: **Ökonomische, z. B.** ➢ Absatzsteigerung um 20 % ➢ Gewinnsteigerung um 5 % ➢ Erhöhung des Marktanteils um 10 % ➢ Erhöhung des Deckungsbeitrages um 5 % **Psychografische, z. B.** ➢ Erhöhung des Bekanntheitsgrades um 10 % ➢ Imageverbesserung

1 Vgl. Kotler/Armstrong u. a., a. a. O., S. 991.

2 Vgl. Kotler/Armstrong u. a., a. a. O., S. 862 ff.

3 Zum Beispiel UWG – Gesetz gegen den unlauteren Wettbewerb.

Streukreis/ Zielgruppe *Wer soll mit der Werbung erreicht werden?*	➢ Der Streukreis beschreibt die Personengruppe, die umworben werden soll. ➢ Sie kann in spezielle Zielgruppen unterteilt werden (durch Marktsegmentierung,[1] z. B. nach Alter, Geschlecht, Einstellung). ➢ Der Streukreis kann durch Marktforschung festgestellt werden.
Werbebudget/ Werbeetat *Wie viele finanzielle Mittel sollen für die Werbung eingesetzt werden?*	Festgelegt werden muss einerseits die absolute Höhe des Werbebudgets sowie die Aufteilung des Budgets auf die Instrumente, damit ein effektiver Kommunikations-Mix entsteht. Mögliche Ansatzpunkte sind z. B.: Festlegung des Werbeetats ➢ anhand verfügbarer Mittel ➢ als Prozentsatz des Umsatzes ➢ im Vergleich zur Konkurrenz ➢ anhand der zu bewältigenden Marketing-Aufgaben bzw. anhand der angestrebten Marketing-Ziele.
Werbeträger/ Werbemittel (Streumedien) *Wie soll die Werbung an die Zielgruppe herangetragen werden?*	Mit Werbemitteln werden die Werbebotschaften an die Abnehmer herangetragen. Die Medien, welche die Werbemittel an die Zielgruppen herantragen, heißen Werbeträger. **Werbemittel** sind z. B. ➢ optische (Bild, Schrift) ➢ akustische (Sprache, Musik) ➢ geruchliche (Duft) ➢ geschmackliche (Probieren) Elemente, die bewusst oder unbewusst wahrgenommen werden, Emotionen auslösen und möglichst Aufmerksamkeit erregen. **Werbeträger (-medien)** sind z. B. ➢ Tageszeitungen ➢ Fachzeitschriften ➢ Fernsehen ➢ Hörfunk ➢ Kino ➢ Plakat ➢ Flyer ➢ Internet
Streugebiet *Wo soll geworben werden?*	Geografische Verbreitung bzw. Reichweite der Werbung: z. B. beschränkt auf das Einzugsgebiet des Unternehmens, um Streuverluste zu vermeiden, oder überregional kostengünstig über das Internet.
Streuzeit *Wann bzw. wie intensiv soll geworben werden?*	Planung der Dauer: ➢ Zeitintervalle (regelmäßig oder in unregelmäßigen Abständen), ➢ zeitliche Platzierung (Jahreszeit, an bestimmten Wochentagen, in Werbepausen zwischen bestimmten Fernsehsendungen etc.).

Die Elemente eines Werbeplans müssen sinnvoll aufeinander abgestimmt sein, um den gewünschten Werbeerfolg zu erreichen. Außerdem müssen die gesetzlichen Vorschriften eingehalten werden.

1 Vgl. Seite 72.

3.3.3 Verkaufsförderung (Salespromotion)[1]

Begriff	Unter Verkaufsförderungsmaßnahmen werden zeitlich befristete, zusätzliche Marketingaktionen verstanden, die zur Erreichung der verfolgten Kommunikations- und Vertriebsziele, z. B. zur kurzfristigen Umsatzsteigerung, beitragen.
Ziele	➢ Kurzfristige Steigerung der Absatzmenge, ➢ Schaffung eines Anreizes für Konsumenten, ein neues Produkt auszuprobieren, ➢ Bindung und Belohnung treuer Kunden, ➢ Motivation des Handels zum Kauf, zur Bevorratung mit dem Produkt und zur Werbung für das Produkt.
Maßnahmen	➢ **Verbraucherorientierte Verkaufsförderung:** – **direkte:** Sonderaktionen, mit denen die Kunden, z. B. auf der Straße, direkt angesprochen werden, z. B. Gutscheinaktionen, Preisausschreiben, Preisnachlässe oder kostenlose Zugaben. – **indirekte:** Die konsumentengerichtete Verkaufsförderung erfolgt in Zusammenarbeit mit dem Handel, z. B. Gewinnspiele oder Gutscheinaktionen in Geschäften, Merchandising (Verkauf zusätzlicher Produkte rund um ein Hauptprodukt. Beispiel: Starbucks verkauft nicht nur Kaffee, sondern z. B. auch Kaffeebecher mit verschiedenen Motiven in Disney-Parks). ➢ **Handelsorientierte Verkaufsförderung:** Sonderaktionen für den Handel, z. B. Händlerwettbewerbe, Händlerschulungen, Ladenbaukonzepte, Proben, Muster, Dekorationsservice, Treueprämien, Werbegeschenke. ➢ **Verbund-Promotion:** Mehrere Unternehmen setzen gemeinsam Verkaufsförderungsmaßnahmen ein.
Vorteile	➢ Erregung von Aufmerksamkeit einer breiten Menge, ➢ Schaffung von Anreizen zum Kauf, ➢ Auslösen spontaner Kaufreaktionen.
Nachteile	Diese Maßnahmen werden oft von Unternehmen eingesetzt, um sinkenden Absatzzahlen entgegenzuwirken. Jedoch ist der Effekt häufig nicht von Dauer und kann keine langfristige Kundenbindung erzeugen.

3.3.4 Öffentlichkeitsarbeit (Public Relations)[2]/Corporate Identity

Begriff	Einsatz verschiedener Maßnahmen, um positive Nachrichten, Vertrauen und einen guten Ruf in der Öffentlichkeit über das Unternehmen zu verbreiten.
Ziele	➢ Erhaltung und Pflege guter Beziehungen zu allen, die Interesse am Unternehmen haben. ➢ Aufbau einer positiven Meinungsbildung zugunsten des eigenen Unternehmens und eines positiven umfassenden Gesamteindrucks des Unternehmens in der Öffentlichkeit. ➢ Aufspüren und Entgegenwirken unvorteilhafter und ggf. unwahrer Informationen über das Unternehmen.
Maßnahmen	➢ Aufbau der Unternehmenskommunikation beispielsweise durch Schaffung eines abgestimmten Erscheinungsbildes in der Öffentlichkeit (Corporate Identity), um für Wiedererkennung des Unternehmens zu sorgen, z. B. durch Logos, soziales Engagement (z. B. öffentlich gemachte Spenden), Unternehmenswebseiten etc. ➢ Pflegen der Kontakte zu Presse, Hörfunk und Fernsehen etc. (z. B. durch öffentliche Reden, Pressekonferenzen), ➢ Veröffentlichungen über Produkte (z. B. durch PR-Ereignisse wie Produktvorstellungen, Informationsmaterial, Messen, Tage der offenen Tür, Nutzung sozialer Netzwerke), ➢ Zusammenarbeit mit Interessenvertretern, ➢ Interne Beratung im Unternehmen.
Vorteile	Kostengünstige Möglichkeit, um bei einer großen Personenzahl Bekanntheit und Vorlieben für Marken und Produkte aufzubauen und einen guten Ruf (Image) für das Unternehmen in der Öffentlichkeit zu erlangen.
Nachteile	Oft standardisierte Botschaften und wenig Pflege vorhandener Kundenbeziehungen.

1 Vgl. Bruhn, M.: Kommunikationspolitik, 8., überarbeitete Auflage, München 2015, S. 384 ff.

2 Vgl. Kotler/Armstrong u. a., a. a. O., S.. 927 ff.

3.3.5 Product-Placement, Sponsoring, Event-Marketing

Product-Placement[1]	Sponsoring[2]	Event-Marketing[3]
➢ Produkte oder Dienstleistungen werden werbewirksam in Medienprogramme, z. B. Kino, Fernsehfilme oder Computerspiele (In-Game-Advertising), eingebunden, um die Marktstellung und den Markterfolg des Unternehmens zu verbessern. ➢ Zu den Vorteilen des Product-Placement zählen z. B., dass die Kaufbeeinflussung dezent bleibt, das Unternehmen ein positives Image schafft und eine hohe emotionale Akzeptanz bei den Zuschauern/Nutzern entsteht, da das Produkt in einem größeren, passenden Rahmen präsentiert wird.	➢ Unternehmen unterstützen Personen oder Organisationen mit Geld, Sachmitteln, Know-how o. Ä., um z. B. Kultur-, Sport- oder Umweltprojekte zu fördern. Gleichzeitig möchten die Unternehmen dadurch ihre unternehmens- bzw. kommunikationspolitischen Ziele erreichen. ➢ Sponsoring hat den Vorteil, dass es eine hohe Akzeptanz in der Gesellschaft erlangt hat. Allerdings kann die gute Absicht des Sponsorings auch negative Effekte hervorrufen, wenn z. B. Skandale oder sonstiges Fehlverhalten das positive Image zunichte machen.	➢ Unternehmen nutzen Veranstaltungen in Form von Events als Plattform für die emotionale Präsentation ihrer Produkte in einem erlebnisorientiertem Rahmen (z. B. Jubiläen, Vorstellung eines neuen Produktes, Mottoveranstaltungen zur Positionierung einer Marke). ➢ Zu den Vorteilen des Event-Marketing gehört z. B., dass es den Unternehmen durch den erlebnisorientierten Charakter eines Events gelingt, einzigartige, positive Kundenerlebnisse hervorzurufen. Diese Kundenbegeisterung führt im Idealfall dazu, dass Kunden durch die Erinnerung an das Event ein positives Bild von dem Unternehmen/der Marke/dem Produkt behalten.

3.4 Aktuelle Entwicklungstendenzen in der Kommunikationspolitik[4]

Durch die zunehmende Entwicklung neuer Informations- und Kommunikationstechnologien, die Sättigung vieler Märkte und die damit verbundene Zunahme der Wettbewerbsintensität hat sich die Kommunikationspolitik in den letzten Jahren stark weiterentwickelt. Besondere Bedeutung hat das Kundenbeziehungsmarketing (Customer-Relationship-Marketing, kurz CRM) erlangt, das nicht nur für die unternehmensgesteuerten Medien (z. B. Direktmarketing), sondern auch für die nutzergesteuerten Social Media genutzt wird.

3.4.1 Customer-Relationship-Marketing[5]

Begriff	Customer-Relationship-Marketing (CRM) ist ein ganzheitlich angelegtes Marketing-Konzept.
Ziele	CRM dient dazu, den Dialog zwischen Unternehmen und Kunden zu fördern, um damit den Kunden individuell auf sie zugeschnittene Angebote unterbreiten zu können. Es soll eine langfristige, tiefe Kundenbindung aufgebaut werden, um Wettbewerbsvorteile zu erzielen.
Maßnahmen	Mithilfe einer anspruchsvollen Software (CRM-Software) und analytischer Instrumente werden bei jedem Kundenkontakt Kundeninformationen (z. B. Name, E-Mail-Adresse, Wohnort, Alter, Geschlecht, Beruf, Haushaltsgröße, Kaufdaten, Zahlungsverhalten, Website-Besuche, Zufriedenheitsbefragungen) gesammelt[6] und analysiert, um ein Gesamtbild über die Kundenbeziehung zu erhalten und einen einfachen Zugriff auf die Kundeninformation zu ermöglichen. Je nach Zielsetzung des Unternehmens können dann produkt-, preis-, kommunikations- und/oder distributionspolitische Maßnahmen eingesetzt werden, um z. B. ➢ Neukunden zu gewinnen, ➢ vorhandene Kunden an das Unternehmen zu binden und/oder ➢ verloren gegangene oder unzufriedene Kunden zurückzugewinnen.

1 Vgl. Huber, a. a. O., S. 219 f.
2 Vgl. Bruhn, a. a. O., S. 428 f.
3 Vgl. Bruhn, a. a. O., S. 461 ff.
4 Vgl. Bruhn, a. a. O., S. 10 f., S. 31 ff.
5 Vgl. Kotler/Armstrong u. a., a. a. O., S. 560 ff.
6 Unter Einhaltung gesetzlicher Vorschriften.

Vorteile	➢ Kostensenkung (z. B. bei der Kundenneugewinnung, Kundenkommunikation), ➢ Erhöhung des Cross-Selling-Potenzials[1], ➢ Verbesserung der Kundenbeziehungen (z. B. Erhöhung der Kundenzufriedenheit/Kundenbegeisterung durch Individualisierung des Angebots, Erhöhung der Kundentreue).
Nachteile	Nur durch das Zusammentragen und Pflegen der Kundendaten ist CRM möglich. Außerdem müssen datenschutzrechtliche Vorschriften beachtet werden.

3.4.2 Direktmarketing[2]

Begriff	Einsatz verschiedener Maßnahmen, um die direkte, individuelle, positive Verbindung zu den Kunden zu erhalten (one-to-one-Marketing).
Ziele	➢ Verbesserung der Kundennähe/-beziehungen, ➢ Erhöhung der Kundenzufriedenheit, ➢ Stärkung der Kundenbindung.
Maßnahmen[3]	➢ persönlicher Verkauf, ➢ Telefon-Marketing, ➢ Werbung per Brief oder Fax, ➢ Katalog-Marketing, ➢ Einsatz von Kundenkarten, Pay-Back-Karten etc., ➢ Newsletter, ➢ Unternehmenswebseiten, ➢ Direct-Mail-Marketing, ➢ Direct-Response-Marketing (Direktwerbung mit Rückantwortmöglichkeit), Dialogmarketing (z. B. Teleshopping, Werbeshows),
Vorteile	➢ effizientere Möglichkeit zum Aufbau und zur Pflege von Kundenbeziehungen im Vergleich zum Massen-Marketing (insbesondere durch Internet-Marketing und Electronic Commerce[4]), ➢ optimale Anpassung von Angeboten auf individuelle Kundenwünsche durch Nutzung von Datenbanken, ➢ einfache Möglichkeit zum Test von Werbebotschaften, ➢ Zugang zu globalen Märkten, ➢ kostengünstige, schnelle und effektive Möglichkeit der Vermarktung von Produkten und/oder Dienstleistungen, ➢ gute Messbarkeit des Werbeerfolgs.
Nachteile	➢ Verärgerung bei Kunden durch übertrieben häufige Kontaktaufnahme, ➢ Eingriff in die Privatsphäre, ➢ Notwendigkeit zum Aufbau einer Kundendatenbank[5] mithilfe einer CRM-Software, die nützliche detaillierte Informationen enthält, wobei allerdings Datenschutzbestimmungen usw. eingehalten werden müssen, ➢ ständige Aktualisierung der Daten ist erforderlich.

1 Unter **Cross-Selling-Potenzial** ist hier zu verstehen, dass Kunden im Zusammenhang mit dem Sonderangebot auch zusätzliche Produkte zum regulären Preis des Herstellers kaufen.

2 Vgl. Kotler/Armstrong u. a., a. a. O., S. 971 ff.

3 Sofern gesetzlich erlaubt.

4 B2B: E-Commerce zwischen Unternehmen (Business to Business).
B2C: E-Commerce zwischen Unternehmen und Verbrauchern (Business to Consumer).

5 Eine **Kundendatenbank** sammelt umfassende Informationen (z. B. geografische, demografische, psychografische, aufs Kaufverhalten bezogene) von bestehenden oder potenziellen Kunden. Dabei ist der Einsatz z. B. von Kundenkarten eine hilfreiche Maßnahme.

3.4.3 Digitalisierung im Rahmen der Kommunikationspolitik

In der Kommunikationspolitik ist es ebenso wichtig für Unternehmen, die Kunden auf möglichst vielen Kommunikationwegen zu erreichen. Dazu bieten sich z. B. folgende Online-Marketingmaßnahmen an:

Beispiele für Online-Marketingmaßnahmen	Erläuterungen
Suchmaschinen-werbung	Suchmaschinenwerbung *(engl. searchengineadvertising; Kurzform: SEA)* nutzen Unternehmen, damit die Kunden durch Eingabe bestimmter Suchbegriffe *(engl. keywords)* auf die Werbeanzeigen der Unternehmen aufmerksam werden. Für diese Leistung zahlen die Unternehmen, z. B. anhand der Häufigkeit der Clicks. Die zurzeit bekannteste Suchmaschine ist Google.[1]
Suchmaschinen-optimierung	Websitebetreiber können mithilfe der Suchmaschinenoptimierung ihren Internetauftritt im Hinblick auf relevante Suchbegriffe für allgemeine Suchmaschinen optimieren und so ihre Position im Ranking verbessern (z. B. um bei einer Google-Suche als Unternehmen an erster Position zu stehen und somit am häufigsten angeklickt zu werden). Dazu müssen die Websites auf ihre Suchmaschinentauglichkeit überprüft und die für ein gutes Ranking ausschlaggebenden Kriterien überarbeitet werden.[2]
Affiliate-Marketing	Ein Websitebetreiber stellt einem Unternehmen Werbemöglichkeiten (z. B. Banner oder Verlinkungen zu Online-Shops) auf seinen Seiten gegen Zahlung einer Provision zur Verfügung, um die Zielgruppe direkt auf der Partnerseite anzusprechen.[3]
Kundenbewertungen	In der Regel erhalten Kunden auf den Websites die Möglichkeit, Bewertungen über das Unternehmen, das gekaufte Produkt, den Verkaufs- oder Rücknahmevorgang etc. abzugeben. Gute Kundenbewertungen stellen eine wichtige Werbemaßnahme für die Unternehmen dar.
Gutschein-Marketing	Kunden, die bereits mit Unternehmen in einer Geschäftsbeziehung stehen, erhalten z. B. per E-Mail in bestimmten Zeitabständen Gutscheine oder Rabatte für weitere Einkäufe. Durch Eingabe der Gutscheincodes können Kunden innerhalb eines bestimmten Zeitabschnitts oder ab einer festgelegten Einkaufssumme günstiger einkaufen. Durch dieses Verfahren können Unternehmen die Kundenbindung erhöhen.

1 https://www.onlinemarketing-praxis.de/glossar/suchmaschinenwerbung-sea

2 https://www.onlinemarketing-praxis.de/glossar/suchmaschinenoptimierung-seo

3 https://www.onlinemarketing-praxis.de/glossar/affiliate-marketing

Beispiele für Online-Marketingmaßnahmen	Erläuterungen
Website-Marketing	➢ **Content-Marketing:** Zielt nicht direkt auf Werbung ab, sondern der Zielgruppe werden relevante und wertvolle Inhalte/Informationen zu den Produkten bereitgestellt. Diese Inhalte sollen bei den potenziellen Kunden Interesse wecken, es sollen Kaufreaktionen ausgelöst und Kunden gebunden werden. Außerdem kann dadurch der Bekanntheitsgrad eines Unternehmens oder einer Marke gesteigert und/oder das Unternehmensimage verbessert werden.[1] ➢ **Lead-Generierung:** Es sollen neue Kunden/-daten (Leads) gewonnen werden, die von den Kunden freiwillig mitgeteilt werden. Dies kann z. B. über die Anmeldung zu einem Newsletter oder die Teilnahme an einem Gewinnspiel erreicht werden. Leads helfen dabei, die Kundendatenbank zu vergrößern und somit das Absatzpotenzial zu erhöhen.[2] ➢ **Inbound-Marketing:** Auch hier sollen neue Kunden gewonnen werden. Allerdings ist Inbound-Marketing passiv, d.h., dass Unternehmen von Kunden aufgrund ihrer individuellen Interessen gefunden werden wollen. Dies kann z. B. durch die Suche der Kunden nach Blogs, Webinaren oder E-Books geschehen. Das Ziel des Inbound-Marketings ist eine effiziente Kundengewinnung und -bindung.[3]
E-Mail-Marketing	E-Mails werden in unregelmäßigen Abständen an den vorhandenen Kundenstamm versendet, z. B. wenn es eine aktuelle Aktion oder ein neues Produkt gibt und das Unternehmen seine Kunden darauf aufmerksam machen möchte. Es wird eingesetzt, um die Kundenbindung zu stärken.[4]
Social-Media-Marketing	Bereits seit vielen Jahren gehört Social-Media-Marketing (z. B. über Facebook, Instagram, Twitter, LinkedIn, Xing, Youtube) fest zum Marketing-Mix bei Unternehmen, abhängig vom jeweiligen Geschäftsmodell und der Zielgruppe. Neben den Werbemöglichkeiten existiert auch eine Feedback-Kultur im Netz. Man kann beobachten, wie das eigene Angebot von den Verbrauchern bewertet wird. Diese Form des Online-Marketings gehört zur Massenwerbung, sie bietet viele Chancen, wie z. B. der Verstärkung der Kundenbindung, aber auch einige Risiken, z. B. durch Defizite beim Datenschutz oder bei missbräuchlichem Feedback.[5]
Influencer-Marketing	Unter Influencer-Marketing versteht man die Planung, Steuerung und Kontrolle eines gezielten Einsatzes von Social-Media-Meinungsführern und -Multiplikatoren, um durch deren Empfehlungen die Wertigkeit von Markenbotschaften zu steigern und das Kaufverhalten der Zielgruppe positiv zu beeinflussen. Ziele sind neben einer Umsatz-/Absatzsteigerung die Erhöhung des Bekanntheitsgrades, der Markenbindung und eines Imagegewinns durch die Steigerung der Glaubwürdigkeit des Unternehmens.[6]
Display-Marketing	Im Display-Marketing werden grafische Elemente eingesetzt, z. B. Banner und Buttons oder werbliche Text- und Bildinhalte. Dazu werden auf passenden Websites von den Unternehmen die gewünschten Umfelder gebucht, auf denen die entsprechenden Werbemittel gegen Entgelt geschaltet werden.[7]

1 https://onlinemarketing.de/lexikon/definition-content-marketing
2 https://wirtschaftslexikon.gabler.de/definition/lead-generierung-52678/version-275796
3 https://onlinemarketing.de/lexikon/definition-inbound-marketing
4 https://www.gruenderszene.de/lexikon/begriffe/e-mail-marketing
5 https://www.fuer-gruender.de/wissen/unternehmen-fuehren/marketing/onlinemarketing/social-media-marketing/
6 https://wirtschaftslexikon.gabler.de/definition/influencer-marketing-100361
7 https://www.onlinemarketing-praxis.de/glossar/display-marketing-display-advertising

4 Konzepte der Unternehmensführung und Organisationsentwicklung (aus Lerngebiet 6 der RRL)

4.1 Change Management[1]

Die Gestaltung von Veränderungsprozessen ist z. B. abhängig von der Vorstellung über die langfristige Unternehmensentwicklung. In der Literatur existieren verschiedene Change-Management-Ansätze, z. B.:

Change-Management-Ansatz	Beschreibung des Modells
Modell des organisatorischen Wandels von Nadler (1988)	Ausgangssituation: Eine Organisation befindet sich in einem Ausgangszustand, der Zielzustand ist bereits definiert. Der Prozess vom Ausgangs- zum Zielzustand wird als „transition state" bezeichnet und verlangt nach einem Management des organisatorischen Wandels: 1. Widerstände durchbrechen durch Motivation zum Wandel (z. B. Unzufriedenheit mit der gegenwärtigen Situation identifizieren, aktive und frühzeitige Beteiligung am Wandel sicherstellen). 2. Steuerung durch ein Management des Übergangs (z. B. Kommunikation eines klaren Zukunftsbildes, Entwicklung einer Organisationsstruktur, Einbau von Feed-back-Mechanismen). 3. Macht: Gestaltung der politischen Dynamik des Wandels (z. B. für Stabilität sorgen, Unterstützung sicherstellen, um den Wandel ertragbar zu machen).
Wandelzyklus im 3-Phasen-Modell von Lewin (1943, 1958, 1963)	Dieses Modell stellt die Grundlage der meisten zyklischen Veränderungsmodelle dar. Eine Organisationsform, die dauerhaft überleben will, muss für ein Gleichgewicht zwischen stabilisierenden und auf Veränderung drängenden Kräften sorgen. Um einen bestehenden Gleichgewichtszustand in einen neuen zu überführen, muss der Status quo zuerst „aufgetaut" werden: 1. Auftauen (unfreezing) des bestehenden, alten Gleichgewichtszustands bzw. alter Verhaltensmuster. Die Beteiligten müssen auf die anstehenden Veränderungen vorbereitet werden, bestenfalls kommen sie selbst zu der Erkenntnis, dass Veränderungen notwendig sind. Z. B. müssen alte Strukturen aufgebrochen, Widerstände durchbrochen, Motivation für eine Veränderung geweckt, Informationsdefizite und Zukunftsängste behoben werden. 2. Bewegen (changing, moving) zu einem neuen Gleichgewicht: Ziel ist es, zu einem neuen Gleichgewicht zu gelangen. Die Veränderungen werden umgesetzt. Dazu gehören z. B. Kommunikation, Motivation, Kompetenzaufbau, Erarbeitung von Lösungsmöglichkeiten in Teams, Ausprobieren von Ideen. 3. Fixierung (refreezing) auf neuem Niveau: Stabilisierung der neuen Strukturen. Positive Entwicklungen, die den neuen Weg bestätigen, müssen allen transparent und zugänglich gemacht werden, um Sicherheit zu erzeugen.
Phasenmodell von Greiner (1967)	Sechs Phasen kennzeichnen einen erfolgreichen Wandel: 1. Druck lastet auf dem Top-Management und bildet die Anregung zu Aktivitäten 2. Hinwendung zu internen Problemen 3. Erkennen spezifischer Probleme 4. Entwicklung neuer Problemlösungen 5. Experimentieren mit neuen Lösungen 6. Bestätigung durch positive Ergebnisse erzeugt Akzeptanz

1 Müller-Stewens, a. a. O., S. 455 ff.

Weitere Impulse hat das Change Management durch die Ansätze zur Lernenden Organisation und zum Wissensmanagement erfahren:

Lernende Organisation
➢ Klare Visionen, gemeinsame Zielsetzungsprozesse, Orientierung am Nutzen der Kunden. ➢ Kooperations- und Konfliktlösungsfähigkeit, Teamgeist. ➢ Prozessorientierung (Einsatz planerischer, organisatorischer und kontrollierender Maßnahmen zur Steuerung der Prozesse hinsichtlich Kostenreduktion, Qualitätsverbesserung und Zeitreduzierung mit dem Ziel der Kundenzufriedenheit). ➢ Demokratischer und partizipativer Führungsstil, Unterstützung neuer Ideen. ➢ Belohnung von Engagement, Fehlertoleranz bei riskanten Vorhaben. ➢ Berücksichtigung sozialer Komponenten. ➢ Fähigkeit zur (Selbst-)Beobachtung und Prognose.
Wissensmanagement
Das notwendige Wissen zur Durchführung der Prozesse muss festgehalten, aufrechterhalten und für alle Mitarbeiterinnen und Mitarbeiter verfügbar gemacht werden.

4.2 Aktuelle Unternehmensstrategien im globalen Wettbewerb

4.2.1 Industriestandort Deutschland

Die Situation Deutschlands als Industriestandort ist z. B. durch folgende Faktoren gekennzeichnet:

- **hohes Bildungsniveau**
- **gut ausgebaute Infrastruktur**
- **hohe Importabhängigkeit bei Rohstoffen**
- **demografischer Wandel**: Es ist eine Tendenz zur Überalterung der Gesellschaft festzustellen. Immer weniger jüngere Menschen müssen für immer mehr ältere Menschen die Rente finanzieren.
- **Mangel an Fachkräften**: In Deutschland können heute schon in bestimmten Regionen und Branchen offene Stellen nicht mit geeigneten Fachkräften besetzt werden. Davon sind insbesondere die MINT-Berufe (Zusammenfassung unterschiedlicher Berufsbilder in den Bereichen Mathematik, Informatik, Natur- und Ingenieurwissenschaft, Technik) betroffen. Viele Unternehmen sehen im Mangel an Fachkräften die größte Gefahr für ihre Geschäftsentwicklung.[1]

Altersaufbau der Bevölkerung in Deutschland nach demografischen Ereignissen (2018)

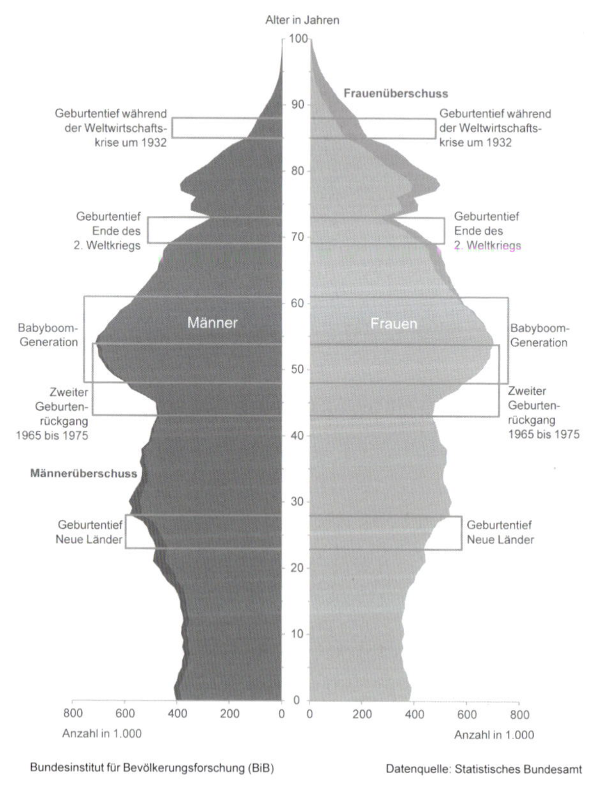

Quelle: https://www.bib.bund.de/DE/Fakten/Fakt/B07-Altersaufbau-Bevoelkerung-Ereignisse.html [Zugriff vom 04.06.2020].

1 Vgl. hierzu https://www.bmwi.de/Redaktion/DE/Dossier/fachkraeftesicherung.html.

- **Deindustrialisierung**: Der Beitrag des produzierenden Gewerbes am Sozialprodukt ist in Deutschland zwischen 1960 und 2015 von 53,2 auf 30,5 % gesunken. Auch der Beitrag der Land- und Forstwirtschaft nimmt dabei verhältnismäßig ab, während der Anteil anderer Wirtschaftssektoren, z. B. des Dienstleistungsbereichs, zunimmt. Dieser Strukturwandel wird besonders durch neue Techniken und Technologien sowie den zunehmenden internationalen Wettbewerb beschleunigt.

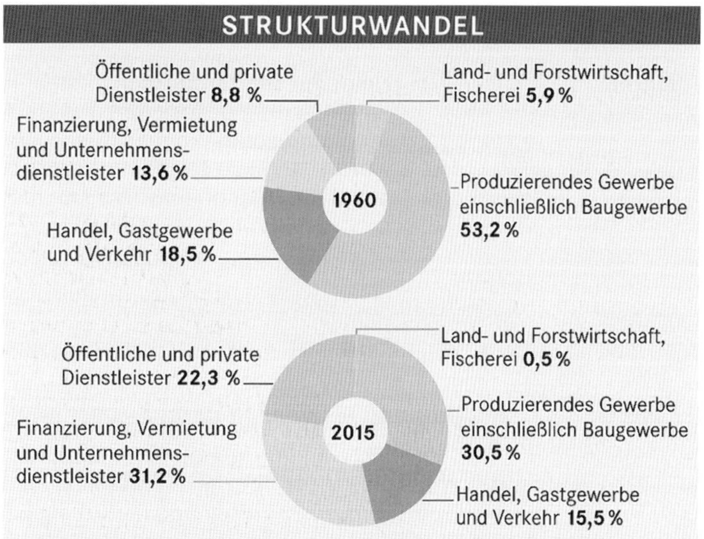

Strukturwandel. Der Strukturwandel in Deutschland gemessen an der Verteilung der Bruttowertschöpfung auf die Wirtschaftssektoren

Quelle: https://www.bpb.de/nachschlagen/lexika/lexikon-der-wirtschaft/20784/strukturwandel [Zugriff vom 04.06.2020].

- **Hohe Arbeitskosten**[1]

	Facharbeiter Industrie Bruttoeinkommen p. a (€) im Industriesektor	Arbeitszeit/ Jahr
Frankfurt a. M.	39.491 €	1.757 Tage
Kiew (Ukraine)	2.611 €	1.817 Tage
Mumbai (Indien)	4.653 €	2.277 Tage

- **Einführung des gesetzlichen Mindestlohns in Deutschland**

Daher besteht eine Tendenz zur Verlagerung der Produktion ins Ausland

Dafür spricht/sprechen z. B.
- niedrigere Lohnkosten/Sozialabgaben
- geringere umweltpolitische Auflagen
- weniger Bürokratie
- geringere Steuersätze
- eingeschränkte Mitbestimmungsrechte von Arbeitnehmern/Arbeitnehmerschutzgesetze
- Erschließung neuer Absatzmärkte
- verfügbares Fachpersonal

im Ausland.

Dagegen spricht/sprechen z. B.
- die gute Infrastruktur
- gute Ausbildungsstruktur
- stabile politische Verhältnisse
- gutes Netz an zuverlässigen Zulieferern
- „Technologieklau" bei Produktionsverlagerung
- hohe Innovationsfähigkeit
- staatliche Förderungen

in Deutschland.

1 Vgl. docs.dpaq.de/9617-ubs-priceandearnings-2015-de.pdf

4.2.2 „Industrie 4.0" – Digitalisierung der Arbeitswelt

Begriffe	➢ Unter der **Digitalisierung** versteht man z. B., dass Informationen in einer veränderten Codierung gespeichert und lesbar gemacht werden. Mit jeder Verbesserung der Programmcodes können Maschinen selbstständiger, effizienter und intelligenter werden. Digitale Maschinen können Informationen verstehen, darauf reagieren und selbst Informationen weitergeben. Dadurch werden sie unabhängiger von menschlicher Steuerung und Kontrolle. ➢ Unter dem Begriff **„Industrie 4.0"** werden folgende Entwicklungen zusammengefasst: Nutzung künstlicher Intelligenz, von Sensoren, Robotern etc., z. B. bei der Produktion.
Prozess der Digitalisierung	Digitalisierung ist nicht neu, aber brandaktuell. Der Prozess der Digitalisierung begann bereits vor über 50 Jahren, als die ersten Computer Einzug in die Arbeitswelt nahmen. Mittlerweile hat die Digitalisierung nicht nur in die Industrie, sondern in alle Wirtschaftsbereiche Einzug genommen. Dadurch befindet sich die Wirtschaft in einem strukturellen Wandel, der großen Einfluss auf die Arbeitswelt nimmt, insbesondere auf die Produktionsprozesse und die Arbeitsbedingungen.
Chancen und Risiken der Digitalisierung der Arbeitswelt[1]	**Chancen der Digitalisierung (Beispiele)**
	➢ In der Digitalisierung steckt das Potenzial, menschliche Arbeit produktiver zu machen. ➢ Automatisierung führt zu Effizienzsteigerung, zu sinkenden Preisen und zu einer höheren Wettbewerbsfähigkeit. ➢ Auch die Präzision und damit die Qualität sowie die Kundenzufriedenheit können gesteigert werden. ➢ Vernetzte und integrierte Produktion von Gütern und Dienstleistungen über Wertschöpfungsketten hinweg wird möglich. ➢ Outsourcing wird erleichtert durch digitale Technologien. ➢ Automatisierung verhindert die Abwanderung von Arbeit an Billigstandorte. ➢ Neue Technologien schaffen neue Produkte, dadurch können neue Tätigkeitsbereiche und damit neue Arbeitsplätze entstehen. ➢ Humanisierung der Arbeit: Entlastung von schweren körperlichen Arbeiten oder monotoner Arbeit, höhere Sicherheit am Arbeitsplatz. ➢ Flexibilisierung der Arbeit: Die räumliche und zeitliche Bindung an den Arbeitsplatz nimmt ab, dadurch ergeben sich besonders für Frauen berufliche Chancen (z. B. durch ein Home-Office).
	Risiken der Digitalisierung (Beispiele)
	➢ Gefahr des Verlustes von Arbeitsplätzen durch Rationalisierung, daher ggf. Widerstand der Arbeitnehmer gegen die digitale Technik. ➢ Besonders Arbeitsplätze mit Routinetätigkeiten und geringer Komplexität sind bedroht, z. B. in Transport und Logistik, bei der Unterstützung von Büro- und Verwaltungsaufgaben, in der Produktion, Konstruktion. ➢ Da Maschinen mit „künstlicher Intelligenz" entwickelt werden, können sie immer mehr Aufgaben übernehmen; dadurch sind auch höher qualifizierte Arbeitsplätze in Gefahr. ➢ Kosten für die Weiterbildung der Mitarbeiter entstehen. ➢ Die Flexibilisierung von Raum und Zeit kann zur Zunahme befristeter Arbeitsverträge etc. führen, Beschäftigungsverhältnisse werden unsicher, ggf. wird der Arbeitsschutz vernachlässigt.

1 Studien zum Thema „Digitalisierung der Arbeitswelt":
https://www.boeckler.de/pdf/p_mbf_report_2016_24.pdf
http://www.economix.org/de/projekte/prognose-2030.html

Entwicklungstendenzen/ Herausforderungen der Digitalisierung der Arbeitswelt	➢ Veränderung von Arbeitsmethoden, z. B. flexible Projektorganisation statt fester Abläufe, Ergebnisorientierung statt Präsenzpflicht. ➢ Bedeutung der Mitarbeiterbindung steigt, ebenso ein wertschätzender Führungsstil (Kampf um Talente), der Manager wird zum Change Manager, da er Veränderungsprozesse managen muss. ➢ Zunehmende Bedeutung des Datenschutzes. ➢ Arbeitsplätze mit Routinetätigkeiten und geringer Komplexität sind bedroht, daher brauchen Arbeitnehmer neue Fähigkeiten und Qualifikationen, Fort- bzw. Weiterbildung wird immer wichtiger, dabei steht nicht Wissen im Vordergrund (wird durch künstliche Intelligenz ersetzt), sondern Kreativität, vernetztes Denken, Problemlösungskompetenz, Kommunikationsfähigkeit. ➢ Digital Skills, d. h. die Fertigkeiten, mit digitalen Technologien kompetent umzugehen, werden immer mehr als Basiskompetenz vorausgesetzt. ➢ Soft Skills (z. B. Selbstorganisationsfähigkeit, Kreativität, interkulturelle Kompetenzen, soziale Intelligenz) werden immer wichtiger, um sich auf die durch die Digitalisierung verändernde Arbeitswelt anzupassen. Auch Projektmanagementfähigkeiten sind zunehmend wichtig durch die zunehmende Flexibilisierung in der Arbeitsorganisation. ➢ Zunahme psychischer Belastungen („Deadlines" in Projektteams, Kunden-, Marktdruck, komplexere Arbeitsinhalte, zunehmende Selbstorganisation, ständige Erreichbarkeit, Verantwortung, Multitasking etc.). ➢ Zuwächse bei Arbeitsplätzen in den Herstellerbranchen/Dienstleistung mit digitaler Technik sind zu erwarten, dagegen Beschäftigungsverluste in den Anwenderbranchen. ➢ Bisherige Arbeitsplätze werden z. T. verschwinden, Tätigkeitsfelder werden sich ändern, neue Arbeitsplätze und Tätigkeiten entstehen. ➢ Flexibilität/mobile Arbeit wird zunehmen (hinsichtlich Raum und Zeit), selbstbestimmtes Arbeiten, Aufbrechen der Präsenzkultur in den Betrieben, Zunahme der Vereinbarkeit von Beruf und Familie, aber: Zunehmende Flexibilisierung bedeutet u. U. ständige Erreichbarkeit, Entkoppelung von Arbeitsort und Betrieb. Die Schutznormen aus dem Arbeitszeit- und Arbeitsschutzgesetz müssen eine Balance zwischen Flexibilisierungsinteresse und Arbeitsschutz schaffen. ➢ Zunahme flexibler Arbeitsformen, z. B. Werkverträge, Selbstständigkeit, kurzfristige Beschäftigung, Auslagerung von Tätigkeiten (neue Formen des Outsourcings). ➢ Trend zu Crowdsourcing (auch international): Tätigkeiten werden an eine große Personengruppe ausgelagert, z.B. die Koordination von externen Dienstleistern, Aufbau und Wartung von Datenbanken, Webseiten, Design von Logos oder Slogans für Werbekampagnen.
Ausblick	Die Auswirkungen der Digitalisierung auf gesamtwirtschaftliche Beschäftigungseffekte werden derzeit – teils kontrovers – in verschiedenen Studien diskutiert. Die Beschäftigungseffekte werden jenseits der technischen Machbarkeit auch von rechtlichen Rahmenbedingungen, der gesellschaftlichen Akzeptanz und der einzelbetrieblichen Wirtschaftlichkeit der Automatisierung abhängen. Insgesamt werden keine dramatischen Beschäftigungseffekte erwartet. Der Prozess der Digitalisierung stellt besondere Herausforderungen an die betriebliche Mitbestimmung/Einbeziehung von Interessenvertretern, z. B. beim Technikeinsatz, hinsichtlich Arbeitszeit, Datenschutz, Aus- und Weiterbildung, Gesundheitsschutz, Arbeitsorganisation und Beschäftigungssicherung.

4.2.3 Globalisierung

Veränderungsprozesse im Unternehmen haben ihre Hauptursache im zunehmenden Globalisierungsprozess. Unter **Globalisierung** versteht die OECD (Organization for Economic Cooperation and Development = Zusammenschluss der großen Industriestaaten) einen „Prozess, durch den Märkte und Produktion in verschiedenen Ländern immer mehr voneinander abhängig werden – dank der Dynamik des Handels mit Gütern und Dienstleistungen und durch die Bewegung von Kapital und Technologie."[1]

➤ **Ursachen der Globalisierung sind z. B.:**

- Technischer Fortschritt: auch aufwendige industrielle Arbeitsprozesse können in verschiedene Produktionsstufen zerlegt werden, sodass die einzelnen Produktionsteile am weltweit günstigsten Ort hergestellt werden können.
- Liberalisierung der Märkte.
- Sinkende Transportkosten, z. B. durch die Containerschifffahrt.
- Weltweit einfache und günstige Kommunikationsmöglichkeiten durch das Internet.

➤ **Folgen der Globalisierung sind insbesondere:**

- Zusammenschlüsse von Unternehmen.
- Abbau von Sozialstandards zum Erhalt der Wettbewerbsfähigkeit.
- Zunehmende Umweltbelastung.
- Wandel der Lebens- und Arbeitsverhältnisse.

Daraus lassen sich z. B. folgende **Vor- bzw. Nachteile der Globalisierung für Deutschland** ableiten:

	Vorteile	Nachteile
Für Arbeitgeber/ Unternehmen	➢ Öffnung neuer Absatzmärkte durch zunehmenden Export ➢ niedrigere Lohnkosten ➢ niedrigere Beschaffungskosten, z. B. von Rohstoffen ➢ Umgehung von Umweltschutz-, Sicherheitsvorschriften, Mitbestimmungsgesetzen etc.	➢ Verschärfung des internationalen Wettbewerbs, dadurch Zwang zur Kostensenkung, Rationalisierung, Innovationen ➢ Anpassung an veränderte Kundenbedürfnisse
Für Arbeitnehmer	➢ Schaffung von Arbeitsplätzen mit hohem Qualitätsstandard ➢ Arbeitsmöglichkeiten im Ausland	➢ Verlust von Arbeitsplätzen im Niedriglohnbereich ➢ Zwang zur Kostensenkung führt zur Kürzung von Sozialleistungen ➢ ggf. Zwang zur Mobilität, zum Erlernen von Fremdsprachen etc.
Für Konsumenten	➢ niedrigere Preise ➢ höhere Warenvielfalt ➢ Qualitätsverbesserungen ➢ mehr Kundenfreundlichkeit ➢ verbesserte Reisemöglichkeiten	➢ höheres Verkehrsaufkommen, dadurch höhere Umweltbelastung

Aufgrund aktueller internationaler politischer Entwicklungen bleibt allerdings abzuwarten, wie sich die Globalisierung entwickeln wird.

1 Informationen zur politischen Bildung: Globalisierung, 3. Quartal 2003, S. 3.

5 Finanzierungsentscheidungen treffen (aus Lerngebiet 4 der RRL)

5.1 Finanzplanung[1]/Kapitalbedarf

➤ Begriff Finanzierung

Unter Finanzierung versteht man die **Beschaffung von Eigen- bzw. Fremdkapital.** (Das Gegenteil der Finanzierung ist damit der Kapitalabfluss, z.B. die Tilgung von Krediten, die Entnahme von Gewinnen durch Ausschüttung einer Dividende, die Auflösung von offenen Rücklagen bei Aktiengesellschaften oder auch das Erwirtschaften von Verlusten.)

➤ Ziel der Finanzierung

Das Ziel der Finanzierung ist die Bereitstellung von Kapital für **Finanzierungsanlässe,** z.B.

- zur Aufrechterhaltung der betrieblichen Abläufe sowie
- für Investitionen.

Die Sicherstellung der Zahlungsfähigkeit ist für die Überlebensfähigkeit von Unternehmen unabdingbar. Daher ist das oberste Ziel der Finanzplanung die **Aufrechterhaltung der Liquidität.** Diese muss in Finanzplänen dauernd überwacht werden. Hierunter versteht man die Fähigkeit des Unternehmens, jederzeit seine Zahlungsverpflichtungen erfüllen zu können. Liquiditätsengpässe sollen rechtzeitig erkennbar werden. Ein Unternehmen ist dann liquide, wenn es seinen Zahlungsverpflichtungen gegenüber Gläubigern, Arbeitnehmern, Lieferanten usw. termingerecht nachkommen kann.

Zur **Messung der Liquidität** wurden bereits in Kapitel 1.3 die Liquiditätskennzahlen 1., 2., und 3. Grades sowie der Cashflow vorgestellt, die sich aus der Bilanz und der Gewinn- und Verlustrechnung ermitteln lassen.

➤ Finanzplan

Um die Liquidität dauernd zu überwachen, müssen Finanzpläne aufgestellt werden.

Im Finanzplan werden die **Auszahlungs- und Einzahlungsströme** für einen bestimmten Zeitraum geplant und abgestimmt. Dabei sollen Überschüsse und Defizite aufgedeckt werden.

Von besonderer Bedeutung ist das Offenlegen einer **finanziellen Unterdeckung,** da hier Finanzierungsbedarfe entstehen, die unternehmerische Entscheidungen verlangen.

Aber auch eine hohe **finanzielle Überdeckung** soll vermieden werden, wenn der Liquiditätsüberschuss anderweitig gewinnbringender angelegt werden kann. In diesem Zusammenhang entsteht ein Zielkonflikt zwischen der Rentabilität und der Liquidität eines Unternehmens, der nur in einem finanziellen Gleichgewicht seine Lösung findet.

Die Aufstellung von Finanzplänen wird allerdings dadurch erschwert, dass

- zukünftige Ein- und Auszahlungen z.T. schwer vorhersehbar sind (z.B. müssen Veränderungen von Absatzpreisen und -mengen, Preis- und Mengenveränderungen des Materialverbrauchs sowie Anzahl und Lohnentwicklung der Arbeitskräfte geschätzt werden) und
- künftige Ein- und Auszahlungen auch von bilanziellen Größen, wie z.B. vom **Kapitalbedarf im Anlage- und Umlaufvermögen,** Forderungen und Verbindlichkeiten aus Lieferungen und Leistungen, Steuerzahlungen und Dividenden, abhängen.

1 Vgl. Drukarczyk, J., Lobe, S.: Finanzierung, 11., völlig neu bearbeitete Auflage, Konstanz und München 2015, S. 50ff.

Kapitalbedarf

Den Kapitalbedarf, der finanziert werden muss, ermittelt man mithilfe der Kapitalbedarfsrechnung (für das Anlage- und Umlaufvermögen).

Beispiel für die Ermittlung des Kapitalbedarfs für das Anlagevermögen:

Kapitalbedarf z. B. für

- Gebäude
- Raumausstattung
- Maschinen
- eisernen Bestand an Rohstoffen[1]
- Einführungswerbung[1]

Beispiel für die Ermittlung des Kapitalbedarfs für das Umlaufvermögen:

Materialaufwand (MEK)	= täglicher Materialaufwand · (Lagerdauer für Rohstoffe + Produktionsdauer + Lagerdauer für Fertigerzeugnisse + Kundenziel − Lieferantenziel)
+ MGK	= MEK · MGK-Zuschlagssatz in %
+ Lohnaufwand (FEK)	= täglicher Lohnaufwand · (Produktionsdauer + Lagerdauer für Fertigerzeugnisse + Kundenziel)
+ FGK	= FEK · FKG-Zuschlagssatz in%
+ SEK Fertigung	
= Herstellkosten	
+ VerwGK + VertrGK	= Herstellkosten · VerwGKZ + Herstellkosten · VertrGKZ
+ SEK Vertrieb	
= **Kapitalbedarf für das Umlaufvermögen**	

Möglicher Aufbau eines Finanzplans:

Positionen	**31.12.00**	**31.12.01**	...
1. Einzahlungen aus:			
Umsatzerlösen			
Mittelzufluss aus Kapitalerhöhung			
Darlehensaufnahme			
Sonstige Einzahlungen (z. B. Zinsen, Anlagenverkäufe)			
Summe Einzahlungen			
2. Auszahlungen für:			
Materialaufwand			
Personalaufwand			
Investitionen			
Auszahlung der Dividende			
Zinsen für Darlehen			
Tilgung des Darlehens			
Sonstige Auszahlungen			
Summe Auszahlungen			
Ergebnis der Finanzplanung (Überschuss/Defizit)			
Kontostand Kontokorrentkonto			
Nicht genutzte Kredite (z. B. Kontokorrentkredite)			

1 Auch diese Kosten können Ausgaben zur Sicherung der Betriebsbereitschaft darstellen.

5.2 Finanzierungsregeln und -arten

➢ Finanzierungsregeln

Bei Finanzierungsentscheidungen sollten grundsätzlich folgende Finanzierungsregeln Beachtung finden:[1]

Goldene Bankregel	Diese Regel besagt, dass das Vermögen entsprechend seiner Verweildauer im Unternehmen finanziert werden sollte. Das heißt z. B., dass langfristige Vermögensgegenstände (Anlagevermögen) auch langfristig finanziert werden sollten. Mit dieser Regel soll sichergestellt werden, dass die Zahlungsfähigkeit des Unternehmens erhalten bleibt.
Goldene Bilanzregel	➢ **Enge Fassung:** Diese Regel besagt, dass das Anlagevermögen möglichst mit Eigenkapital finanziert sein sollte, um die Unabhängigkeit gegenüber Gläubigern zu erhalten. ➢ **Erweiterte Fassung:** Das Anlagevermögen kann zusätzlich zum Eigenkapital mit langfristigem Fremdkapital finanziert werden. Auch eine Deckung der eisernen Vorräte durch langfristiges Kapital ist für die Sicherstellung der Betriebsbereitschaft sinnvoll.
Vertikale Kapitalstrukturregel	Diese Regel besagt, dass das Verhältnis von Eigen- zu Fremdkapital im Idealfall 1:1 betragen sollte. Diese Kennzahl ist insbesondere bei der Bilanzanalyse von Bedeutung. Dies wird damit begründet, dass die Eigentümer des Betriebes mindestens genau so viel durch Kapitaleinlagen oder Selbstfinanzierung beitragen müssen wie die Gläubiger. Dieses Verhältnis wird in der Realität jedoch meist nicht eingehalten.

➢ Finanzierungsarten für Aktiengesellschaften

Wichtige Finanzierungsarten für Aktiengesellschaften	**Innenfinanzierung** (darunter versteht man, dass das Kapital im Unternehmen erwirtschaftet wurde)	**Außenfinanzierung** (darunter versteht man, dass das Kapital dem Unternehmen von außen zugeführt wurde)
Eigenfinanzierung (darunter versteht man, dass Eigenkapital gebildet wurde)	➢ offene Selbstfinanzierung (Gewinnverwendungsrechnung) ➢ stille Selbstfinanzierung ➢ Finanzierung aus Kapitalfreisetzung (Abschreibungsrückflüsse)	➢ Beteiligungsfinanzierung (ordentliche/genehmigte Kapitalerhöhung)
Fremdfinanzierung (darunter versteht man, dass Fremdkapital gebildet wurde)	➢ Finanzierung aus Rückstellungsgegenwerten	➢ kurzfristige Fremdfinanzierung (Kontokorrent-, Lieferantenkredit) ➢ **langfristige Fremdfinanzierung** (Darlehen mit einer Laufzeit von mindestens 5 Jahren)

Sonderform	**Leasing**

Hinweis:

Der **Abiturschwerpunkt 2021** ist die **Fremdfinanzierung.** Dazu zählen neben den Darlehensarten auch das **Leasing.** Sonderformen der Gläubigerpapiere (z. B. Options- und Wandelanleihen) werden nicht angesprochen.

1 Vgl. Wöhe/Bilstein: Grundzüge der Unternehmensfinanzierung, 11., überarbeitete Auflage, München 2013, S. 39 ff.

5.3 Fremdfinanzierung

5.3.1 Kurzfristige Fremdfinanzierung[1]

5.3.1.1 Kontokorrentkredit[2]

Begriff	Das Kreditinstitut vereinbart mit seinem Bankkunden die Überziehung des Kontos, z. B. zum Ausgleich von Zahlungen an Lieferanten, bis zu einer bestimmten Höhe (Kreditlinie) und verlangt für den überzogenen Betrag Zinsen (Sollzinsen).
Zweck	Sicherung der Zahlungsbereitschaft, z. B. in Zeiten mit hoher Liquiditätsbelastung durch Versicherungsprämien oder Lohnzahlungen, oder auch zur Inanspruchnahme von Skonti.
Kosten	Sollzinsen[3] fallen nur für den überzogenen Betrag und die entsprechenden Zeiträume der Kontoüberziehung mit einem relativ hohen Zinssatz an, da dieser das Risiko eines Zahlungsausfalls decken muss.
Berechnung der Kosten	$\frac{\text{Überziehungsbetrag} \cdot \text{Zinssatz} \cdot \text{Anzahl Tage Überziehungszeitraum}}{360 \cdot 100}$
Vorteil	Dem Schuldner wird ohne Formalitäten/ohne weitere Kreditprüfung die Überziehung seines Kontos bis zur gewährten Kreditlinie gewährt. Dies erhöht seine finanzielle Flexibilität.

5.3.1.2 Lieferantenkredit[4]

Begriff	Ein Lieferant liefert Ware an einen Kunden und gewährt ihm zum Zahlungsausgleich für einen bestimmten Zeitraum Kredit. Er sichert seinen Zahlungsanspruch z. B. durch Vereinbarung eines Eigentumsvorbehalts.[5]
Zweck	Durch die Einräumung eines Skontoabzuges soll ein Anreiz zur schnellen Zahlung geschaffen werden. Der Lieferant ist zur Steigerung seines Umsatzes an der Gewährung des Kredits an den Kunden interessiert. Dabei kalkuliert der Lieferant den Skontoabzug des Kunden i. d. R. bereits in seinen Verkaufspreis ein.[6]
Kosten	Für den Kunden entstehen Kosten in Höhe des entgangenen Skontoabzugs. **Beispiel:** Der Lieferer gewährt ein **Zahlungsziel** von 30 Tagen; bei Zahlung bis zum 10. Tag gewährt der Lieferer 2 % Skonto auf den Rechnungsbetrag. Damit hat der Kunde zwei Möglichkeiten: 1. **Zahlung mit Skontoabzug, d. h. Verzicht auf Inanspruchnahme des Lieferantenkredits:** Der Kunde zahlt innerhalb der **Skontofrist** (10 Tage), er hat das Recht, 2 % vom Rechnungsbetrag abzuziehen. Durch die Nutzung des Skontoabzugs spart der Kunde den Bruttoskonto[7] (ggf. abzüglich zu zahlender Sollzinsen für einen Kontokorrentkredit bei Überziehung seines Kontos). 2. **Inanspruchnahme des Lieferantenkredits:** Zahlt der Kunde erst nach dem 10. Tag, muss er den vollen Rechnungsbetrag begleichen. Der entgangene Skonto spiegelt die Zinskosten für die Zeit zwischen dem Zahlungsziel (30 Tage) und der Skontofrist (10 Tage) wider. Diesen Skontosatz kann man in einen Jahreszins umrechnen (s. Seite 113).

1 Bei den Berechnungen geht man von jeweils 30 Tagen im Monat bzw. 360 Tagen im Jahr aus.
2 Vgl. Wöhe, G., Bilstein, J. u. a., S. 352, S. 370f.
3 Auf ggf. weitere Kosten wie z. B. Provision, Kontoführung wird im Folgenden nicht eingegangen.
4 Vgl. Drukarczyk, J., Lobe, S.: Finanzierung, S. 264f., Wöhe, G., Bilstein, J. u. a., S. 352ff.
5 Vgl. Kapitel 5.3.2.4 Sicherheiten im Rahmen der Fremdfinanzierung auf Seite 117.
6 Vgl. Schema auf Seite 147.
7 **Bruttoskonto** = $\frac{\text{Rechnungsbetrag brutto} \cdot \text{Skontosatz}}{100}$

Umrechnung des Skontosatzes in einen Jahreszinssatz	Mit dieser Umrechnung kann man ermitteln, bis zu welchem Finanzierungs-Zinssatz p. a.[1] sich der Skontoabzug lohnt. Der ermittelte Jahreszinssatz gibt den genauen Zinssatz für einen Lieferantenkredit an, falls von der Möglichkeit des Skontoabzugs kein Gebrauch gemacht wird. $\frac{\text{Bruttoskonto in €} \cdot 100 \cdot 360}{\text{Überweisungsbetrag}^{2} \cdot (\text{Zahlungsziel} - \text{Skontofrist})}$ oder $\frac{\text{Skontosatz} \cdot 360 \cdot 100}{(100 - \text{Skontosatz}) \cdot (\text{Zahlungsziel} - \text{Skontofrist})}$

	Vorteile für den Kunden	**Vorteile für den Lieferer**
Zahlung mit Skontoabzug (Verzicht auf den Lieferantenkredit)	➢ Der Kunde hat eine erhebliche Ersparnis. Er kann den Bruttoskonto vom Kaufpreis abziehen. ➢ Innerhalb der Skontofrist ist der Warenkredit kostenlos.	➢ Durch die vorzeitige Zahlung des Kunden kommt der Lieferer schneller an sein Geld. Dadurch spart er ggf. selbst Kreditkosten ein, kann mit dem Zahlungsbetrag anstehende Ausgaben begleichen und erzielt ggf. einen Zinsvorteil. ➢ Der Aufwand für ein Mahnverfahren entfällt.
Inanspruchnahme des Lieferantenkredits	➢ Der Kunde kann die Ware weiterverarbeiten oder verkaufen und die erzielten Umsatzerlöse nutzen, um seinen Zahlungsverpflichtungen aus dem Warengeschäft nachzukommen. ➢ Der Lieferantenkredit wird i. d. R. formlos, d. h. ohne weitere Kreditwürdigkeitsprüfung gewährt (mit Ausnahme des Eigentumsvorbehalts für die gelieferte Ware). ➢ Die Inanspruchnahme des Lieferantenkredits ist zwar teuer, jedoch können hoch verschuldete Unternehmen, die keine Bankkredite mehr bekommen, und neu gegründete Unternehmen ohne nachgewiesene Ertragskraft und Sicherheiten ihren Geschäftsbetrieb dadurch (zumindest zeitweise) aufrechterhalten.	➢ Da der Lieferant den Skontoabzug des Kunden i. d. R. bereits in seinen Verkaufspreis einkalkuliert hat, erhält er eine hohe Verzinsung für den bereitgestellten Kredit. ➢ Außerdem ist der Lieferant zur Steigerung seines Umsatzes an der Gewährung eines Lieferantenkredits interessiert. ➢ Die späte Zahlung des Kunden kann dem Lieferer ggf. einen Hinweis auf eine schlechte Zahlungsfähigkeit des Kunden liefern. Allerdings muss ggf. ein Mahnsystem organisiert und das Zahlungsausfallrisiko getragen werden, falls das gewährte Zahlungsziel vom Kunden überschritten wird.

1 **p. a.** bedeutet „per anno“, d. h. pro Jahr.

2 Überweisungsbetrag = Rechnungsbetrag brutto – Bruttoskonto

5.3.2 Langfristige Fremdfinanzierung von Investitionen

5.3.2.1 Gegenüberstellung und Berechnung von Fälligkeits-, Abzahlungs- und Annuitätendarlehen

Unter langfristiger Fremdfinanzierung sind z. B. von Banken gewährte Darlehen mit einer Laufzeit von mindestens 5 Jahren zu verstehen.

Art des Darlehens	**Fälligkeitsdarlehen (Festdarlehen)**	**Abzahlungsdarlehen (Ratentilgungsdarlehen)**	**Annuitätendarlehen**
Entwicklung der Darlehenshöhe	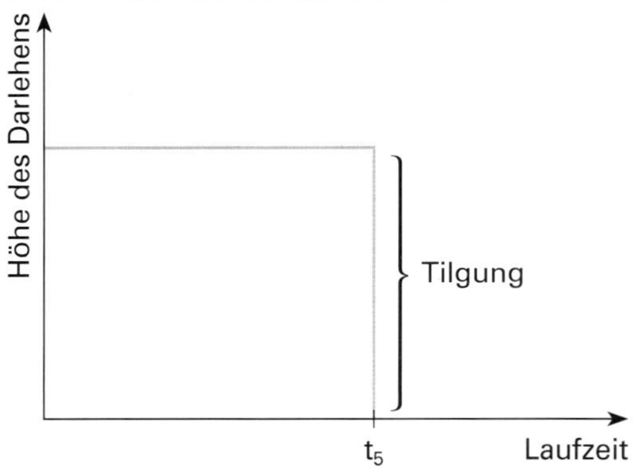	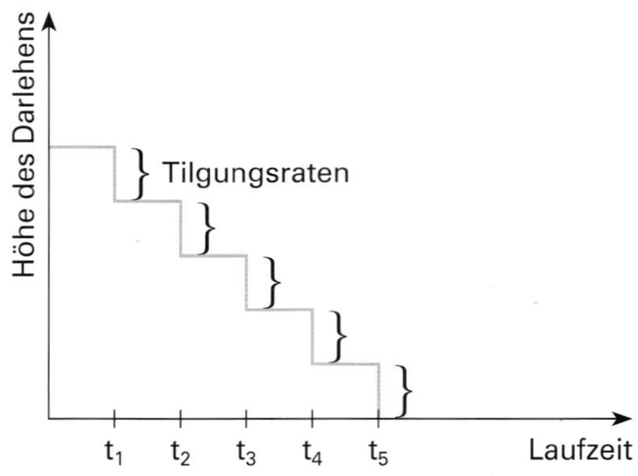	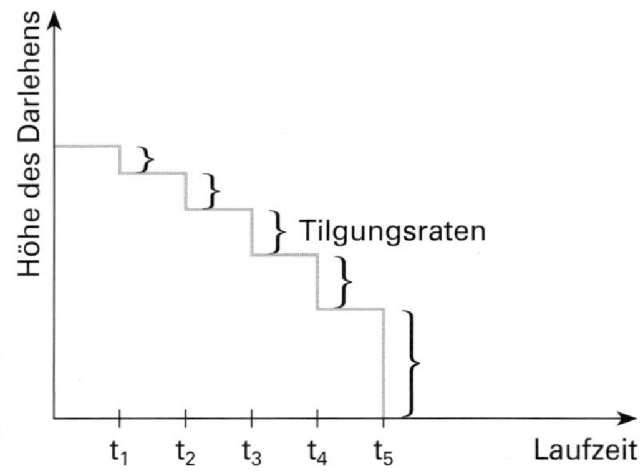
Beschreibung	Für das Darlehen müssen während der gesamten Laufzeit Zinsen auf den vollen Darlehensbetrag gezahlt werden, da die Rückzahlung (Tilgung) erst am Ende der Laufzeit in voller Höhe stattfindet.	Das Darlehen wird in gleichmäßigen Raten getilgt. Daher sinken auch die Zinszahlungen in gleichmäßigen Abständen.	Es wird in regelmäßigen Abständen ein fester Betrag (Annuität), der aus Zinszahlungen und Tilgung besteht, gezahlt (außer ggf. im letzten Zeitabschnitt). Dadurch steigt die Tilgung mit der Zeit, während die Zinszahlungen immer geringer werden.
Vorteile	➢ gleichmäßige Liquiditätsbelastung durch gleichbleibende Zinszahlungen (außer im letzten Jahr) ➢ geringe Liquiditätsbelastung in den ersten Zeitabschnitten, da die Tilgung erst am Ende der Laufzeit erfolgt	➢ regelmäßig sinkender Aufwand ➢ im Zeitablauf sinkende Liquiditätsbelastung	➢ gleichmäßige Liquiditätsbelastung, außer ggf. im letzten Jahr ➢ zunehmender Tilgungsanteil bei sinkendem Zinsaufwand

Art des Darlehens	Fälligkeitsdarlehen (Festdarlehen)	Abzahlungsdarlehen (Ratentilgungsdarlehen)	Annuitätendarlehen
Nachteile	➢ hohe Liquiditätsbelastung im letzten Zeitabschnitt durch komplette Tilgung am Ende der Laufzeit ➢ insgesamt vergleichsweise hoher Zinsaufwand, da die Tilgung erst am Ende der Laufzeit erfolgt	➢ anfangs höhere Liquiditätsbelastung als beim Festdarlehen, da die Tilgung bereits vom ersten Zeitabschnitt in regelmäßigen Abständen erfolgt	➢ anfangs höhere Liquiditätsbelastung als beim Festdarlehen, da die Tilgung bereits vom ersten Zeitabschnitt an erfolgt
Berechnung der Auszahlung (Annuität, Liquiditätsbelastung)	Entspricht in allen Jahren dem Zinsaufwand, erhöht sich im letzten Jahr um die gesamte Tilgung	$\frac{\text{Zinsen}}{\text{Jahr}} + \frac{\text{Tilgung}}{\text{Jahr}}$	Berechnung der jährlich gleichen Auszahlung (Annuität):[1] Annuitätenfaktor[2] · anfängliche Darlehenshöhe
Berechnung der Zinsen	Darlehenshöhe · $\frac{\text{Nominalzinssatz}}{100}$	Restschulden (Schulden – Tilgung) am Anfang eines Jahres · $\frac{\text{Nominalzinssatz}}{100}$	
Berechnung der Tilgung	Die gesamte Tilgung findet erst am Ende der Laufzeit statt	$\frac{\text{anfängliche Darlehenshöhe}}{\text{Laufzeit in Jahren}}$	Annuität – $\frac{\text{Zinsen}}{\text{Jahr}}$
Berechnung des Aufwands (Aufwandsbelastung)	Der Aufwand entspricht der Höhe der Zinszahlungen, ggf. zusätzlich Abschreibung des Disagios. Ein Disagio entsteht, wenn der Rückzahlungsbetrag für das Darlehen höher ist als der Ausgabebetrag. Diese Differenz nennt man Disagio oder Damnum. Hinsichtlich der Behandlung des Disagios besteht handelsrechtlich ein **Aktivierungswahlrecht**. → Der Unterschiedsbetrag (Disagio) darf in den Aktiven Rechnungsabgrenzungsposten aufgenommen werden, der dann planmäßig linear zeitanteilig (monatsgenau) abzuschreiben ist (§ 250 (3) Satz 2, § 268 (6) HGB). → Alternativ kann das Disagio sofort als Aufwand gebucht werden.		

Hinweis:
Eine Übungsaufgabe befindet sich in der Beispiel-Abiturklausur auf Seite 131, Nr. 2.5!

1 Außer ggf. im letzten Jahr. Dafür berechnet man: Auszahlung im letzten Jahr = Schulden am Anfang des letzten Jahres + Zinsen des letzten Jahres.

2 Der Annuitätenfaktor (auch Wiedergewinnungsfaktor genannt) kann in Tabellen abgelesen werden. Er berechnet sich: $\frac{(1 + i)^n \cdot i}{(1 + i)^n - 1}$ (n = Laufzeit des Darlehens, $i = \frac{p}{100}$). Beträgt der Nominalzinssatz p z. B. 4 %, dann setzt man für i die Zahl 0,04 bzw. $\frac{4}{100}$ ein.

5.3.2.2 Nominalzins/effektiver Jahreszins[1]

Eine Vergleichbarkeit von verschiedenen Darlehensangeboten kann man nur durch Gegenüberstellung der jeweiligen Effektivverzinsung erreichen.

Nominalzinssatz p. a.	Gibt lediglich die Verzinsung des Darlehens ohne Berücksichtigung von weiteren Kosten für das Darlehen an und dient zur Berechnung der Zinszahlungen. $$\text{Zinsen pro Jahr} = \text{(Rest-)Schulden am Jahresanfang} \cdot \frac{\text{Nominalzinssatz}}{100}$$
effektiver Jahreszinssatz	Gibt die Gesamtkosten[2] des Kredits pro Jahr in Prozent an. Vereinfacht lässt sich der anfängliche effektive Jahreszinssatz (für das 1. Jahr) näherungsweise z. B. durch folgende Formeln bestimmen: $$\text{Berechnung des effektiven Jahreszinssatzes (mit Disagio}^3\text{)} = \frac{\left(\text{Nominalzinssatz} + \frac{\text{Zinssatz des Disagios}}{\text{Laufzeit in Jahren}}\right)}{100 - \text{Zinssatz des Disagios}} \cdot 100$$ bzw. $$\frac{\left(\text{Nominalzinsen} + \frac{\text{Disagio}}{\text{Laufzeit in Jahren}}\right) \cdot 100}{\text{Auszahlungsbetrag}}$$

5.3.2.3 Vor- und Nachteile der Fremdfinanzierung im Vergleich

Langfristige Fremdfinanzierung (Darlehensaufnahme)	
Vorteile	**Nachteile**
➢ Die Finanzierung von Investitionen ist auch dann möglich, wenn die Finanzkraft des Unternehmens (Selbstfinanzierung) erschöpft ist. ➢ Zu risikoreiche Investitionen werden vermieden bzw. verringert, weil eine Prüfung der Kreditwürdigkeit durch den Kreditgeber erfolgt. ➢ Eine zusätzliche Aufnahme von Fremdkapital kann zu einer Steigerung der Eigenkapitalrentabilität führen, wenn die Verzinsung der zusätzlichen Investition den Fremdkapitalzins übersteigt (Leverage-Effekt).	➢ Die Mittel stehen dem Unternehmen zeitlich nicht unbegrenzt zur Verfügung, da **Fremdkapital** zufließt, das zurückgezahlt werden muss. ➢ Die Fremdmittel müssen verzinst und getilgt werden. Dadurch wird die Liquidität belastet. ➢ Insbesondere bei hoher Verschuldung nehmen die Gläubiger Einfluss auf die Geschäftsleitung, um die Verwendung ihrer Mittel zu kontrollieren. Auch verschlechtert sich der Ruf des Unternehmens. ➢ Mit zunehmender Fremdfinanzierung sinkt die Kreditwürdigkeit des Unternehmens. ➢ Kreditsicherheiten sind erforderlich. ➢ Zusätzliche Kosten (z. B. Gebühren) können anfallen.

1 Im Folgenden wird davon ausgegangen, dass die Zinszahlungen jeweils am Jahresende erfolgen.

2 Zu den Gesamtkosten gehören z. B. die gesamten Zinszahlungen, das Disagio und weitere Gebühren.

3 Disagio (Damnum) = Beispiel: Beträgt die Darlehenshöhe 200.000 € und das Disagio 4 %, dann beträgt das Disagio 8.000 €, d. h., man bekommt nur 192.000 € an finanziellen Mitteln ausgezahlt. Dies entspricht einer Auszahlung von 96 %.

5.3.2.4 Sicherheiten im Rahmen der Fremdfinanzierung

➤ Notwendigkeit und Definition von Sicherheiten

Da Kreditverträge i. d. R. eine Laufzeit von mehreren Jahren haben, kann der Kreditgeber nicht vollständig sicher sein, dass der Kreditnehmer im Laufe der Jahre immer rechtzeitig und in der vertraglich vereinbarten Höhe seinen Zahlungsverpflichtungen nachkommt.

Daher dienen Sicherheiten dem Kreditgeber, um eventuelle Forderungs- und Zinsausfälle durch Rückgriff auszugleichen. Der Kreditgeber erwirbt – zusätzlich zu den vertraglichen Ansprüchen gegenüber dem Kreditnehmer – Ansprüche auf die Verwertung von Sachen bzw. Rechten **(Real- oder Sachsicherheit)** oder gegen dritte Personen **(Personensicherheit)**.

Somit senken Kreditsicherheiten das Ausfallrisiko des Kreditgebers, das durch mangelnden Leistungswillen und/oder mangelnde Leistungsfähigkeit des Kreditnehmers entstehen kann. Hierbei können persönliche Faktoren, wie z. B. der Charakter, der Ruf oder die fachliche Qualifikation, und/oder sachliche Faktoren, wie z. B. die Vermögens-, Ertrags- und Liquiditätslage des Kreditnehmers eine Rolle spielen.

➤ Prüfung der Kreditwürdigkeit

§ 18 des Kreditwesengesetzes schreibt vor, dass Kreditinstitute z. B. bei der Vergabe von Krediten über 750.000 € die wirtschaftlichen Verhältnisse des Kreditnehmers prüfen müssen. Schließlich stammt die zur Verfügung gestellte Darlehenssumme aus den Einlagen ihrer Bankkunden, die ihr Geld sicher angelegt wissen wollen.

Beispiele für die einzureichenden Unterlagen bei der Beantragung eines Kredits sind

- Jahresabschlüsse,
- Daten über Umsatzentwicklung, Auftragsbestand,
- Finanz- und Investitionspläne.

Bei den Sicherheiten akzeptieren die Kreditinstitute nicht die aktuellen Marktpreise der Güter, die als Sicherheit dienen sollen, da diese bei ggf. kurzfristig notwendig werdendem Verkauf häufig nicht den gewünschten Verkaufswert erzielen. Die Kreditinstitute nehmen daher von den Sicherungsgütern Abschläge vor, was dazu führen soll, dass das verliehene Geld auch bei Zahlungsausfall des Kreditnehmers durch den Verkauf der Sicherheiten zu einem geringeren Verkaufswert zurückfließt. Die Kreditinstitute legen somit individuell die **Beleihungsgrenze** fest.

Auch bereits vorhandene Grundstücke, Gebäude oder Maschinen können mit gewissen Abschlägen als Kreditsicherheit dienen, dabei muss allerdings berücksichtigt werden, ob diese Sicherungsgüter nicht selbst schon belastet sind (z. B. Grundstücke durch Grundpfandrechte gesichert, Maschinen unter Eigentumsvorbehalt geliefert oder sicherungsübereignet sind). Beachten sollte man auch die „goldene Bankregel", da Vorräte, die kurzfristig im Produktionsprozess verarbeitet werden, nicht zur Absicherung langfristiger Darlehen geeignet sind.

Überblick über Kreditsicherheiten[1]

Personensicherheiten

Bürgschaft

Eine Person (der Bürge) übernimmt gegenüber dem Kreditgeber die Verpflichtung, für die Erfüllung der Verbindlichkeiten des Kreditnehmers einzustehen, wenn der Kreditnehmer seinen Verpflichtungen nicht nachkommt.

Für den Kreditgeber ist die **selbstschuldnerische Bürgschaft** zu empfehlen, da sie den Vorteil hat, dass der Kreditgeber sofort bei Zahlungsausfall auf den Bürgen zurückgreifen kann und nicht erst warten muss, bis eine Zwangsvollstreckung gegen den Kreditnehmer erfolglos versucht wurde (Ausfallbürgschaft).

Real-(Sach-)Sicherheiten

bedeuten, dass es dem Kreditgeber gestattet ist, den haftenden Gegenstand des Kreditnehmers bei Verletzung der vertraglichen festgelegten Pflichten zu verwerten (d. h. zu verkaufen oder versteigern zu lassen).

an beweglichen Sachen

Eigentumsvorbehalt

ist ein Sicherungsmittel der Lieferanten (Warenkreditgeber)

Definition: Der Verkäufer einer beweglichen Sache behält sich vor, das Eigentum an dieser Sache so lange zu behalten, bis der Käufer den vollen Kaufpreis an ihn gezahlt hat. Erst dann geht das Eigentum an der Sache auf den Käufer über.

Beispiel: A kauft von Lieferant B eine Maschine auf Ziel. Dann bleibt die Maschine so lange im Eigentum des Lieferanten B, bis der Käufer A sie bezahlt hat. In der Zwischenzeit kann A die Maschine jedoch nutzen.

Vorteil: Solange der Käufer die Sache behält und nicht verändert, ist der Eigentumsvorbehalt ein starkes Sicherungsrecht.

Nachteil: Sollte der Käufer die Sache verarbeiten (z. B. Rohstoffe), zerstören, oder an Dritte verkaufen, steht der Lieferant vor einem Problem.

Sicherungsübereignung

ist ein Sicherungsmittel von Kreditgebern

Definition: Der Kreditnehmer überträgt dem Kreditgeber das Eigentum der Sache, der Kreditnehmer bleibt unmittelbarer Besitzer.

Beispiel: A kauft von Lieferant B eine Maschine und nimmt dafür einen Bankkredit auf. A zahlt den Kaufpreis an B und wird Eigentümer. Als Kreditsicherheit überträgt A das Eigentum an den Kreditgeber, wobei A unmittelbarer Besitzer bleibt, d. h., er kann die Maschine nutzen.

Vorteil: Der Kreditnehmer kann die Sache nutzen, ohne dass Dritte die wahren Eigentumsverhältnisse kennen. Der Kreditgeber muss die Sache nicht aufbewahren. Außerdem hat er im Insolvenzfall ein Absonderungsrecht.

Nachteil: Wenn der Kreditnehmer in Zahlungsschwierigkeiten gerät, er die Sache vertragswidrig verkauft oder zerstört, sie durch Abnutzung oder technischen Fortschritt an Wert verliert, kann der Kreditgeber die Sache ganz verlieren.

an unbeweglichen Sachen

Grundschuld

ist ein Sicherungsmittel langfristiger Darlehen für Grundstücke und Gebäude in Form von Grundpfandrechten

Grundpfandrechte können z. B. in Form der Grundschuld durch Eintragung und Belastung im Grundbuch erfolgen. Der Inhalt einer Grundschuld besteht gemäß § 1191 Abs. 1 BGB darin, dass ein Grundstück in der Weise belastet werden kann, dass an denjenigen, zu dessen Gunsten die Belastung erfolgt (i. d.R. Kreditgeber), eine bestimmte Geldsumme aus dem Grundstück zu zahlen ist. Sie kann losgelöst von einer bestehenden Forderung bestellt und geltend gemacht werden.

Die Grundschuld bleibt damit als Sicherheit bestehen, selbst wenn der Kredit ganz oder teilweise zurückgezahlt wurde. Zahlt der Kreditnehmer nicht, kann der Kreditgeber das Grundstück zwangsversteigern lassen.

Grundstücke können mit mehreren Rechten belastet sein, bei einer Zwangsversteigerung wird die zuerst eingetragene Grundschuld zuerst bedient usw. Die Grundschuld kann nach Tilgung gelöscht werden oder bestehen bleiben.

5.3.2.5 Leverage-Effekt[2]

Funktionsweise	Die Eigenkapitalrentabilität kann durch eine zusätzliche Kreditaufnahme so lange gesteigert werden, wie der Zinssatz für das zusätzlich aufgenommene Fremdkapital unterhalb der Gesamtkapitalrentabilität liegt (Hebelwirkung des Fremdkapitals).
Tipps zur Berechnung (Formeln siehe Seite 119)	1. Man berechnet die Fremdkapitalzinsen p. a., die Gesamtkapitalrentabilität und die Eigenkapitalrentabilität vor der zusätzlichen Kreditaufnahme. 2. Anschließend berechnet man die Verzinsung des Gesamtkapitals in € nach der zusätzlichen Kreditaufnahme mit der in 1. ermittelten, konstanten Gesamtkapitalrentabilität. Dabei muss man beachten, dass sich die Fremdkapitalzinsen und das Gesamtkapital durch die zusätzliche Kreditaufnahme erhöhen.

1 Dargestellt für die abiturrelevanten Kreditsicherheiten, vgl. auch Drukarczyk, J., Lobe, S., a. a. O., S. 227 ff.

2 Vgl. Wöhe, G., Bilstein, J. u. a., a. a. O., S. 44 ff., S. 275 f.

	3. Von der in 2. berechneten Verzinsung des Gesamtkapitals in € subtrahiert man die Fremdkapitalzinsen p.a. für das alte und für das zusätzliche Fremdkapital. 4. Als Saldo verbleibt die Verzinsung des Eigenkapitals in € nach der zusätzlichen Fremdkapitalaufnahme, aus der man die neue Eigenkapitalrentabilität berechnet.
Kritik	➢ Es wird von einer konstanten Gesamtkapitalrentabilität vor und nach der Kreditaufnahme ausgegangen, diese hängt jedoch auch von anderen Faktoren, z. B. von sich ändernden Trends oder der gesamtwirtschaftlichen Konjunkturentwicklung, ab. ➢ Die Annahme, dass der Fremdkapitalzinssatz für das zusätzliche Fremdkapital unterhalb der Gesamtkapitalrentabilität liegt, entspricht nicht zwangsläufig der Realität. ➢ Eine übertriebene Kreditaufnahme führt zu einer langfristigen Abhängigkeit von Gläubigern und zu Liquiditätsengpässen, die im Extremfall zur Zahlungsunfähigkeit führen kann. ➢ Die Kreditsicherheiten sind für eine zunehmende Kreditaufnahme irgendwann erschöpft.

Kennzahlen zur Berechnung[1]

Kennzahl	Formel	Bedeutung der Kennzahl
Fremdkapitalzinsen (FK-Zinsen in €)	$\text{durchschnittliches Fremdkapital in €} \cdot \frac{\text{Fremdkapitalzinssatz p.a.}}{100}$	Die FK-Zinsen sind für die aufgenommenen Kredite zu zahlen.
Fremdkapital-zinssatz (in %)	$\frac{\text{Fremdkapitalzinsen in €} \cdot 100}{\text{durchschnittliches Fremdkapital in €}}$	Gibt den Zinssatz für das durchschnittlich in Anspruch genommene Fremdkapital an.
Gesamtkapital-rentabilität (GKR) in %	$\frac{(\text{Jahresergebnis in €} + \text{Fremdkapitalzinsen in €}) \cdot 100}{\text{durchschnittliches Gesamtkapital}^{2} \text{ in €}}$	Die GKR gibt die Verzinsung des durchschnittlichen Gesamtkapitals im Unternehmen an.
Eigenkapital-rentabilität (EKR) in %	$\frac{\text{Jahresergebnis}^{3} \text{ in €} \cdot 100}{\text{durchschnittliches Eigenkapital in €}}$	Die EKR gibt an, zu wie viel Prozent sich das durchschnittlich eingesetzte Eigenkapital im Unternehmen verzinst hat.
Verzinsung des Gesamtkapitals in €	$\text{Gesamtkapital in €} \cdot \frac{\text{GKR}}{100}$	Ertrag, den das durchschnittlich eingesetzte Gesamtkapital pro Jahr erwirtschaftet.
Verzinsung des Eigenkapitals in €	Verzinsung des Gesamtkapitals in € − Fremdkapitalzinsen in €	Ertrag, den das durchschnittlich eingesetzte Eigenkapital pro Jahr erwirtschaftet.

Der Leverage-Effekt kann auch mithilfe folgender Formel ermittelt werden:

$$EKR = GKR + (GKR - i) \cdot \frac{FK}{EK}$$

i = Fremdkapitalzins

1 Auf die Ermittlung von Durchschnittswerten wird aus Vereinfachungsgründen verzichtet. Es handelt sich jeweils um das durchschnittlilche Kapital.

2 Gesamtkapital = Eigenkapital + Fremdkapital.

3 Bzw. Verzinsung des eingesetzten Eigenkapitals in €.

5.4 Leasing als Sonderform der Finanzierung[1]

5.4.1 Definition und Ablauf eines Leasinggeschäfts

Unter **Leasing** versteht man die gewerbsmäßige Vermietung von Anlagegegenständen.

Ein Anlagegut kann

- entweder direkt vom Hersteller (Leasinggeber)
- oder von einer Leasinggesellschaft (Leasinggeber)

gegen Zahlung einer Leasingrate durch den Leasingnehmer geleast werden.

5.4.2 Vertragsgestaltung

	Operating-Leasing	Finanzierungs-Leasing
Vertragslaufzeit	Kurz, weniger als 40 % der betriebsgewöhnlichen Nutzungsdauer.	Lang, zwischen 40 und 90 % der betriebsgewöhnlichen Nutzungsdauer.
Vertragsgestaltung	➢ Kündbare Verträge (unter Einhaltung der vereinbarten Kündigungsfrist), anschließend Rückgabe und Verkauf an Dritte, Kauf zum Restwert oder Mietverlängerung möglich. ➢ Teilamortisationsverträge, da aufgrund der kurzen Vertragslaufzeit die Anschaffungs- bzw. Herstellungskosten nicht durch die Leasingraten gedeckt werden.	➢ I.d.R. unkündbare Grundleasingzeit, anschließend Rückgabe und Verkauf an Dritte, Kauf zum Restwert oder Mietverlängerung möglich. ➢ Teil- oder Vollamortisationsverträge sind möglich, bei letzteren entstehen höhere Leasingraten.
Investitionsrisiko	Liegt beim Leasinggeber, er muss für Wartung, Reparatur und ggf. Ersatz des Leasinggutes sorgen.	Liegt beim Leasingnehmer, er muss für Wartung, Reparatur und ggf. Ersatz des Leasinggutes sorgen.
Bilanzierung	Erfolgt i.d.R. beim Leasinggeber, da er das Restwertrisiko trägt.	Erfolgt i.d.R. beim Leasinggeber.[2]
Buchhalterische Behandlung	➢ Der **Leasinggeber** aktiviert die Anschaffungs- bzw. Herstellungkosten und schreibt das Anlagegut steuermindernd ab. ➢ Der **Leasingnehmer** bucht die Leasingraten als steuermindernden Aufwand.	
Typische Leasingobjekte	Universell einsetzbare Standardmaschinen oder Fahrzeuge, die anschließend problemlos an andere Kunden weiter vermietet oder verkauft werden können.	Universell einsetzbare Standardmaschinen oder Fahrzeuge (Teilamortisationsverträge), speziell auf den Leasingnehmer abgestimmte Anlagegüter (Vollamortisationsverträge).

5.5 Vergleich Leasing – Kreditfinanzierung

	Leasing	Kreditfinanzierung
Liquidität	Relativ hohe Belastung der Liquidität und stärkere Beeinträchtigung des Erfolgsausweises.	Meist geringere Belastung der Liquidität und geringere Beeinträchtigung des Erfolgsausweises.
Bilanzbild	Keine Verschlechterung des Bilanzbildes durch zusätzliches Fremdkapital.	Verschlechterung des Bilanzbildes durch zusätzliches Fremdkapital.
Kreditsicherheiten	Kreditsicherheiten sind nicht erforderlich.	Kreditsicherheiten sind erforderlich.

1 Vgl. Wöhe, G., Bilstein, J. u.a., a.a.O., S. 340ff. Die Form des Personalleasings wird im Folgenden nicht behandelt.

2 Sofern der Preis oberhalb des Buchwertes bei einem Verkauf bzw. die Anschlussmiete höher als die Werteverzehr bei Mietverlängerungsoption ist (vgl. Coenenberg u.a., a.a.O., S. 194), was im Folgenden angenommen wird.

	Leasing	Kreditfinanzierung
Investitionsrisiko	Das Investitionsrisiko liegt beim Operating-Leasing beim Leasinggeber.	Das Investitionsrisiko liegt beim Kreditnehmer.
Kostentransparenz	Die für einen bestimmten Zeitraum fest vereinbarten Leasingraten führen zu einer Transparenz der Kosten.	Die Aufwands- und Liquiditätsbelastung ist über den Kreditzeitraum nicht konstant, daher keine konstante Kalkulationsgrundlage.
Flexibilität	Geringere Flexibilität durch die z. T. unkündbare Grundmietzeit, Einhaltung von Kündigungsfristen.	Das Anlagegut kann zwar bei nachlassender Nachfrage veräußert werden, jedoch bleibt die Bindung an den Kreditvertrag bestehen.
Besteuerung	Leasingraten können steuerlich geltend gemacht werden.	Abschreibungen und Zinsaufwendungen können steuerlich geltend gemacht werden.
Sonstiges	➢ Schnellere Anpassung an den technischen Fortschritt, da das Anlagegut nach kurzer Grundmietzeit problemlos zurückgegeben und ein neuer Leasingvertrag über ein technisch verbessertes Anlagegut abgeschlossen werden kann. ➢ Es können keine Änderungen am Anlagegut vorgenommen werden, da es sich nicht im Eigentum des Leasingnehmers befindet.	➢ Die Finanzierung mit Fremdkapital kann zu einer höheren Eigenkapitalrentabilität führen (Leverage-Effekt). ➢ Das Eigentum wird erworben, daher können notwendige Veränderungen am Anlagegut erfolgen.

Bei einem Vergleich von Leasing und Kreditfinanzierung wird häufig die **jährliche Aufwands- und Liquiditätsbelastung**[1] miteinander verglichen:

	Leasing	Kreditfinanzierung
Jährlicher Aufwand/ Aufwandsbelastung (zur Beurteilung der Erfolgswirksamkeit)	➢ für das 1. Jahr: $\frac{\text{Leasingrate}}{\text{Jahr}}$ + Abschlussgebühr ➢ für das 2. Jahr und weitere: $\frac{\text{Leasingrate}}{\text{Jahr}}$ ➢ im letzten bzw. in den letzten Jahr/-en bei Anschlusskauf: planmäßige Abschreibung der Anschaffungskosten über die Restnutzungsdauer	Zinsaufwand pro Jahr + planmäßige Abschreibung des Anlagegutes **gemäß Nutzungsdauer des Anlagegutes** + Abschreibung des Disagios **gemäß Laufzeit des Kredits**
Auszahlung/Mittelabfluss pro Jahr (zur Beurteilung der Liquiditätsbelastung)	➢ für das 1. Jahr: $\frac{\text{Leasingrate}}{\text{Jahr}}$ + Abschlussgebühr ➢ für das 2. Jahr und weitere: $\frac{\text{Leasingrate}}{\text{Jahr}}$ ➢ im letzten Jahr bei Anschlusskauf: Kaufpreis netto	Zinsaufwand pro Jahr + Tilgungsraten pro Jahr

Außerdem muss man bei einem Kredit mit Disagio beachten, dass der Auszahlungsbetrag niedriger ist als die anfängliche Kredithöhe. Dies macht u. U. die Aufnahme eines höheren Kreditbetrages notwendig, um die benötigten finanziellen Mittel (Investitionsvolumen) in voller Höhe zu erhalten.

1 Ohne Berücksichtigung der Vorsteuer, da diese entweder im Rahmen der Umsatzsteuervoranmeldung mit der Umsatzsteuer verrechnet bzw. vom Finanzamt erstattet wird.

5.6 Trainingsaufgabe mit Musterlösung zur Finanzierung

TRAINING!

Die Verpackungsprofi (kurz Verpro AG) ist ein führender Hersteller von Verpackungen. Im Geschäftsjahr 02 stehen verschiedene Investitionen an, für welche nach Finanzierungsmöglichkeiten gesucht wird.

DOWNLOAD

Bearbeitungshinweise:

Lösen Sie die folgenden Arbeitsaufträge entweder mithilfe der abgedruckten Formulare oder mit Excel (Vorlage zu Arbeitsauftrag 1.2 und 2.1 als Download). Weitere Lösungen sollten Sie selbstständig auf eigenem Papier vornehmen und anschließend mit den **Musterlösungen im Anhang auf Seite 157 ff. vergleichen.**

Arbeitsauftrag 1: Langfristige Fremdfinanzierung[1]

Für die Finanzierung von geplanten Investitionen sind im Januar 02 in der Verpro AG weitere Finanzmittel notwendig, die über Darlehen finanziert werden sollen:[2]

- Zur Finanzierung eines Lastkraftwagens werden 100.000 € benötigt.
- Für eine neue Produktionssteuerung werden 2.000.000 € benötigt.

1.1 Zur Finanzierung des Lastkraftwagens werden 100.000 € an finanziellen Mitteln benötigt, die über ein Festdarlehen finanziert werden sollen. Dazu liegen folgende Angebote vor:

Festdarlehen	Angebot Bank A	Angebot Bank B	Angebot Bank C
Auszahlung des Darlehens in %	95	94	100
Nominalzinssatz	2,50	2,00	3,00
Laufzeit in Jahren	6	6	6

1.1.1 **Berechnen Sie (I)** die anfängliche Höhe der Darlehensschuld im 1. Jahr für obige Angebote.

1.1.2 **Vergleichen Sie (II)** die Angebote mithilfe des jeweiligen effektiven Jahreszinssatzes miteinander.

1.2 Für die Finanzierung der neuen Produktionssteuerung soll ein Darlehen über 2.000.000 € aufgenommen werden. Ziel ist es, die jährliche Liquiditätsbelastung möglichst konstant zu halten. Der Geschäftsleitung liegen drei Angebote vor:

Angebot 1: Festdarlehen in Höhe von 2.000.000 €, Laufzeit 5 Jahre, Nominalzinssatz 3 % p. a.

Angebot 2: Abzahlungsdarlehen in Höhe von 2.000.000 €, Laufzeit 5 Jahre, Nominalzinssatz 3 % p. a.

Angebot 3: Annuitätendarlehen in Höhe von 2.000.000 €, Laufzeit 5 Jahre, Nominalzinssatz 3 % p. a., Annuitätenfaktor 0,2184.

Aus Vereinfachungsgründen werden die Zins- und Tilgungszahlungen am Jahresende vorgenommen.

DOWNLOAD

1.2.1 **Erstellen Sie (I)** einen Tilgungsplan für die drei Angebote (siehe Formular) auf Seite 125.

1.2.2 **Vergleichen Sie (II)** die Liquiditätsbelastung der verschiedenen Darlehensarten miteinander.

1.2.3 **Entscheiden Sie (III)** sich für ein Darlehensangebot.

1 **Tipp**: Vgl. Formeln in Kapitel 5.3.2 auf Seite 115 f.

2 Kreditsicherheiten sind ausreichend vorhanden.

Arbeitsauftrag 2: Vergleich Kreditfinanzierung – Leasing[1]

Die Verpro AG benötigt im Januar 02 neue Abfüllanlagen für insgesamt 1.200.000 € (Investitionsvolumen), betriebsgewöhnliche Nutzungsdauer 6 Jahre. Da die Möglichkeiten der Selbstfinanzierung ausgeschöpft sind, muss geprüft werden, ob es vorteilhafter ist, die Abfüllanlagen zu leasen oder zu kaufen und den Kauf über ein Darlehen zu finanzieren.

Folgende Alternativen liegen zum 01.01.02 vor:

Daten für den Kauf (Kreditangebot der Hausbank):[2]	
Abzahlungsdarlehen mit einer Auszahlung von	96 %
Nominalzins (Zinszahlungen am Jahresende)	4 % p. a.
Laufzeit des Darlehens	5 Jahre
Abschreibung des Disagios über die Laufzeit des Darlehens	linear
Planmäßige Abschreibung der Abfüllanlagen über die betriebsgewöhnliche Nutzungsdauer	linear

Daten aus dem Leasingangebot	
Grundmietzeit	3 Jahre
Abschlussgebühr, zahlbar zusammen mit der ersten Leasingrate	5 % des Investitionsvolumens
Leasingrate während der Grundmietzeit	25 % des Investitionsvolumens
Leasingrate nach Ablauf der Grundmietzeit	20.000 € monatlich

Die Leasingraten beinhalten eine regelmäßige Wartung der Anlage. Die Leasingraten sind jeweils am Ende eines Jahres fällig. Nach 6 Jahren läuft der Leasingvertrag aus.

2.1 **Vergleichen Sie (II)** die beiden vorliegenden Finanzierungsangebote hinsichtlich der Liquiditätsbelastung (Auszahlung/Mittelabfluss) und der Erfolgswirksamkeit (Aufwand/Aufwandsbelastung). Nutzen Sie hierzu das Lösungsformular zu 2.1 auf Seite 126! DOWNLOAD

2.2 **Unterbreiten Sie** der Geschäftsleitung einen begründeten **Finanzierungsvorschlag (III)** vor dem Hintergrund der ermittelten Werte.

Arbeitsauftrag 3: Leverage-Effekt[3]

Die Verpro AG hat sich für die Aufnahme des Abzahlungsdarlehens (vgl. Arbeitsauftrag 2) entschieden.

Annahmen:

Der Jahresüberschuss beträgt 371.000 €.

Vor der Aufnahme des zusätzlichen Fremdkapitals in Höhe von 1.250.000 € zu einem jährlichen Zinssatz von 4 % p. a. beträgt die Höhe

- des Eigenkapitals 7.043.550 €,
- des Fremdkapitals 4.157.200 €,
- der Fremdkapitalzinssatz p. a. 3,50 %

Weisen Sie rechnerisch **nach (II)**, dass sich die Eigenkapitalrentabilität durch die Aufnahme des Abzahlungsdarlehens verbessert hat (Betrachtungszeitraum 1. Jahr). Gehen Sie dabei von einer konstanten Gesamtkapitalrentabilität aus.

1 Ohne Berücksichtigung der Umsatzsteuer, da diese als Vorsteuer im Rahmen der Umsatzsteuervoranmeldung mit der erhaltenen Umsatzsteuer verrechnet bzw. vom Finanzamt erstattet wird (durchlaufender Posten). **Tipp**: Vgl. Übersicht auf Seite 120f.

2 Kreditsicherheiten sind ausreichend vorhanden.

3 **Tipp**: Vgl. Hinweise in 5.3.2.5 auf Seite 118f.

Arbeitsauftrag 4: Kurzfristige Fremdfinanzierung[1]

Das Girokonto der Verpro AG ist am 1. April 02 schon leicht überzogen. Das Unternehmen besitzt einen Kontokorrentkredit bei seiner Hausbank in Höhe von 120.000 € (Kreditlinie), für den 15 % Sollzinsen p.a. zu zahlen sind. Am 1. Mai 02 rechnet die Verpro AG mit Zahlungseingängen, sodass der Kontostand dann wieder deutlich im positiven Bereich liegen wird.

Am 1. April 02 geht in der Verpro AG die nebenstehende Eingangsrechnung ein.

Rohstoffe, netto	22.000 €
– Rabatt	2.000 €
Zwischensumme	20.000 €
+ 19 % Umsatzsteuer	3.800 €
Rechnungsbetrag, brutto	23.800 €

Die Rechnung ist zahlbar innerhalb von 10 Tagen mit 2% Skonto, innerhalb von 30 Tagen netto Kasse.

4.1 **Entscheiden Sie (III),** ob sich die weitere Überziehung des Girokontos, die bei Begleichung der Lieferantenverbindlichkeit am 10. Tag notwendig wäre, lohnt.

4.2 **Ermitteln Sie (I),** bis zu welchem Finanzierungszinssatz (Jahreszinssatz) p.a. sich ein Skontoabzug lohnt.

1 Bei den Berechnungen geht man von jeweils 30 Tagen im Monat bzw. 360 Tagen im Jahr aus.

Lösungsformular zur Trainingsaufgabe 1.2.1

Angebot 1: Festdarlehen

Jahr	Schulden am Anfang des Jahres in €	Tilgung in €	Zinsen in € (Aufwendungen)	Auszahlung (Annuität, Liquiditätsbelast.) in €	Schulden am Ende des Jahres in €
1					
2					
3					
4					
5					
Summe					

Angebot 2: Abzahlungsdarlehen

Jahr	Schulden am Anfang des Jahres in €	Tilgung in €	Zinsen in € (Aufwendungen)	Auszahlung (Annuität, Liquiditätsbelast.) in €	Schulden am Ende des Jahres in €
1					
2					
3					
4					
5					
Summe					

Angebot 3: Annuitätendarlehen

Jahr	Schulden am Anfang des Jahres in €	Tilgung in €	Zinsen in € (Aufwendungen)	Auszahlung (Annuität, Liquiditätsbelast.) in €	Schulden am Ende des Jahres in €
1					
2					
3					
4					
5					
Summe					

Lösungsformular zu Arbeitsauftrag 2.1:

Darlehensberechnung

Jahr	Restschuld (zum Jahresbeginn) in €	Tilgung in €	Zinsen in €	Abschreibung der Anlagen in €	Abschreibung des Disagios in €	Restschuld (zum Jahresende) in €	Auszahlung/Mittelabfluss (Liquiditätsbelastung) in €	Aufwand/Aufwandsbelastung in €
1								
2								
3								
4								
5								
6								
Summe								

Leasing

Jahr	Leasingrate pro Jahr (Aufwand) in €	Leasingrate pro Jahr (Mittelabfluss) in €
1		
2		
3		
4		
5		
6		
Summe		

5.7 Finanzierung aus Rückstellungsgegenwerten[1]

Durch die Bildung von Rückstellungen entsteht i. d. R. **Fremdkapital.**[2] Z. B. muss der Aufwand für die im abzuschließenden Geschäftsjahr entstandenen ungewissen Verbindlichkeiten oder drohenden Verluste aus schwebenden Geschäften geschätzt und in entsprechender Höhe eine Rückstellung gebildet werden.

Die **Voraussetzung** für die im Folgenden dargestellten Finanzierungseffekte ist, dass das Unternehmen Gewinn erzielt, der mindestens der Höhe der Rückstellungsbildung entspricht.

Der **Finanzierungseffekt durch die Bildung von Rückstellungen** besteht aus einem:

- **Steuerspareffekt:** Der durch die Rückstellungsbildung entstehende Aufwand vermindert den steuerpflichtigen Gewinn im Jahr der Rückstellungsbildung.
- **Liquiditätseffekt:** Solange Rückstellungen gebildet, steht der den Rückstellungen zugeführte Betrag dem Unternehmen in voller Höhe für Finanzierungszwecke zur Verfügung.
- **Ausschüttungssperreffekt:** Da sich durch die Rückstellungsbildung der Aufwand erhöht und sich damit der Gewinnausweis verkleinert, sinkt der mögliche Ausschüttungsbetrag an die Aktionäre.

Der größte Finanzierungseffekt bei der Bildung von Rückstellungen kann durch die **Bildung von Pensionsrückstellungen** erreicht werden, da diese dem Unternehmen oft über Jahrzehnte zu Finanzierungszwecken zur Verfügung stehen. Sie entstehen z.B., wenn sich ein Unternehmen verpflichtet, seinen Arbeitnehmern eine Altersversorgung zu gewähren. Während der aktiven Beschäftigungszeit der Arbeitnehmer bildet das Unternehmen Pensionsrückstellungen, die zwar für das Unternehmen Aufwendungen darstellen, aber deren finanzielle Gegenwerte bis zum Ausscheiden der Arbeitnehmer im Unternehmen bleiben. Erst nach dem Ausscheiden der Arbeitnehmer werden diese Beträge ausgezahlt.

Phasen des Finanzierungseffekts aus Pensionsrückstellungen			
Positiver Finanzierungseffekt	Bildung der Rückstellungen für die aktiven Mitarbeiter	>	Pensionszahlungen für die ausgeschiedenen Mitarbeiter
Neutraler Finanzierungseffekt	Bildung der Rückstellungen für die aktiven Mitarbeiter	=	Pensionszahlungen für die ausgeschiedenen Mitarbeiter
Negativer Finanzierungseffekt	Bildung der Rückstellungen für die aktiven Mitarbeiter	<	Pensionszahlungen für die ausgeschiedenen Mitarbeiter

5.8 Gegenüberstellung der Begriffe „Rücklagen“ und „Rückstellungen“

Rücklagen	Rückstellungen
➢ gehören zum **Eigenkapital** der Kapitalgesellschaften ➢ die Bildung von Rücklagen führt zur **offenen Selbstfinanzierung** von Kapitalgesellschaften. Zu den **offenen Rücklagen** gehören z. B.: – gesetzliche Rücklagen – andere freie Rücklagen – Kapitalrücklagen ➢ **stille Rücklagen** sind aus der Bilanz nicht zu erkennen. Sie entstehen durch – die Unterbewertung der Aktiva und/oder – die Überbewertung der Passiva, also z. B. durch die zu hohe Schätzung von **Rückstellungen**	➢ gehören zum **Fremdkapital** von Unternehmen ➢ die Bildung von Rückstellungen führt zu einem Aufwand, dem zum Zeitpunkt der Rückstellungsbildung tatsächlich keine Auszahlung gegenübersteht. Daher wirkt die Bildung der Rückstellung gewinn- und damit steuermindernd. Rückstellungen stellen somit ein Mittel der Finanzierung dar, da sie dem Unternehmen bis zur Auflösung der Rückstellung zum Teil zinslos zur Verfügung stehen. ➢ Rückstellungen werden für Verpflichtungen gebildet, die aufgrund ihrer Höhe, ihres zeitlichen Eintretens und/oder ihres Bestandes ungewiss sind, aber voraussichtlich sicher erwartet werden[3] und wirtschaftlich im abzuschließenden Geschäftsjahr begründet sind. Daher müssen für Rückstellungen Schätzwerte angesetzt werden. Wurde die Rückstellung zu hoch geschätzt, stellt die Differenz bis zur Auflösung der Rückstellung eine **stille Rücklage** (Reserve) dar.

1 Vgl. Wöhe, G., Bilstein, J. u. a., a. a. O., S. 447 ff.

2 Durch eine zu hohe Schätzung und Bildung von Rückstellungen entstehen allerdings **stille Rücklagen** und damit **Eigenkapital**.

3 Vgl. Coenenberg u. a., a. a. O., S. 419 f.

Beispielklausur zur Abiturprüfung 2021

Profilfach

Betriebswirtschaft mit Rechnungswesen | Controlling

Berufliches Gymnasium Wirtschaft

Bearbeitungshinweise:

- Nehmen Sie sich für die Lösung dieser Klausur 270 Minuten Zeit.
- Vergleichen Sie Ihre Ergebnisse mit den **Musterlösungen auf Seite 161 ff.** und bewerten Sie Ihre Ergebnisse selbstständig mithilfe der nachfolgend beigefügten Punkteverteilung **(auf Seite 139).**
- **Hinweis:** Diese Klausur stellt nur ein Beispiel für die Abiturprüfung 2021 dar. In der Original-Klausur können auch andere Inhalte aus den thematischen Schwerpunkten enthalten sein.

A. Problem und Aufgabenstellung

1. Problemstellung

Die Mobil AG im internationalen Wettbewerb

Unternehmensprofil

Die Mobil AG ist ein weltweit orientiertes Unternehmen der Fahrzeugindustrie mit zurzeit ca. 4.000 Mitarbeiterinnen und Mitarbeitern. In der Pkw-Sparte der Mobil AG werden in Serienfertigung verschiedene Personenkraftwagen hergestellt. Die Fahrzeuge werden über eigene Verkaufsniederlassungen (Autohäuser) weltweit vertrieben.

Das Unternehmen ist vor vielen Jahren durch seinen geräumigen Mobilvan bekannt geworden, der als komfortables Familienauto der Premium-Klasse mit Benzinmotor und langer Reichweite vornehmlich in die USA exportiert wird.

Seit einigen Jahren gehören zum Produktions- und Absatzprogramm der Pkw-Sparte der Mobil AG auch der Mobilmikro und der Mobilflexi. Beim Mobilmikro handelt es sich um einen kleinen Stadtflitzer, der speziell für den chinesischen Markt entwickelt wurde. Der Mobilflexi ist ein Mittelklassewagen, der im Innenraum durch große Flexibilität vielen individuellen Kundenansprüchen gerecht wird und in erster Linie auf dem deutschen und europäischen Markt abgesetzt wird. Er wird bislang nur als Diesel-Fahrzeug hergestellt. Anfang 2019 wurde der Mobilhybrid als abgasarmes Kurzstreckenfahrzeug in das Produktions- und Absatzprogramm aufgenommen. Seit Februar 2020 können die Kunden der Mobil AG auch den Mobilelektro erwerben, der durch seinen niedrigen Emissionsausstoß besonders umweltschonend ist.

Das Ziel der Mobil AG ist es, langfristig erfolgreiche Geschäftsfelder für das Unternehmen zu sichern. Dabei ist die Mobil AG einem weltweit zunehmenden Wettbewerb ausgesetzt, dem sie weiterhin standhalten möchte. Außerdem soll der Produktionsprozess möglichst umweltschonend erfolgen.

Neues Verkaufskonzept in der Automobilbranche[1]

Der Trend ist deutlich: Das traditionelle Autohaus an der Ausfallstraße hat ausgedient. Verkauft wird künftig in bester Citylage: in feinen Automobil-Lounges. Dort sind in der Regel nur wenige Modelle zu sehen. Stattdessen stehen die individuelle Experience und das digitale Markenerlebnis im Vordergrund. So können Kunden neue Modelle virtuell durch Großbildschirme, Tablets oder auch VR-Brillen[2] erleben und Produktinnovationen testen.

Wir sind es gewohnt, alle möglichen Dinge unkompliziert übers Internet zu bestellen. Noch ist dies beim Autokauf eher die Ausnahme: Zwar wollen viele Käufer, doch dem steht die Realität entgegen. Deshalb erhöhen Unternehmen wie Autoscout24 den Wettbewerbsdruck auf die Fahrzeughersteller und traditionellen Händler.

Noch ist ein unkompliziertes Online-Kauferlebnis meist bloßes Wunschdenken. Händler und Hersteller sind im digitalen Bereich schlecht miteinander vernetzt und tauschen kaum Informationen aus. Das ist erstaunlich. Denn 90 % der Kunden starten – folgt man dem Marktforschungsunternehmen TNS – den Kaufprozess und ihre Informationssuche online und nicht mehr beim Händler. Der Trend setzt sich fort, denn Besuche im Autohaus sind unbeliebt, sie haben sich laut Strategieberatung child von 2009 bis 2017 um fast 68 % reduziert. 1,3 Besuche pro Käufer sind die Regel; sie dienen meist lediglich der Probefahrt.

Hersteller und Vertriebspartner müssen sich diesem veränderten Kundenverhalten anpassen, um einen nahtlosen Übergang der analogen und digitalen Stufen im Kaufprozess zu schaffen. In anderen Worten: Sie müssen ein holistisches[3] Verkaufskonzept und physische Stores schaffen, die voll in sämtliche digitale Vertriebskanäle integriert sind. [...]

Strategische Neuausrichtung

Durch die Corona-Krise sind die Umsatzerlöse der Mobil AG im Geschäftsjahr 2020 gesunken. Auch im Frühjahr 2021 verzeichnet das Unternehmen rückläufige Absatzzahlen.

Daher hat der neue Vorstandsvorsitzende der Mobil AG, Dr. Peter Müller, folgende Marketingmaßnahmen zur Neustrukturierung des Verkaufskonzepts angekündigt:

Erstens strebt er eine Verbesserung der Absatzsituation durch die Schließung von mehreren Autohäusern an und möchte stattdessen in europäischen, amerikanischen und chinesischen Großstädten moderne Automobil-Showrooms errichten.

Zweitens plant er die Einrichtung eines firmeneigenen Onlinestores, in dem sich Kaufinteressenten nach individuellen Ausstattungswünschen ihr neues Auto konfigurieren und ein entsprechendes Angebot online von der Mobil AG anfordern können. Der Kaufvertragsabschluss soll allerdings weiterhin im Autohaus/Automobil-Showroom abgewickelt werden.

Neben den oben beschriebenen Marketingmaßnahmen sollen die Digitalisierung und Automatisierung der Produktionsabläufe vorangetrieben werden, um die Wettbewerbsfähigkeit der Mobil AG zu verbessern. Auch das bislang eingesetzte Kalkulationsverfahren steht auf dem Prüfstand.

Schließlich ist die Umsetzung der geplanten Maßnahmen der Mobil AG mit Finanzierungsentscheidungen verbunden.

Als Assistentin/Assistent des Vorstands werden Sie damit beauftragt, an der strategischen Neuausrichtung der Mobil AG mitzuwirken und die Wettbewerbsfähigkeit langfristig zu sichern.

In den Anlagen 1–6 finden Sie ergänzende Informationen bzw. vorbereitete Tabellen.

1 Vgl. hier und im Folgenden: https://www.horizont.net/marketing/nachrichten/anzeige-automobilmarketing-der-showroom-ersetzt-das-autohaus-170222 vom 23.10.2018.

2 Zwei grundlegende Effekte unterscheiden den visuellen Eindruck einer VR-Brille von dem eines normalen Displays (TV, Smartphone etc.): 3-D-Eindruck, weites Sichtfeld ohne erkennbare „Grenze". Dadurch entsteht ein Gefühl, als sei man in der virtuellen Realität, wodurch die Grenze zwischen virtuell und echt verschwimmt. (Quelle: https://www.brillen-sehhilfen.de/vr-brillen/funktionsweise-vr-brille.php)

3 holistisch: ganzheitlich.

17 Merkur-Nr. 0380

2. Aufgabenstellung

2.1 Als Assistentin/Assistent des Vorstands sind Sie an der Vorbereitung der nächsten Vorstandssitzung der Mobil AG im Frühjahr 2021 beteiligt. Dazu stehen Ihnen neben den Informationen aus der Problemstellung auch die Informationen aus Anlage 1 zur Verfügung.

2.1.1 **Arbeiten Sie** für die Produkte der Mobil AG die Stärken und Schwächen aus der Problemstellung bzw. den Informationen aus Anlage 1 **heraus. Stellen Sie** die Ergebnisse in einem Handout übersichtlich **dar.**
Hinweis: Beziehen Sie Ihre Ausführungen auf den Stand Februar 2020. (6,5 Punkte)

2.1.2 **Bewerten Sie** die Marketingmaßnahmen, die der neue Vorstandsvorsitzende Dr. Peter Müller in der Problemstellung zur strategischen Neuausrichtung der Mobil AG angekündigt hat. **Entwickeln Sie** kommunikationspolitische Maßnahmen für die Mobil AG, die sich aus der Einrichtung des firmeneigenen Onlinestores ergeben können. (12 Punkte)

2.2 Der Vorstand der Mobil AG möchte die notwendige Neustrukturierung des Verkaufskonzepts mit der Schließung mehrerer Autohäuser und der Einrichtung moderner Automobil-Showrooms möglichst reibungslos gestalten. Die Mobil AG arbeitet nach dem Change-Management-Konzept und möchte dieses bei der Umstrukturierung anwenden. Sie als Assistentin/Assistent des Vorstands werden gebeten, den Change-Management-Prozess vorzubereiten.

Erläutern Sie einen möglichen Change-Management-Prozess für die Neustrukturierung des Verkaufskonzepts in der Mobil AG auf der Grundlage eines idealtypischen Phasenmodells. (6 Punkte)

2.3 Der Vorstand der Mobil AG möchte mit der Errichtung eines Automobil-Showrooms mit gläserner Produktion in Berlin beginnen. Vorgespräche mit der Hausbank haben ergeben, dass die Investitionen in das Anlagevermögen durch langfristige Bankdarlehen möglich sind. Der für das Umlaufvermögen benötigte Kapitalbedarf soll durch kurzfristige Fremdfinanzierungsmöglichkeiten gedeckt werden. Diesbezüglich soll der Kapitalbedarf für die Errichtung eines Automobil-Showrooms mit gläserner Produktion in Berlin ermittelt werden. Dazu stehen Ihnen als Assistentin/Assistent des Vorstands die Angaben in den Anlagen 2 und 3 zur Verfügung.

2.3.1 **Berechnen Sie** die Gemeinkostenzuschlagssätze anhand der Angaben zum Betriebsabrechnungsbogen (BAB) auf Normalkostenbasis (Anlage 2). (6 Punkte)

2.3.2 **Ermitteln Sie** den Kapitalbedarf für das Anlage- und Umlaufvermögen für den Automobil-Showroom mit gläserner Produktion in Berlin in übersichtlicher Form (Anlage 2). Entnehmen Sie die Gemeinkostenzuschlagssätze aus Aufgabe 2.3.1. *Hinweis: Sollten Sie diese nicht ermittelt haben, gehen Sie von den in Anlage 2 angegebenen Ersatzergebnissen aus.* (6,5 Punkte)

2.3.3 **Ermitteln Sie** in übersichtlicher Form (Übersichtsmatrix) die Bilanzkennzahlen zur Investierung und Zahlungsbereitschaft für die Geschäftsjahre 2019 und 2020 (Anlage 3) und **erläutern Sie** diese.

Beurteilen Sie unter Einbeziehung aller vorliegenden Informationen das Vorhaben der Mobil AG, den Kapitalbedarf durch Fremdkapital zu finanzieren. (13 Punkte)

2.4 Die Mobil AG kalkuliert ihre Verkaufspreise im Rahmen ihrer Kosten- und Leistungsrechnung auf Vollkostenbasis mithilfe der klassischen Zuschlagskalkulation. Dr. Peter Müller, der Vorstandsvorsitzende der Mobil AG, ist der Ansicht, dass diese Kalkulationsmethode nicht mehr zeitgemäß ist und schlägt den Einsatz weiterer Kostenrechnungssysteme vor.

2.4.1 Als Assistent/-in des Vorstandes der Mobil AG haben Sie die Aufgabe, die Ansicht des neuen Vorstandsvorsitzenden der Mobil AG zur derzeit verwendeten Methode der klassischen Zuschlagskalkulation für die nächste Vorstandssitzung vorzubereiten. **Begründen Sie** den Standpunkt des Vorstandsvorsitzenden und **stellen Sie** Ihre Ergebnisse in Form einer Beschlussvorlage dar. (8 Punkte)

2.4.2 Ihnen liegen das Kostenträgerblatt auf Normalkostenbasis sowie weitere Informationen in Anlage 4 vor. **Berechnen Sie** die jeweiligen Deckungsbeiträge der Pkws sowie das Betriebsergebnis der Pkw-Sparte der Mobil AG. (4 Punkte)

2.4.3 **Werten Sie** die Informationen aus 2.4.2 unter Einbeziehung des Produktportfolios (vgl. Anlage 1) und des Kostenträgerblatts (Anlage 4) **aus**. (8 Punkte)

2.4.4 Der Umsatz des Mobilvan ist im ersten Quartal 2021 erneut um 10 % gesunken. Als Reaktion auf diese Situation könnten folgende Maßnahmen ergriffen werden:

- Herausnahme des Produkts aus dem Sortiment,
- Preiserhöhung für das Produkt, um die Gewinnsituation zu verbessern,
- starke, nachhaltige Preissenkung um 40 %,
- moderate Preissenkung um 20 %.

Überprüfen Sie diese vier Maßnahmen in Bezug auf den Mobilvan. (8 Punkte)

2.5 Der weltweite Wettbewerb und die damit verbundene zunehmende Digitalisierung der Arbeitswelt erfordern nach Meinung des Vorstands die weitere Anschaffung eines Industrieroboters zur Herstellung der Pkws.

Die Investition in den neuen Industrieroboter muss finanziert werden. Als Assistentin/Assistent des Vorstands vergleichen Sie die Kreditfinanzierung mit dem Leasing des Industrieroboters.

Der Industrieroboter soll 5 Jahre genutzt werden, bevor er ersetzt wird.

Zur Finanzierung des Industrieroboters hat die Mobil AG ein Darlehensangebot der Profit-Bank AG eingeholt. Außerdem hat die Maschinenbau AG ein Leasingangebot vorgelegt (Anlage 5).

2.5.1 **Ermitteln Sie** die Aufwands- und Liquiditätsbelastung der beiden Finanzierungsangebote in Anlage 6 ohne Berücksichtigung von Steuern. (8 Punkte)

Beachten Sie beim **Kauf des Industrieroboters auf Kredit,** dass

- der Annuitätenfaktor $\left(\text{Formel } \frac{(1+i)^n \cdot i}{(1+i)^n - 1}\right)$ auf drei Nachkommastellen gerundet werden soll,
- das Disagio über die Laufzeit des Darlehens linear abgeschrieben werden soll,
- die Anschaffungskosten des Industrieroboters über die Nutzungsdauer linear abgeschrieben werden und
- das Disagio mitfinanziert wird.

Beim Leasing des Industrieroboters berücksichtigen Sie, dass die Mobil AG den Industrieroboter am Ende der Grundmietzeit von der Maschinenbau AG zu einem Restwert von 300.000 € mit eigenen Mitteln kauft und den Restwert dann linear bis zum Ende der Nutzungsdauer abschreibt.

2.5.2 **Vergleichen Sie** für dieses Investitionsvorhaben die beiden Finanzierungsangebote Annuitätendarlehen und Leasing mit anschließendem Kauf zum Restwert mit eigenen Mitteln hinsichtlich ihrer Vorteilhaftigkeit. (8 Punkte)

2.5.3 **Beschreiben Sie** mögliche Konsequenzen für die Mitarbeiter/-innen der Mobll AG in der Produktion, welche durch die zunehmende Digitalisierung (weitere Anschaffung eines Industrieroboters) auf sie zukommen könnten. (6 Punkte)

Insgesamt sind zu erreichen **100 Punkte**

B. Material

Anlage 1

Produktgruppenportfolio (Pkw) der Mobil AG

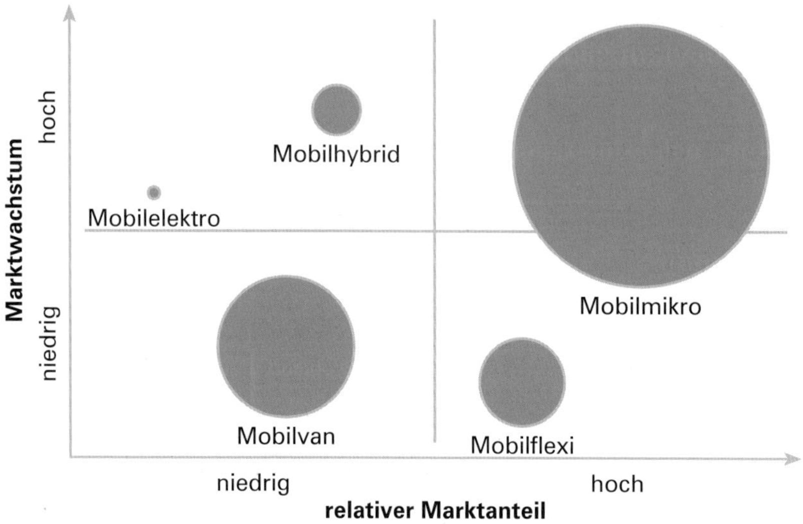

Höhere Prämie kommt noch im Februar[1]

Die neue Förderprämie mit bis zu 6.000 Euro für Elektroautos kann starten. Die Europäische Kommission hat keine Einwände gegen die höhere Förderung. Hier die Liste aller förderungsfähigen E- und Hybrid-Fahrzeuge der BAFA.

Der Erwerb (Kauf oder Leasing) eines Elektrofahrzeugs kann jetzt mit einer Prämie von bis zu 6.000 Euro belohnt werden. Plugin-Hybride werden mit 4.500 Euro gefördert. Die Förderung wird bei Fahrzeugen bis 40.000 Euro Nettolistenpreis um 50 Prozent angehoben. Bei Fahrzeugen über 40.000 Euro Nettolistenpreis steigt sie um 25 Prozent. Über einem Nettolistenpreis von 40.000 bis maximal 65.000 Euro wird der Umweltbonus für rein elektrische Fahrzeuge 5.000 Euro und für Plugin-Hybride 3.750 Euro betragen. Das Bundeswirtschaftsministerium teilte am 11.2.2020 mit, dass die europäische Kommission keine Einwände gegen die höhere finanzielle Förderung von Elektrofahrzeugen in Deutschland hat. (…) Die angepasste Förderrichtlinie wird noch im Februar im Bundesanzeiger veröffentlicht und damit in Kraft treten.

(Stand Februar 2020)

Chinesischer Automarkt bricht ein – Coronavirus wird zum Problem für die deutschen Hersteller[2]

Der Ausbruch des Coronavirus verschärft die Krise unter den Autobauern und -händlern auf dem für sie wichtigsten Absatzmarkt China. Auch deutsche Autobauer spüren die Folgen. (…) Sorgen um die Auswirkungen des Coronavirus setzen dem ohnehin schwächelnden Automarkt in China zusätzlich zu. Bereits im vergangenen Jahr waren die Absatzzahlen in China aufgrund des Handelskrieges mit den USA und einer schwächelnden Konjunktur geschrumpft.

(Stand Februar 2020)

1 https://www.auto-motor-und-sport.de/verkehr/praemie-elektroauto-foerderung-bafa-umweltbonus-2020/

2 https://www.handelsblatt.com/unternehmen/industrie/autoindustrie-chinesischer-automarkt-bricht-ein-coronavirus-wird-zum-problem-fuer-die-deutschen-hersteller-/25541986.html?ticket=ST-7340515-nXDRwEVJ3kngXsCSwTdl-ap3 [Zugriff am 24.02.2020].

Trump verschiebt Entscheidung über Autozölle um bis zu sechs Monate[1]

Aufgeschoben, aber nicht aufgehoben: US-Präsident Donald Trump will vorerst keine Strafzölle auf Autoimporte aus Europa und Japan verhängen. Der Präsident werde diese Entscheidung um bis zu sechs Monate aufschieben, teilte das Weiße Haus mit. Ursprünglich wollte Präsident Donald Trump bis spätestens Samstag über höhere Abgaben auf Autoimporte entscheiden. Die USA werden in den kommenden Monaten keine Sonderzölle auf Autos und Autoteile aus Europa verhängen. Auch bei den gegen Kanada und Mexiko verhängten Zöllen tritt die US-Regierung auf die Bremse. Die deutschen Hersteller wären durch eventuelle Sonderzölle besonders hart getroffen. Sie haben einen großen Anteil an den EU-Exporten in die USA.

Der deutsche Automobilverband VDA reagierte erleichtert auf die Entscheidung in Washington, vorerst keine Autozölle zu verhängen.

(Stand Februar 2020)

Damit müssen Dieselfahrer rechnen[2]

Bundesverwaltungsgericht und Gericht der Europäischen Union haben geurteilt: Behörden müssen Luftreinhaltepläne verschärfen und Fahrverbote für Fahrzeuge mit hohem Stickoxidausstoß anordnen, wenn die Grenzwerte anders nicht einzuhalten sind. In einzelnen Städten gelten bereits Dieselfahrverbote.

(Stand Februar 2020)

1 https://www.dw.com/de/trump-verschiebt-entscheidung-%C3%BCber-autoz%C3%B6lle-um-bis-zu-sechs-monate/a-48777350

2 https://www.test.de/FAQ-Fahrverbote-in-Innenstaedten-Diesel-muessen-draussen-bleiben-5289480-0/

Anlage 2

(zu Aufgabe 2.3.1)

Zur Berechnung der Gemeinkostenzuschlagssätze liegen folgende Angaben aus dem Betriebsabrechnungsbogen (BAB) auf Normalkostenbasis vor:

Einzelkosten (€)	**Insgesamt**
Fertigungsmaterial	17.200.000
Fertigungslöhne	7.375.000

Bestandsveränderungen (€)	**Anfangsbestand**	**Endbestand**
Unfertige Erzeugnisse	14.000.000	13.000.000
Fertige Erzeugnisse	45.000.000	47.000.000

	Material	**Fertigung**	**Verwaltung**	**Vertrieb**
Normalgemeinkosten gemäß BAB in €	**860.000,00**	**13.275.000,00**	**3.393.900,00**	**1.885.500,00**
Zuschlagsgrundlage				
Normalzuschlagssätze				
Ersatz-Ergebnisse	*6 %*	*190 %*	*8 %*	*6 %*

> **Hinweis:**
> Die Mobil AG bezieht ihre Normalgemeinkostenzuschlagssätze in den Kostenstellen „Verwaltung" und „Vertrieb" auf die Herstellkosten des Umsatzes auf Normalkostenbasis.

(zu Aufgabe 2.3.2)

Angaben für die Kapitalbedarfsrechnung	
Errichtung Showrooms	1.000.000
Raumausstattung	300.000
Errichtung Produktionshalle	500.000
Maschinenausstattung	1.000.000
Verbrauch Fertigungsmaterial pro Tag	6.000
Materialgemeinkostenzuschlagssatz	
Fertigungslöhne pro Tag	850
Fertigungsgemeinkostenzuschlagssatz	
Verwaltungsgemeinkostenzuschlagssatz	
Vertriebsgemeinkostenzuschlagssatz	
Durchschnittliche Lagerdauer für fertige Fahrzeuge (Tage)	60
Durchschnittliche Lagerdauer der Rohstoffe (Tage)	22
Durchschnittliche Produktionsdauer (Tage)	8
Durchschnittliches Lieferantenziel (Tage)	14
Durchschnittliches Kundenziel (Tage)	30

Anlage 3

(zu Aufgabe 2.3.3: das Geschäftsjahr 2020 entspricht dem Berichtsjahr)

Strukturbilanz	Berichtsjahr		Vorjahr		Abweichung	
AKTIVA	**in Tsd. €**	**in % vom GV**	**in Tsd. €**	**in % vom GV**	**in Tsd. €**	**in %**
Anlagevermögen	29.795	43,07	33.075	52,45	– 3.280	– 9,92
Vorräte	7.190	10,39	6.225	9,87	965	15,50
Forderungen	23.280	33,65	16.455	26,10	6.825	41,48
Flüssige Mittel	8.920	12,89	7.300	11,58	1.620	22,19
Summe Umlaufvermögen	39.390	56,93	29.980	47,55	9.410	31,39
Gesamtvermögen (GV)	**69.185**	**100,00**	**63.055**	**100,00**	**6.130**	**9,72**
PASSIVA	**in Tsd. €**	**in % vom GK**	**in Tsd. €**	**in % vom GK**	**in Tsd. €**	**in %**
Eigenkapital	22.170	32,04	21.740	34,48	430	1,98
Langfristiges Fremdkapital	32.655	47,20	32.275	51,19	380	1,18
Kurzfristiges Fremdkapital	14.360	20,76	9.040	14,34	5.320	58,85
Summe Fremdkapital	47.015	67,96	41.315	65,52	5.700	13,80
Gesamtkapital (GK)	**69.185**	**100,00**	**63.055**	**100,00**	**6.130**	**9,72**

Anlage 4

Kostenträgerblatt

Kostenträgerblatt	Normal GKZ	Mobilvan	Mobilflexi	Mobilmikro	Mobilhybrid	Mobilelektro	Summe Normalkosten
MEK		216.000.000	112.000.000	325.000.000	55.500.000	18.000.000	726.500.000
MGK	15,00 %	32.400.000	16.800.000	48.750.000	8.325.000	2.700.000	108.975.000
Materialkosten		248.400.000	128.800.000	373.750.000	63.825.000	20.700.000	835.475.000
FEK		108.000.000	40.000.000	125.000.000	21.000.000	7.000.000	301.000.000
FGK	180,00 %	194.400.000	72.000.000	225.000.000	37.800.000	12.600.000	541.800.000
Fertigungskosten		302.400.000	112.000.000	350.000.000	58.800.000	19.600.000	842.800.000
Herstellk. der Erzeugung		550.800.000	240.800.000	723.750.000	122.625.000	40.300.000	1.678.275.000
+ Minderbestand							
– Mehrbestand							
Herstellk. des Umsatzes		550.800.000	240.800.000	723.750.000	122.625.000	40.300.000	1.678.275.000
Verw.-Gemeinkosten	10,00 %	55.080.000	24.080.000	72.375.000	12.262.500	4.030.000	167.827.500
Vertr.-Gemeinkosten	6,00 %	33.048.000	14.448.000	43.425.000	7.357.500	2.418.000	100.696.500
Selbstk. des Umsatzes		638.928.000	279.328.000	839.550.000	142.245.000	46.748.000	1.946.799.000
Umsatzerlöse		594.000.000	288.000.000	1.050.000.000	144.000.000	39.000.000	2.115.000.000
Umsatzergebnis		– 44.928.000	8.672.000	210.450.000	1.755.000	– 7.748.000	168.201.000

In den Gemeinkosten sind 40 % variable Kosten enthalten. Die Einzelkosten sind zu 100 % variabel.

	Mobilvan	Mobilflexi	Mobilmikro	Mobilhybrid	Mobilelektro
Produktions- bzw. Absatzmenge in Stück	18.000	16.000	25.000	3.000	1.000
Nettoverkaufspreis in €/Stück	33.000	18.000	42.000	48.000	39.000

Anlage 5

Profit-Bank AG
Marsstr. 101
80335 München

PROFIT-BANK AG

An die
Mobil AG
Industrieweg 85-90
80805 München

20. März 20..

Darlehensangebot

Sehr geehrte Damen und Herren,

wir danken Ihnen für Ihre Kreditanfrage über ein Investitionsvolumen von 800.000 €. Nach Prüfung der Unterlagen zu Ihrer geplanten Investition können wir Ihnen ein Annuitätendarlehen in Höhe von 824.742,27 € (d.h. mit einer Auszahlung von 97 %) zu folgenden Konditionen anbieten:

Disagio	3 %
Nominalzinssatz (Zinszahlungen am Jahresende)	5 % p.a.
Laufzeit des Darlehens	6 Jahre

Die Zins- und Tilgungsleistungen sind jeweils am Jahresende fällig.

Mit freundlichen Grüßen

Profit-Bank AG
i.A. *Dr. Horst Mertens*
Dr. Horst Mertens

Maschinenbau AG
Industriestraße 85
85774 Unterföhring

MASCHINENBAU AG

An die
Mobil AG
Industrieweg 85–90
80805 München

20. März 20..

Leasingangebot

Sehr geehrte Damen und Herren,

wir freuen uns, Ihnen für den Industrieroboter, den wir zum Angebotspreis von 800.000 € angeboten haben, unser Leasingangebot unterbreiten zu dürfen.

Die Grundmietzeit beträgt drei Jahre und ist für beide Seiten unkündbar. Mit der ersten Leasingrate ist eine Abschlussgebühr von 5 Prozent der Investitionssumme fällig. Die jeweils zum Ende eines Jahres fällige Leasingrate beträgt

* während der Grundmietzeit 27 Prozent der Investitionssumme,
* nach Ablauf der Grundmietzeit 20 Prozent der Investitionssumme.

Alternativ bieten wir Ihnen den Kauf der Produktionsanlage nach Ablauf der Grundmietzeit zu einem Restwert von 300.000 € oder das Anschlussleasing einer neuen Produktionsanlage an.

Die Leasingraten beinhalten eine regelmäßige Wartung der Maschine.

Wir freuen uns auf Ihre Auftragserteilung.

Mit freundlichen Grüßen

Maschinenbau AG
i.A. *Dr. Ferdinand Gruber*
Dr. Ferdinand Gruber

Anlage 6

Darlehensberechnung

Jahr								
1								
2								
3								
4								
5								
6								
Summe								

Leasing

Jahr		
1		
2		
3		
4		
5		
6		
Summe		

Zuordnung der Teilaufgaben zu den Anforderungsbereichen:

Aufgabe	Bewertung in den Anforderungsbereichen			Gesamtpunkte	Eigene Punktzahl
	I	II	III		
2.1.1	0,5	6		**6,5**	
2.1.2			12	**12**	
2.2		6		**6**	
2.3.1	6			**6**	
2.3.2	6,5			**6,5**	
2.3.3	4,5	3	5,5	**13**	
2.4.1	1		7	**8**	
2.4.2	4			**4**	
2.4.3		8		**8**	
2.4.4		8		**8**	
2.5.1	8			**8**	
2.5.2		8		**8**	
2.5.3	6			**6**	
Summen	**36,5**	**39**	**24,5**	**100**	
%	**36,50 %**	**39,00 %**	**24,50 %**	**100,00 %**	

Die Umrechnung der Gesamtpunkte in KMK-Punkte ergibt sich nach folgendem Bewertungsmaßstab:

ab Prozent	95	90	85	80	75	70	65	60	55	50	45	40	34	28	20	0
Punkte	15	14	13	12	11	10	9	8	7	6	5	4	3	2	1	0

1 Controlling und Unternehmenssteuerung (Lerngebiet 7)

Musterlösungen zu 1.6: Jahresabschlussanalyse – Trainingsaufgabe auf Seite 28ff.

Arbeitsauftrag 1 (1.1): Berechnung der Bilanzkennzahlen zur Investierung und zur Zahlungsbereitschaft

Bilanzkennzahlen	Formel	Lösungsweg Berichtsjahr	Lösung Berichtsjahr	Lösung Vorjahr
zur Vermögensstruktur[1]				
Anlagenquote	$\frac{\text{Anlagevermögen} \cdot 100}{\text{Gesamtvermögen}}$	$\frac{9.300.000 \cdot 100}{13.927.350}$	66,78 %	61,95 %
Umlaufquote	$\frac{\text{Umlaufvermögen} \cdot 100}{\text{Gesamtvermögen}}$	$\frac{4.627.350 \cdot 100}{13.927.350}$	33,22 %	38,05 %
zur Kapitalstruktur[1]				
Eigenkapitalquote	$\frac{\text{Eigenkapital} \cdot 100}{\text{Gesamtkapital}}$	$\frac{9.976.000 \cdot 100}{13.927.350}$	71,63 %	75,04 %
Fremdkapitalquote	$\frac{\text{Fremdkapital} \cdot 100}{\text{Gesamtkapital}}$	$\frac{3.951.350 \cdot 100}{13.927.350}$	28,37 %	24,96 %
Anteil des langfristigen Fremdkapitals	$\frac{\text{Langfristiges Fremdkapital} \cdot 100}{\text{Gesamtkapital}}$	$\frac{2.180.000 \cdot 100}{13.927.350}$	15,65 %	12,58 %
Anteil des kurzfristigen Fremdkapitals	$\frac{\text{Kurzfristiges Fremdkapital} \cdot 100}{\text{Gesamtkapital}}$	$\frac{1.771.350 \cdot 100}{13.927.350}$	12,72 %	12,38 %
Verschuldungsgrad	$\frac{\text{Fremdkapital} \cdot 100}{\text{Eigenkapital}}$	$\frac{3.951.350 \cdot 100}{9.976.000}$	39,61 %	33,27 %
zur Investierung				
Deckungsgrad I	$\frac{\text{Eigenkapital} \cdot 100}{\text{Anlagevermögen}}$	$\frac{9.976.000 \cdot 100}{9.300.000}$	107,27 %	121,13 %
Deckungsgrad II	$\frac{(\text{Eigenkapital} + \text{langfr. FK}) \cdot 100}{\text{Anlagevermögen}}$	$\frac{(9.976.000 + 2.180.000) \cdot 100}{9.300.000}$	130,71 %	141,44 %
zur Zahlungsbereitschaft				
Liquidität 1. Grades	$\frac{\text{Flüssige Mittel} \cdot 100}{\text{kurzfristiges Fremdkapital}}$	$\frac{471.100 \cdot 100}{1.771.350}$	26,60 %	38,49 %
Liquidität 2. Grades	$\frac{(\text{Flüssige Mittel} + \text{kurzfr. Ford.}) \cdot 100}{\text{kurzfristiges Fremdkapital}}$	$\frac{(471.100 + 808.550) \cdot 100}{1.771.350}$	72,24 %	115,78 %
Liquidität 3. Grades	$\frac{\text{Umlaufvermögen} \cdot 100}{\text{kurzfristiges Fremdkapital}}$	$\frac{4.627.350 \cdot 100}{1.771.350}$	261,23 %	307,31 %

(1.2): Berechnung der Erfolgskennzahlen

Erfolgskennzahlen	Formel	Lösungsweg Berichtsjahr	Ergebnis Berichtsjahr	Ergebnis Vorjahr
Eigenkapitalrentabilität	Jahresergebnis · 100 / durchschnittliches Eigenkapital	1.056.000 · 100 / 9.712.000	10,87 %	9,71 %
Gesamtkapitalrentabilität	Bruttogewinn · 100 / durchschnittliches Gesamtkapital	(1.056.000 + 73.000) · 100 / 13.259.175	8,51 %	7,73 %
Umsatzrentabilität	Bruttogewinn · 100 / Umsatzerlöse	(1.056.000 + 73.000) · 100 / 31.500.000	3,58 %	3,69 %

1 Nur zur Information, eine Berechnung ist nicht erforderlich, da die Kennzahlen aus der Strukturbilanz übernommen werden können.

Arbeitsauftrag 2:

	Auswertung der Kennzahlen	Beurteilung der Kennzahlen
Vermögens-struktur	➢ Das Anlagevermögen ist vom Vorjahr zum Berichtsjahr um 1,5 Mio. € (von 61,95 % auf 66,78 %) gestiegen, während das gesamte Umlaufvermögen um 163.650 € (von 38,05 % auf 33,22 %) gesunken ist. ➢ Die Robotics AG hat im Berichtsjahr vermutlich eine wachstumsorientierte Investitionspolitik verfolgt.	➢ Bei der Robotics AG handelt es sich branchenbedingt um ein anlageintensives Unternehmen mit hoher Fixkostenbelastung. Daher muss das Unternehmen um eine gute Auslastung bestrebt sein. Da es weitgehend Universalmaschinen zur Produktion einsetzt, wird die Gefahr, auf Nachfrageänderungen nicht flexibel reagieren zu können, begrenzt. ➢ Das Anlagevermögen wird mit langfristigem Kapital finanziert, die goldene Bankregel wird eingehalten.
Kapital-struktur	➢ Die maximale Rücklagenbildung durch Vorstand/Aufsichtsrat führte zu einer Erhöhung des Eigenkapitals um 528.000 € (+ 5,59 %). ➢ Das Fremdkapital ist um 808.350 € (+ 25,72 %) gestiegen. ➢ Das zusätzliche Eigen- und langfristige Fremdkapital wurde zur Finanzierung der Investition im Anlagevermögen benötigt. ➢ Der Verschuldungsgrad der Robotics AG hat sich im Berichtsjahr von 33,27 % auf 39,61 % erhöht.	➢ Die Eigenkapitalquote ist in der Robotics AG mit 71,63 % sehr hoch und damit positiv zu beurteilen, d. h., das Unternehmen ist weitgehend unabhängig von seinen Gläubigern. ➢ Der Verschuldungsgrad ist mit 39,61 % im Berichtsjahr sehr gering, die vertikale Kapitalstrukturregel wird mehr als eingehalten. ➢ Die zusätzliche Aufnahme von Fremdkapital führte zu einem positiven Leverage-Effekt, da die Eigenkapitalrentabilität von 9,71 % auf 10,87 % gestiegen ist.
Investierung	➢ Der Deckungsgrad I ist von 121,13 % (Vorjahr) auf 107,27 % (Berichtsjahr) gesunken, der Deckungsgrad II ist von 141,44 % auf 130,71 % gesunken. ➢ Die Investitionen in das Anlagevermögen, die aufgrund der guten Absatzlage notwendig waren, führten zu einer Verschlechterung dieser Kennzahlen.	➢ Das gesamte Anlagevermögen und ein Teil der Vorräte können durch Eigenkapital gedeckt werden. Die goldene Bilanzregel (enge Fassung) wird eingehalten. ➢ Obwohl vom Vor- zum Berichtsjahr eine Verschlechterung der Deckungsgrade eingetreten ist, besitzt das Unternehmen immer noch eine große Unabhängigkeit gegenüber seinen Gläubigern.
Liquidität	➢ Alle drei Liquiditätsgrade haben im Vergleich vom Vorjahr zum Berichtsjahr zwar abgenommen, es wird jedoch nur der für die einzugsbedingte Liquidität geforderte Normwert von 100 % im Berichtsjahr nicht eingehalten. ➢ Das könnte daran liegen, dass die flüssigen Mittel und Forderungen gesunken sind, das kurzfristige Fremdkapital hingegen zugenommen hat.	➢ Die Liquidität 2. Grades liegt unter dem Normwert. Die Deckung des kurzfristigen Fremdkapitals kann im Berichtsjahr erst unter Hinzuziehung der Vorräte erreicht werden. Allerdings sind gerade die Liquiditätskennzahlen, z. B. aufgrund der Stichtags-Bezogenheit der Daten, wenig aussagekräftig. ➢ Bei den Liquiditäten 1. und 3. Grades werden die Normwerte erfüllt. Ggf. könnte man versuchen, eine schnellere Auftragsabwicklung zu erreichen, oder eine Umschuldung von kurz- in längerfristige Schulden vornehmen, um die einzugsbedingte Liquidität zu verbessern.
Rentabilität	➢ Sowohl die Eigenkapitalrentabilität (Steigerung von 9,71 % auf 10,87 %) als auch die Gesamtkapitalrentabilität (Steigerung von 7,73 % auf 8,51 %) haben vom Vor- zum Berichtsjahr zugenommen, nur die Umsatzrentabilität ist leicht (von 3,69 % auf 3,58 %) gesunken. ➢ Der Gewinn je Aktie konnte vom Vorjahr im Vergleich zum Berichtsjahr um 10 Cent je Aktie auf 66 Cent je Aktie gesteigert werden. ➢ Die Zunahme an Fremdkapital hat die Eigenkapitalrentabilität positiv beeinflusst (Leverage-Effekt).	➢ Die Verzinsung des durchschnittlich investierten Eigenkapitals ist mit 10,87 % im Berichtsjahr im Vergleich zu einer risikoarmen Kapitalanlage als sehr positiv zu bewerten. Auch im Vergleich mit dem erwarteten Zielwert der Branche von 6 % schneidet die Robotics AG sehr gut ab. ➢ Die Steigerung der GKR kann auf ein höheres Jahresergebnis zurückgeführt werden, was mit dem ROI belegt werden kann. ➢ Bei der Umsatzrentabilität (liegt im Berichtsjahr bei 3,58 %) wird der Normwert von 5 % nicht erreicht, was aber unter Berücksichtigung der anderen Kennzahlen nicht stark negativ ins Gewicht fällt.

Arbeitsauftrag 3: Bericht zur Vermögens-, Finanz- und Ertragslage der Robotics AG

Abschließendes Fazit zur Vermögens-, Finanz- und Ertragslage der Robotics AG:

- Die Absatzlage der Robotics AG hat sich im Berichtsjahr positiv entwickelt. Relativ hohe Investitionen in das Anlagevermögen und die Einstellung zusätzlicher Mitarbeiter lassen darauf schließen, dass die Robotics AG positive Zukunftserwartungen hat. Damit ist die Vermögenslage der Robotics AG trotz der hohen Anlagenintensität durchaus angemessen.
- Der hohe Eigenkapitalanteil, der niedrige Verschuldungsgrad und die hohe Anlagendeckung der Robotics AG deuten auf eine gute Finanzlage hin. Nur die einzugsbedingte Liquidität weist im Berichtsjahr nicht den gewünschten Wert auf, was aber aufgrund der positiven Gesamtsituation keinen Anlass zur Sorge bereitet.
- Die Ertragslage der Robotics AG ist ebenfalls insgesamt positiv zu beurteilen, was anhand der Rentabilitätskennzahlen belegt wurde. Die in der Branche für das Berichtsjahr durchschnittlich erwartete Eigenkapitalrentabilität von 6 % wird von der Robotics AG noch übertroffen.
- Allerdings muss angemerkt werden, dass die Kennzahlen zur Jahresabschlussanalyse einige Kritikpunkte aufweisen. Außerdem sollte die rein ökonomische Betrachtung um Aspekte der Nachhaltigkeit erweitert werden. Zur weiteren (strategischen) Beurteilung ist die Einbeziehung der Kunden-, der internen Prozess- und Mitarbeiterperspektive sinnvoll.

2 Erfassung, Verteilung, Analyse und Zurechnung von Kosten (Kosten- und Leistungsrechnung, Lerngebiet 3)

Musterlösungen zu 2.1.3.6: Berechnung der kalkulatorischen Kosten – Trainingsaufgabe auf Seite 45 ff.

Arbeitsauftrag 1

Kalkulatorische Abschreibungen pro Jahr:

	Wiederbeschaffungskosten	Voraussichtliche Nutzungsdauer in Jahren	Kalkulatorische Abschreibung pro Jahr
Grundstücke	800.000 €	50 Jahre	Nicht abnutzbar, wird daher nicht planmäßig abgeschrieben!
Betrieblich genutztes Gebäude	800.000 €	20 Jahre	40.000 €
Betrieblich genutzte BGA	650.000 €	5 Jahre	130.000 €
Betrieblich genutzte BGA	150.000 €	3 Jahre	50.000 €
Summe			**220.000 €**

Kalkulatorische Zinsen pro Jahr (der landesübliche Zinssatz für langfristige Kredite beträgt 3 % p. a.).

	Betriebsnotwendiges Anlagevermögen (ohne das brachliegende Grundstück, das vermietete Gebäude und die stillgelegte Maschine)	1.100.000 €
+	Betriebsnotwendiges Umlaufvermögen (ohne die Wertpapiere des Umlaufvermögens)	580.000 €
=	Betriebsnotwendiges Vermögen	1.680.000 €
–	Abzugskapital (Steuerrückstellungen, Verbindlichkeiten a. L. u. L.)	180.000 €
=	Betriebsnotwendiges Kapital	1.500.000 €

Kalkulatorische Zinsen pro Jahr = 1.500.000 € · 3 : 100 = **45.000 €/Jahr**

Kalkulatorische Wagnisse pro Jahr:

Für die kalkulatorischen Wagnisse wird der Durchschnittswert der Branche der letzten 5 Jahre angesetzt, da eigene Daten noch nicht vorliegen. Die Verluste aus Schadensfällen betrugen in den letzten 5 Jahren insgesamt 60.000 € (durchschnittliche Branchenwerte):

Kalkulatorische Wagnisse pro Jahr: 60.000 € : 5 Jahre = **12.000 €/Jahr**

Kalkulatorischer Unternehmerlohn pro Jahr:

Dafür werden hier **80.000 €/Jahr** angesetzt (Durchschnittsjahresgehalt eines Angestellten in vergleichbarer Position wie Brad Stark). Der kalkulatorische Unternehmerlohn wird hier angesetzt, weil Brad Stark Einzelunternehmer ist und seine Arbeitsleistung in Form eines Gehalts nicht in der Buchhaltung erfasst wurde.

Arbeitsauftrag 2

Ergebnistabelle Brad Stark e. K. Geschäftsjahr 01								
Buchführung (Rechnungskreis I)			Kosten- und Leistungsrechnung (Rechnungskreis II)					
			Abgrenzungsrechnung				Betriebsergebnis-rechnung	
			Unternehmensbezogene Abgrenzungen		Kostenrechnerische Korrekturen			
Konto	Aufwand	Ertrag	neutrale Aufw.	neutrale Erträge	betrieblicher Aufwand	verrechn. Kosten	Kosten	Leistungen
Umsatzerlöse		1.350.000						1.350.000
Minderbestand	200.000						200.000	
Erträge aus Vermögensabgang		56.000		56.000				
Erträge aus Wertpapieren des UV		35.000		35.000				
Zinserträge		66.000		66.000				
Aufw. f. Rohstoffe	310.000						310.000	Einzelkosten[1]
Aufw. f. Hilfsstoffe	80.000						80.000	
Aufw. f. Betr.stoffe	14.000						14.000	Gemeinkosten[2]
Fremdinstandhalt.	25.000						25.000	
Löhne	250.000						250.000	Einzelkosten[1]
Gehälter	55.000						55.000	
Abschreib. auf Sachanlagen	230.000				230.000	220.000	220.000	
Mietaufwand	25.000						25.000	
Rechts-/Beratungskosten	24.000						24.000	
Büromaterial	7.700						7.700	
Beiträge zu Wirtschaftsverbänden	300						300	Gemeinkosten[2]
Verluste aus Schadensfällen	15.000				15.000	12.000	12.000	
Zinsaufwand	49.500				49.500	45.000	45.000	
Abschreibungen auf Finanzanlagen	35.000		35.000					
Kalk. Unternehmerlohn						80.000	80.000	
Summe	1.320.500	1.507.000	35.000	157.000	294.500	357.000	1.348.000	1.350.000
Saldo	186.500		122.000		62.500		**2.000**	
Summe	1.507.000	1.507.000	157.000	157.000	357.000	357.000	1.350.000	1.350.000
Abstimmung der Ergebnisse								
(1) Gesamtergebnis im Rechnungskreis I (Fibu)				186.500				
(2) Ergebnis aus untern.bez. Abgrenzungen					122.000			
(3) Ergebnis aus kostenrechn. Korrekturen					62.500			
(4) = (2) + (3) Neutrales Ergebnis					184.500			
(5) Betriebsergebnis					2.000			
(6) Gesamtergebnis im Rechnungskreis II (KLR)					186.500			

1 Einzelkosten: Sie dienen im Betriebsabrechnungsbogen als Zuschlagsgrundlage.

2 Gemeinkosten: Sie werden im BAB mithilfe von Verteilungsschlüsseln auf die Kostenstellen verteilt.

Arbeitsauftrag 3

Auswertung der Ergebnistabelle des Sportgeräteherstellers Brad Stark e. K.:

Aus der Ergebnistabelle seines ersten Geschäftsjahres geht hervor, dass er ein Unternehmensergebnis in Höhe von 186.500 € erzielt hat. Dieses setzt sich aus dem Ergebnis aus unternehmensbezogenen Abgrenzungen in Höhe von 122.000 €, dem Ergebnis aus kostenrechnerischen Korrekturen in Höhe von 62.500 € und dem Betriebsergebnis von 2.000 € zusammen. Besonders auffällig ist hier, dass Brad Stark den meisten Gewinn durch neutrale Erträge, wie z. B. durch Zinserträge, und durch die Verrechnung der kalkulatorischen Kosten erzielt, er aber aus seiner eigentlichen betrieblichen Tätigkeit, also der Herstellung und dem Verkauf der Sportgeräte, nur 2.000 € erwirtschaftet.

Dennoch muss man festhalten, dass er bereits in seinem ersten Geschäftsjahr (hier ist der Bezug zur Ausgangssituation wichtig!) etwas mehr als alle Kosten decken konnte. Seine längerfristige Existenz ist gesichert, da er Ersatzinvestitionen mithilfe der in den Verkaufspreis einkalkulierten kalkulatorischen Abschreibungen finanzieren kann, ebenso ist sein Lebensunterhalt über den kalkulatorischen Unternehmerlohn, den er als Kosten ansetzt, gesichert. Dies wird auch durch die Wirtschaftlichkeitskennzahl von 1,0015 (1.350.000 € : 1.348.000 €) deutlich. Sein Betrieb arbeitet wirtschaftlich, er erzielt je 1 € eingesetzten Kosten Leistungen in Höhe von 1,0015 €.

Außerdem muss man bedenken, dass es sich um das erste Geschäftsjahr von Brad Stark handelt, in dem er seinen Betrieb gegründet hat.

Musterlösungen zu 2.3: Zusammenhängende Trainingsaufgabe zur Vollkostenrechnung auf Seite 55 ff.

Arbeitsauftrag 1: Kostenstellenrechnung

Ermittlung (I) der Kostenüber- und -unterdeckungen im BAB:

Berechnung der Herstellkosten des Umsatzes	auf Istkostenbasis	auf Normalkostenbasis
Fertigungsmaterial (MEK)	310.000,00	310.000,00
+ Materialgemeinkosten (MGK)	55.894,44	62.000,00
= Materialkosten	365.894,44	372.000,00
Fertigungslöhne (FEK)	250.000,00	250.000,00
+ Fertigungsgemeinkosten (FGK)	315.722,22	275.000,00
+ SEK Fertigung	0,00	0,00
= Fertigungskosten	565.722,22	525.000,00
Materialkosten + Fertigungskosten = Herstellkosten der Erzeugung	931.616,67	897.000,00
– Mehrbestand/+ **Minderbestand** (siehe Ergebnistab.)	200.000,00	200.000,00
= **Herstellkosten des Umsatzes**	1.131.616,67	1.097.000,00
+ Verwaltungsgemeinkosten	109.744,44	93.245,00
+ Vertriebsgemeinkosten	106.638,89	87.760,00
+ SEK Vertrieb	0	0
= **Selbstkosten des Umsatzes**	1.348.000,00	1.278.005,00

19 Merkur-Nr. 0380

Arbeitsblatt zu Arbeitsauftrag 1: Kostenstellenrechnung (Betriebsabrechnungsbogen) für Brad Stark e.K. 01 auf Ist- und Normalkostenbasis

Gemeinkostenarten	in €[1]	Verteilungsschlüssel	Kostenstellen				
			Material	Fertigung	Verwaltung	Vertrieb	Summe
Aufw. f. Hilfsstoffe	80.000,00	Entnahmescheine		80.000,00			80.000,00
Aufw. f. Betriebsstoffe	14.000,00	kWh 3000:9000:1000:1000	3.000,00	9.000,00	1.000,00	1.000,00	14.000,00
Fremdinstandhaltung	25.000,00	Rechnungen		18.000,00	2.000,00	5.000,00	25.000,00
Gehälter	55.000,00	Gehaltslisten 1:3:5:2	5.000,00	15.000,00	25.000,00	10.000,00	55.000,00
Kalk. Abschreibungen	220.000,00	Anlagenkartei 2:10:2:4	24.444,44	122.222,22	24.444,44	48.888,89	220.000,00
Mietaufwand	25.000,00	m^2 300:1200:200:300	3.750,00	15.000,00	2.500,00	3.750,00	25.000,00
Rechts-/Beratungskosten	24.000,00	Schätzung	4.000,00	2.000,00	6.000,00	12.000,00	24.000,00
Büromaterial	7.700,00	Schätzung	2.700,00	500,00	2.500,00	2.000,00	7.700,00
Beiträge	300,00	Schätzung			300,00		300,00
Kalk. Wagnisse	12.000,00	Schätzung 3:4:1:4	3.000,00	4.000,00	1.000,00	4.000,00	12.000,00
Kalk. Zinsen	45.000,00	Anlagewerte 1:6:1:1	5.000,00	30.000,00	5.000,00	5.000,00	45.000,00
Kalk. Unternehmerlohn	80.000,00	Schätzung	5.000,00	20.000,00	40.000,00	15.000,00	80.000,00
Summe Istgemeinkosten	588.000,00		55.894,44	315.722,22	109.744,44	106.638,89	588.000,00
Zuschlagsgrundlagen auf Istkostenbasis			Fertigungsmaterial	Fertigungslöhne	Herstellkosten des Umsatzes (Berechnung Seite 55 bzw. Seite 145)		
			310.000,00	250.000,00	1.131.616,67	1.131.616,67	
Zuschlagssätze (IST)			18,03 %	126,29 %	9,70 %	9,42 %	
Normal-Gemeinkostenzuschlagssätze			20,00 %	110,00 %	8,50 %	8,00 %	
Zuschlagsgrundlagen auf Normalkostenbasis			310.000,00	250.000,00	1.097.000,00	1.097.000,00	
Normalgemeinkosten			62.000,00	275.000,00	93.245,00	87.760,00	
Kostenüber-/Kostenunterdeckung			6.105,56	– 40.722,22	– 16.499,44	– 18.878,89	– 69.995,00

1 Gemeinkosten laut Ergebnistabelle auf Seite 48 bzw. Seite 144.

Auswertung des Betriebsabrechnungsbogens:

Beurteilung (III) der festgestellten Abweichungen: Insgesamt liegt für das Geschäftsjahr 01 eine Kostenunterdeckung im BAB in Höhe von 69.995 € vor, d. h., die Gemeinkosten waren insgesamt höher als sie normalerweise hätten sein sollen. In der Kostenstelle Material liegt allerdings sogar eine Kostenüberdeckung in Höhe von 6.105,56 € vor. Hier hat der Kostenstellenleiter gut gewirtschaftet. Sollte dauerhaft mit einer Kostenüberdeckung in der Kostenstelle Material zu rechnen sein, könnte der Materialgemeinkostenzuschlagssatz gesenkt werden, was sich positiv auf die Gestaltung des Verkaufspreises und damit auf die Nachfrage auswirken könnte. Allerdings sind in den anderen Kostenstellen Kostenunterdeckungen zu erkennen. Besonders hoch ist die Kostenunterdeckung in der Kostenstelle Fertigung (– 40.722,22 €). Preissteigerungen z. B. bei Hilfsstoffen (Preisabweichungen) könnten eine mögliche Ursache sein oder ein Mehrverbrauch aufgrund einer verbesserten Auftragslage (Beschäftigungsabweichungen), für die der Kostenstellenleiter i. d. R. nicht verantwortlich gemacht werden kann. Es wäre allerdings auch möglich, dass die Fertigungsgemeinkosten höher ausgefallen sind, als sie es normalerweise sollten, weil Fehler bei der Produktion entstanden sind, die zu einem Mehrverbrauch geführt haben, schlechte Motivation der Mitarbeiter oder ähnliches (Verbrauchsabweichungen). Diese Kostenabweichungen hätte der Kostenstellenleiter zu verantworten. Für genauere Analysen wäre eine Abweichungsanalyse sinnvoll, die aber gemäß unterrichtlicher Vorgaben nicht vorgesehen ist. Daher muss es hier bei Vermutungen bleiben. Die Abweichungen in den Kostenstellen Verwaltung (– 16.499,44 €) und Vertrieb (– 18.878,89 €) könnten ebenfalls auf Preis-, Beschäftigungs- oder Verbrauchsabweichungen zurückzuführen sein. Sollten die Kostenunterdeckungen in den Kostenstellen Fertigung, Verwaltung und Vertrieb nicht behoben werden können, müssten die jeweiligen Gemeinkostenzuschlagssätze angehoben werden, damit der Betrieb kostendeckend arbeitet.

Arbeitsauftrag 2: Kostenträgerstückrechnung – Zuschlagskalkulation Hanteln

2.1 Brad Stark e. K.: Kostenträgerstückrechnung für ein Hantelpaar: Zuschlagskalkulation als Vor- und Nachkalkulation

Kalkulationsschema	Normal-Gemeinkosten-zuschlagssatz	Vorkalkulation	Ist-Gemeinkosten-zuschlagssatz	Nach-kalkulation	Kosten-abweichung
Fertigungsmaterial		3,50 €		3,50 €	0,00 €
+ Materialgemeinkosten	20,00 %	0,70 €	18,03 %	0,63 €	0,07 €
= Materialkosten		4,20 €		4,13 €	0,07 €
Fertigungslöhne		2,72 €		2,72 €	0,00 €
+ Fertigungsgemeinkosten	110,00 %	2,99 €	126,29 %	3,44 €	– 0,45 €
+ SEK Fertigung		0,00 €		0,00 €	0,00 €
= Fertigungskosten		5,71 €		6,16 €	– 0,45 €
Herstellkosten		9,91 €		10,29 €	– 0,38 €
+ Verwaltungsgemeinkosten	8,50 %	0,84 €	9,70 %	1,00 €	– 0,16 €
+ Vertriebsgemeinkosten	8,00 %	0,79 €	9,42%	0,97 €	– 0,18 €
+ SEK Vertrieb		0,00 €		0,00 €	0,00 €
= Selbstkosten		11,54 €		12,26 €	– 0,72 €
+ Gewinn	5,00 %	0,58 €	**– 1,14 %**	**– 0,14 €**	
= Barverkaufspreis		12,12 € →		12,12 €	
+ Kundenskonto	2,00 %	0,26 €			
+ Vertreterprovision	3,00 %	0,38 €			
= Zielverkaufspreis		12,76 €			
+ Kundenrabatt	8,00 %	1,11 €			
= Angebotspreis		**13,87 €**			

Darstellung der Lösungswege:

Kostenträgerstückrechnung: Zuschlagskalkulation als Vor- und Nachkalkulation					
Kalkulationsschema (€)	**Normal-Gemeinnkosten-zuschlagssatz**	**Vorkalkulation (Normalkosten)**	**Ist-Gemeinkosten-zuschlagssatz**	**Nachkalkulation (Istkosten)**	**Kostenabweichung**
Fertigungsmaterial (MEK)		Wert ist gegeben		Wert ist gegeben	Normalkosten – Istkost
+ Materialgemeinkosten (MGK)	MGKZ (Normal)	MEK · MGKZ (Normal)/100	MGKZ (Ist)	MEK · MGKZ (Ist)/100	Normalkosten – Istkost
= Materialkosten (MK)		MEK + MGK		MEK + MGK	Normalkosten – Istkost
Fertigungslöhne (FEK)		Wert ist gegeben		Wert ist gegeben	Normalkosten – Istkost
+ Fertigungsgemeinkosten (FGK)	FGKZ (Normal)	FEK · FGKZ (Normal)/100	FGKZ (Ist)	FEK · FGKZ (Ist)/100	Normalkosten – Istkost
+ SEK Fertigung		Wert ist gegeben		Wert ist gegeben	Normalkosten – Istkost
= Fertigungskosten (FK)		FEK + FGK + SEK Fertigung		FEK + FGK + SEK Fertigung	Normalkosten – Istkost
Herstellkosten (HK)		MK + FK		MK + FK	Normalkosten – Istkost
+ Verwaltungsgemeinkosten	VerwGKZ (Normal)	HK · VerwGKZ (Normal)/100	VerwGKZ (Ist)	HK · VerwGKZ (Ist)/100	Normalkosten – Istkost
+ Vertriebsgemeinkosten	VertrGKZ (Normal)	HK · VertrGKZ (Normal)/100	VertrGKZ (Ist)	HK · VertrGKZ (Ist)/100	Normalkosten – Istkost
+ SEK Vertrieb		Wert ist gegeben		Wert ist gegeben	Normalkosten – Istkost
= Selbstkosten (SK)		HK + VerwGK + VertrGK + SEK Vertr. = gepl. Selbstkosten		HK + VerwGK + VertrGK + SEK Vertr. = tatsächliche Selbstkosten	Normalkosten – Istkost
+ Gewinn	geplanter Gewinn in % (gegeben)	geplante SK · geplanter Gewinn in %/100	tatsächlicher Gewinn in % = tatsächlicher Gewinn in € / tatsächliche SK · 100	tatsächlicher Gewinn in € = BarVP – tatsächliche Selbstkosten	
= Barverkaufspreis (BarVP)		geplante SK + geplanter Gewinn in €		**Wertübernahme aus Vorkalkulation (Barverkaufspreis)**[1]	
+ Kundenskonto	Skonto in % (gegeben)	BarVP/(100%-Skonto in % – Provision in %) · Skonto in %			
+ Vertreterprovision	Provision in % (gegeben)	BarVP/(100%-Skonto in % – Provision in %) · Provision in %			
= Zielverkaufspreis (ZielVP)		BarVP + Skonto in € + Provision in €			
+ Kundenrabatt	Rabatt in % (gegeben)	ZielVP/(100%-Rabatt in %) · Rabatt in %			
= Angebotspreis		ZielVP + Rabatt in €			

Auswertung der Kostenüber- und -unterdeckungen: Das Fertigungsmaterial weist keine Kostenabweichung auf. Preiserhöhungen bei den Rohstoffen hat es wohl nicht gegeben, ebenso wurden die Materialvorgaben bei den Rohstoffen eingehalten. Bei den Materialgemeinkosten ist sogar eine Kostenüberdeckung festzustellen, es könnte sein, dass die Preise z. B. für Hilfs- und Betriebsstoffe leicht gesunken sind oder diese Stoffe effektiver eingesetzt werden konnten. Bei den Fertigungslöhnen liegt keine Kostenabweichung vor, sodass scheinbar keine Lohnerhöhung stattgefunden hat, auch wurden die geplanten Zeitvorgaben eingehalten. Allerdings liegen Kostenunterdeckungen bei den Fertigungsgemeinkosten (– 0,45 €/Stück), den Verwaltungsgemeinkosten (– 0,16 €/Stück) und den Vertriebsgemeinkosten (-0,18 €/Stück) vor, was insgesamt zu einer Kostenunterdeckung von – 0,72 €/ Stück führt. Gestiegene Preise beim Gemeinkostenmaterial, Gehaltserhöhungen, ein uneffizienter Einsatz oder Mehrverbrauch an Betriebsstoffen könnten Ursachen dafür sein. Für die Verbrauchsabweichungen müssen die Kostenstellenleiter Verantwortung tragen und geeignete Gegenmaßnahmen ergreifen, z. B. günstiger einkaufen, Angebotsvergleiche erstellen, Preisverhandlungen mit Lieferanten führen etc.

Statt des geplanten Gewinns in Höhe von 0,58 €/Stück entsteht ein Verlust in Höhe von 0,14 €/Stück, d. h., es werden nicht alle Kosten der Herstellung für die Hanteln gedeckt.

1 Unter der Voraussetzung, dass ein Hantelpaar zum kalkulierten Barverkaufspreis verkauft wurde (d. h. der Kunde tatsächlich den kalkulierten Kundenrabatt ausgehandelt hat, die Vertreterprovision dem geplanten Prozentsatz entspricht und der Kunde den Lieferantenkredit nicht in Anspruch genommen hat). Falls diese Voraussetzungen nicht zutreffen, muss dieser Wert entsprechend berechnet werden.

2.2 Kostenträgerstückrechnung als Rückwärtskalkulation: Medizinball

Kalkulationsschema	Normal-Gemeinkostenzuschlagssatz		Rückwärtskalkulation
Fertigungsmaterial		↑	**4,38 €**
+ Materialgemeinkosten	20,00 %		0,88 €
= Materialkosten		❸	5,26 €
Fertigungslöhne			6,00 €
+ Fertigungsgemeinkosten	110,00 %	❷	6,60 €
Zwischensumme 1			12,60 €
+ SEK Fertigung			0,00 €
= Fertigungskosten		↓	12,60 €
Herstellkosten		↑	17,86 €
+ Verwaltungsgemeinkosten	8,50 %		1,52 €
+ Vertriebsgemeinkosten	8,00 %		1,43 €
Zwischensumme 2			20,81 €
+ SEK Vertrieb			0,00 €
= Selbstkosten			20,81 €
+ Gewinn	5,00 %		1,04 €
= Barverkaufspreis			21,85 €
+ Kundenskonto	2,00 %		0,46 €
+ Vertreterprovision	3,00 %		0,69 €
= Zielverkaufspreis			23,00 €
+ Kundenrabatt	8,00 %		2,00 €
= Angebotspreis		❶	25,00 €

Darstellung der Lösungswege:

Kalkulationsschema für die Rückwärtskalkulation	Normal-Gemeinkostenzuschlagssatz		Rückwärtskalkulation
Fertigungsmaterial (MEK)		↑	MK – MGK in €
+ Materialgemeinkosten (MGK)	MGKZ (Normal)		MK/(100 + MGKZ) · MGKZ
= Materialkosten (MK)		❸	HK – FK
Fertigungslöhne (FEK)			Wert ist gegeben
+ Fertigungsgemeinkosten (FGK)	FGKZ (Normal)	❷	FEK · FGKZ (Normal)/100
Zwischensumme 1			FEK + FGK
+ SEK Fertigung			Wert ist gegeben
= Fertigungskosten (FK)		↓	Zwischensumme 1 + SEK Fertigung
Herstellkosten (HK)		↑	Zwischensumme 2 – VerwGK in € – VertrGK in €
+ Verwaltungsgemeinkosten	VerwGKZ (Normal)		Zwischensumme 2/(100 + VerwGKZ + VertrGKZ) · VerwGKZ
+ Vertriebsgemeinkosten	VertrGKZ (Normal)		Zwischensumme 2/(100 + VerwGKZ + VertrGKZ) · VertrGKZ
Zwischensumme 2			SK – SEK Vertrieb
+ SEK Vertrieb			Wert ist gegeben
= Selbstkosten (SK)			BarVP – Gewinn in €
+ Gewinn	Gewinnn in % (gegeben)		BarVP/(100 + Gewinn in %) · Gewinn in %
= Barverkaufspreis (BarVP)			ZielVP – Skonto in € – Provision in €
+ Kundenskonto	Skonto in % (gegeben)		ZielVP ·Skonto in %/100
+ Vertreterprovision	Provision in % (gegeben)		ZielVP · Provision in %/100
= Zielverkaufspreis (ZielVP)			Angebotspreis – Rabatt in €
+ Kundenrabatt	Rabatt in % (gegeben)		Angebotspreis · Rabatt in %/100
= Angebotspreis		❶	Ausgangspunkt (Wert in gegeben)

Stellungnahme (III), ob die Annahme des Kundenauftrages sinnvoll ist, wenn die Kosten für das benötigte Fertigungsmaterial je Medizinball 5,00 € (mittlere Qualität) betragen:

Die maximal für einen Medizinball anfallenden Kosten für das Fertigungsmaterial werden in der Rückwärtskalkulation mit 4,38 €/Stück errechnet. Laut Aufgabenstellung kosten die Rohstoffe für einen Medizinball jedoch 5,00 €/Stück, sodass der angestrebte Gewinn von 5 % nicht erreicht werden kann. Wenn sich tatsächlich kein anderer, günstigerer Zulieferer finden lässt, die Verwendung von Material schlechterer Güte nicht vertretbar ist und/oder Brad Stark e. K. auf dem angestrebten Gewinnzuschlag von 5 % besteht, muss dieser Auftrag abgelehnt werden. Da jedoch alle Kosten gedeckt sind und sich aus diesem Auftrag heraus ggf. eine neue Geschäftsbeziehung entwickeln kann, ist auch eine Entscheidung zugunsten der Auftragsannahme möglich. Eigentlich müsste hier die Teilkostenrechnung (Deckungsbeitragsrechnung) als Entscheidungsinstrument hinzugezogen werden.

2.3 Kostenträgerstückrechnung als Differenzkalkulation: Expander

Kalkulationsschema	Normal-Gemeinkostenzuschlagssatz	Differenzkalkulation
Fertigungsmaterial		↓ 1,50 €
+ Materialgemeinkosten	20,00 %	0,30 €
= Materialkosten		1,80 €
Fertigungslöhne		1,00 €
+ Fertigungsgemeinkosten	110,00 %	1,10 €
+ SEK Fertigung		0,00 €
= Fertigungskosten		2,10 €
Herstellkosten		3,90 €
+ Verwaltungsgemeinkosten	8,50 %	0,33 €
+ Vertriebsgemeinkosten	8,00 %	0,31 €
+ SEK Vertrieb		0,00 €
= Selbstkosten		↓ 4,54 €
+ Gewinn	**5,94 %**	0,27 €
= Barverkaufspreis		↑ 4,81 €
+ Kundenskonto	2,00 %	0,10 €
+ Vertreterprovision	3,00 %	0,15 €
= Zielverkaufspreis		5,06 €
+ Kundenrabatt	8,00 %	0,44 €
= Angebotspreis		5,50 €

Darstellung der Lösungswege:

Kalkulationsschema für die Differenzkalkulation	Normal-Gemeinkostenzuschlagssatz	Differenzkalkulation
Fertigungsmaterial (MEK)		Wert ist gegeben
+ Materialgemeinkosten (MGK)	MGKZ (Normal)	MEK · MGKZ (Normal)/100
= Materialkosten (MK)		MEK + MGK
Fertigungslöhne (FEK)		Wert ist gegeben
+ Fertigungsgemeinkosten (FGK)	FGKZ (Normal)	FEK · FGKZ (Normal)/100
+ SEK Fertigung		Wert ist gegeben
= Fertigungskosten (FK)		FEK + FGK + SEK Fertigung
Herstellkosten (HK)		MK + FK
+ Verwaltungsgemeinkosten	VerwGKZ (Normal)	HK · VerwGKZ (Normal)/100
+ Vertriebsgemeinkosten	VertrGKZ (Normal)	HK · (VertrGKZ (Normal)/100
+ SEK Vertrieb		Wert ist gegeben
= Selbstkosten (SK)		HK + VerwGK + VertrGK + SEK Vertrieb
+ Gewinn	Gewinn in €/SK · 100	Bar VP – SK
= Barverkaufspreis (BarVP)		ZielVP – Skonto in € – Provision in €
+ Kundenskonto	Skonto in % (gegeben)	ZielVP · Skonto in %/100
+ Vertreterprovision	Provision in % (gegeben)	ZielVP · Provision in %/100
= Zielverkaufspreis (ZielVP)		Angebotspreis – Rabatt in €
+ Kundenrabatt	Rabatt in % (gegeben)	Angebotspreis · Rabatt in %/100
= Angebotspreis		Ausgangspunkt (Wert ist gegeben)

Diskussion (III), ob der Sportartikelhersteller Brad Stark e. K. den Kundenauftrag annehmen sollte:

Hier kann das gleiche Fazit gezogen werden wie bei der Entscheidung zum Medizinball. Da der Arbeitsauftrag aber auf einer Diskussion basiert, sollte man die Pro- und Contra-Argumente einander gegenüberstellen. Streng genommen müsste man den Auftrag ablehnen, da mit der Herstellung und dem Verkauf der Expander nur ein Gewinn von 5,94 % erzielt wird im Vergleich zu den angestrebten 6 %. Nimmt Brad Stark e. K. den Auftrag jedoch an, kann er nicht nur alle Kosten decken, sondern erzielt darüber hinaus noch 5,94 % Gewinn, also nur 0,06 % weniger als den geplanten Gewinn. Damit könnte er ggf. den Verlust aus der Herstellung der Hanteln decken. Mit der Ablehnung des Auftrages verbaut man sich ggf. eine bisher langjährige und gute Geschäftsbeziehung oder lässt neue Geschäftsbeziehungen erst gar nicht entstehen. Daher sollte die Entscheidung für die Annahme des Auftrages ausfallen, obwohl auch hier die Teilkostenrechnung (Deckungsbeitragsrechnung) als Entscheidungsinstrument hinzugezogen werden müsste.

Arbeitsauftrag 3: Kostenträgerzeitrechnung

Brad Stark e. K.: Kostenträgerzeitrechnung auf Normalkostenbasis

Kalkulationsschema	Lösungswege	Hantelpaar	Medizinball	Expander	Summe Normalkosten
Fertigungsmaterial	MEK/Stk. · Herstellmenge	175.000,00	45.000,00	90.000,00	310.000,00
+ Materialgemeinkosten	MEK · MGKZ (20 %) / 100	35.000,00	9.000,00	18.000,00	62.000,00
= Materialkosten	MEK + MGK	210.000,00	54.000,00	108.000,00	372.000,00
Fertigungslöhne	FEK/Stk. · Herstellmenge	136.000,00	54.000,00	60.000,00	250.000,00
+ Fertigungsgemeinkosten	FEK · FGKZ (110 %) / 100	149.600,00	59.400,00	66.000,00	275.000,00
+ SEK Fertigung	gegeben	0,00	0,00	0,00	0,00
= Fertigungskosten	FEK + FGK + SEK Fertigung	285.600,00	113.400,00	126.000,00	525.000,00
Herstellkosten der Erzeugung	MK + FK	495.600,00	167.400,00	234.000,00	897.000,00
– Mehrbestand bzw. + Minderbestand	gegeben	100.000,00	50.000,00	50.000,00	200.000,00
= Herstellkosten des Umsatzes	Herstellkosten der Erzeugung – Mehrbestand + Minderbestand	595.600,00	217.400,00	284.000,00	1.097.000,00
+ Verwaltungsgemeinkosten	Herstellkosten des Umsatzes · VerwGKZ (8,5 %) / 100	50.626,00	18.479,00	24.140,00	93.245,00
+ Vertriebsgemeinkosten	Herstellkosten des Umsatzes · VertrGKZ (8 %) / 100	47.648,00	17.392,00	22.720,00	87.760,00
+ SEK Vertrieb	gegeben	0,00	0,00	0,00	0,00
= Selbstkosten des Umsatzes	Herstellkosten des Umsatzes + VerwGK + VertrGK + SEK Vertrieb	693.874,00	253.271,00	330.860,00	1.278.005,00
Nettoumsatzerlöse	gegeben bzw. Absatzmenge · Stückpreis	656.000,00	214.000,00	480.000,00	1.350.000,00
Umsatzergebnis	Nettoumsatzerlöse – Selbstkosten des Umsatzes	– 37.874,00	– 39.271,00	+ 149.140,00	71.995,00
+ Kostenüberdeckung/ – Kostenunterdeckung aus dem BAB (vgl. Seite 146)					– 69.995,00
= Betriebsergebnis (vgl. Ergebnistabelle auf Seite 144)					**2.000,00**

Darstellung der Lösungswege: Kostenträgerzeitrechnung

Kalkulationsschema	Zuschlagssätze	Produkt A	Produkt B	Produkt C	Summe
Fertigungsmaterial		MEK/Stk. · Herstellmenge	MEK/Stk. · Herstellmenge	MEK/Stk. · Herstellmenge	Zeilensumme
+ Materialgemeinkosten	gegeben	MEK · MGKZ/100	MEK · MGKZ/100	MEK · MGKZ/100	Zeilensumme
= Materialkosten		MEK + MGK	MEK + MGK	MEK + MGK	Zeilensumme
Fertigungslöhne		FEK/Stk. · Herstellmenge	FEK/Stk. · Herstellmenge	FEK/Stk. · Herstellmenge	Zeilensumme
+ Fertigungsgemeinkosten	gegeben	FEK · FGKZ/100	FEK · FGKZ/100	FEK · FGKZ/100	Zeilensumme
+ SEK Fertigung		gegeben	gegeben	gegeben	Zeilensumme
= Fertigungskosten		FEK + FGK + SEK Fertigung	FEK + FGK + SEK Fertigung	FEK + FGK + SEK Fertigung	Zeilensumme
Herstellkosten der Erzeugung		MK + FK	MK + FK	MK + FK	Zeilensumme
– Mehrbestand bzw. + Minderbestand		gegeben	gegeben	gegeben	Zeilensumme
= Herstellkosten des Umsatzes		HK d. E. – Mehrbestand + Minderbestand	HK d. E. – Mehrbestand + Minderbestand	HK d. E. – Mehrbestand + Minderbestand	Zeilensumme
+ Verwaltungsgemeinkosten	gegeben	HK d. U. · VerwGKZ/100	HK d. U. · VerwGKZ/100	HK d. U. · VerwGKZ/100	Zeilensumme
+ Vertriebsgemeinkosten	gegeben	HK d. U. · VertrGKZ/100	HK d. U. · VertrGKZ/100	HK d. U. · VertrGKZ/100	Zeilensumme
+ SEK Vertrieb		gegeben	gegeben	gegeben	Zeilensumme
= Selbstkosten des Umsatzes		HK d. U. + VerwGK + VertrGK + SEK Vertrieb	HK d. U. + VerwGK + VertrGK + SEK Vertrieb	HK d. U. + VerwGK + VertrGK + SEK Vertrieb	Zeilensumme
Nettoumsatzerlöse		gegeben bzw. Absatzmenge · Stückpreis	gegeben bzw. Absatzmenge · Stückpreis	gegeben bzw. Absatzmenge · Stückpreis	Zeilensumme
Umsatzergebnis		Nettoumsatzerlöse – Selbstkosten des Umsatzes	Nettoumsatzerlöse – Selbstkosten des Umsatzes	Nettoumsatzerlöse – Selbstkosten des Umsatzes	Zeilensumme
+ Kostenüberdeckung/ – Kostenunterdeckung aus dem BAB					Übernahme aus dem BAB
= Betriebsergebnis					Umsatzergebnis + Kostenüberdeckung – Kostenunterdeckung, vergleiche mit Ergebnistabelle!

Die Kostenträgerzeitrechnung kann auch als Gegenüberstellung von Ist- und Normalkosten dargestellt werden.

Kalkulationsschema (vgl. Seite 145)	Ist-Zuschlagssatz	Istkosten	Normal-Zuschlagssatz	Normalkosten	Kostenabweichung
⋮	⋮	⋮	⋮	⋮	⋮
Selbstkosten (des Umsatzes)		1.348.000		1.278.005	– 69.995
Nettoumsatzerlöse		1.350.000		1.350.000	
Betriebsergebnis		2.000			
Umsatzergebnis				71.995	

Das Betriebsergebnis weicht um 69.995 € vom geplanten Umsatzergebnis ab.

Auswertung der Kostenträgerrechnung auf Normalkostenbasis:

Berechnung der Kennzahlen	Lösungsweg für Hantelpaar	Hantelpaar	Medizinball	Expander
Geplante Umsatzrendite	$\frac{-37.874}{656.000} \cdot 100$	– 5,77 %	– 18,35 %	+ 31,07 %
Wirtschaftlichkeit	$\frac{656.000}{693.874}$	0,95	0,84	1,45

Die Expander erzielen 31,07 € Gewinn je 100 € Umsatz, die Hantelpaare und die Medizinbälle erwirtschaften einen Verlust. Das spiegelt sich auch in der Wirtschaftlichkeit wider. Die Wirtschaftlichkeit der Expander ist am größten, die Herstellung und der Verkauf der Hanteln und Medizinbälle sind nicht wirtschaftlich. Langfristig sollten alle Produkte ein positives Umsatzergebnis aufweisen. Es liegt also nahe, die Hanteln und Medizinbälle aus dem Produktionsprogramm herauszunehmen. Diese Entscheidung müsste jedoch mithilfe der Teilkostenrechnung (Deckungsbeitragsrechnung) überprüft werden. Außerdem müssten nähere Informationen aus dem Marketing zu den einzelnen Produkten vorliegen, um produktpolitische Entscheidungen treffen zu können.

Insgesamt war die Herstellung und der Verkauf der Sportgeräte im Unternehmen Brad Stark e. K. im Geschäftsjahr 01 erfolgreich, da das Betriebsergebnis mit 2.000 € positiv war. Die negativen Umsatzergebnisse der Hanteln und Medizinbälle werden durch den Erfolg der Expander ausgeglichen. Der Betrieb arbeitet insgesamt wirtschaftlich, da alle Kosten gedeckt wurden **(Vollkostenrechnung)**.

Allerdings können kurzfristige, marktorientierte Entscheidungen nur mithilfe der **Teilkostenrechnung** getroffen werden. Hinzu kommen **weitere Mängel der Vollkostenrechnung**.

Musterlösungen zu 2.5.2.2: Teilkostenrechnung in Ein-Produkt-Unternehmen – Trainingsaufgabe auf Seite 68ff.

Arbeitsauftrag 1

Ermittlung der fixen und variablen Kosten:

Kostenart	Kosten	Variable Kosten	Fixkosten	Mischkosten
Aufwendungen für Rohstoffe	130.000 €	130.000 €		
Aufwendungen für Hilfsstoffe	26.500 €	26.500 €		
Aufwendungen für Betriebsstoffe	4.500 €			4.500 €
Zeitlöhne	84.000 €	84.000 €		
Gehälter	56.000 €		56.000 €	
Soziale Abgaben	38.000 €			38.000 €
Mietaufwand	25.000 €		25.000 €	
Energiekosten	6.300 €			6.300 €
Aufw. f. Kommunikation (Flatrate)	2.700 €		2.700 €	
Kalkulatorische Abschreibung	12.400 €		12.400 €	
Kalkulatorische Zinsen	6.700 €		6.700 €	
Summe	392.100 €	240.500 €	102.800 €	48.800 €
		↓	↓	
Verteilung der Mischkosten		19.520 €	29.280 €	
Summe	**392.100 €**	**260.020 €**	**132.080 €**	

Herausarbeiten der Kostenfunktion:

$k_v = K_V : x = 260.020 : 65.005 = 4$ €/Stück

$K(x) = k_v \cdot x + K_F = 4 \cdot x + 132.080$

Arbeitsauftrag 2

Berechnung der fehlenden Tabellenwerte:

x (St.)	K_F (€)	K_V (€)	K(x) (€)	U(x) (€)	G(x) (€)	k_v (€/St.)	k_f (€/St.)	k (€/St.)	p (€/St.)	g (€/St.)
0	132.080	0	132.080	0	–132.080	#DIV/0!	#DIV/0!	#DIV/0!	#DIV/0!	#DIV/0!
20.000	132.080	80.000	212.080	140.000	–72.080	4,00	6,60	10,60	7,00	–3,60
40.000	132.080	160.000	292.080	280.000	–12.080	4,00	3,30	7,30	7,00	–0,30
60.000	132.080	240.000	372.080	420.000	47.920	4,00	2,20	6,20	7,00	0,80
80.000	132.080	320.000	452.080	560.000	107.920	4,00	1,65	5,65	7,00	1,35
100.000	132.080	400.000	532.080	700.000	167.920	4,00	1,32	5,32	7,00	1,68

Arbeitsauftrag 3

Berechnung der Gewinnschwelle:

Die Gewinnschwelle ist die Menge, von der an ein Unternehmen Gewinn erzielt. Der Berechnungsansatz ist folgender:

G (x) = 0, daraus folgt: U (x) = K (x)

Beschäftigungsgrad = genutzte Kapazität : technische Maximalkapazität · 100

Für die Gewinnschwelle ergibt sich:

$$7\,x = 4\,x + 132.080 \mid -4\,x$$
$$3\,x = 132.080 \mid : 132.080$$
$$x = 44.026{,}67 \text{ Stück (auf 44.027 Stück aufrunden!)}$$

Der Beschäftigungsgrad an der Gewinnschwelle beträgt: 44.027 / 100.000 · 100 = 44,03 %

Da bei linearem Verlauf der Kostenfunktion der maximale Gewinn an der Kapazitätsgrenze liegt, sollte eine Produktions- und Absatzmenge von 100.000 Zentnern angestrebt werden.

Arbeitsauftrag 4

Ermittlung des Betriebsergebnisses:

Umsatzerlöse (65.005 Zentner · 7 €/Zentner)	455.035 €
– variable Kosten (65.005 Zentner · 4 €/Zentner)	260.020 €
= Deckungsbeitrag	195.015 €
– Fixkosten	132.080 €
= Betriebsergebnis	62.935 €

3 Strategisches Marketing, Marktpolitische Entscheidung treffen im Bereich Distributions- und Kommunikationspolitik (aus Lerngebiet 5)

Musterlösungen zu 3.1.3.5: Marktanalyse (Mindmap)/SWOT-Analyse auf Seite 78 ff.

Arbeitsauftrag 1:

Mögliche Lösung:

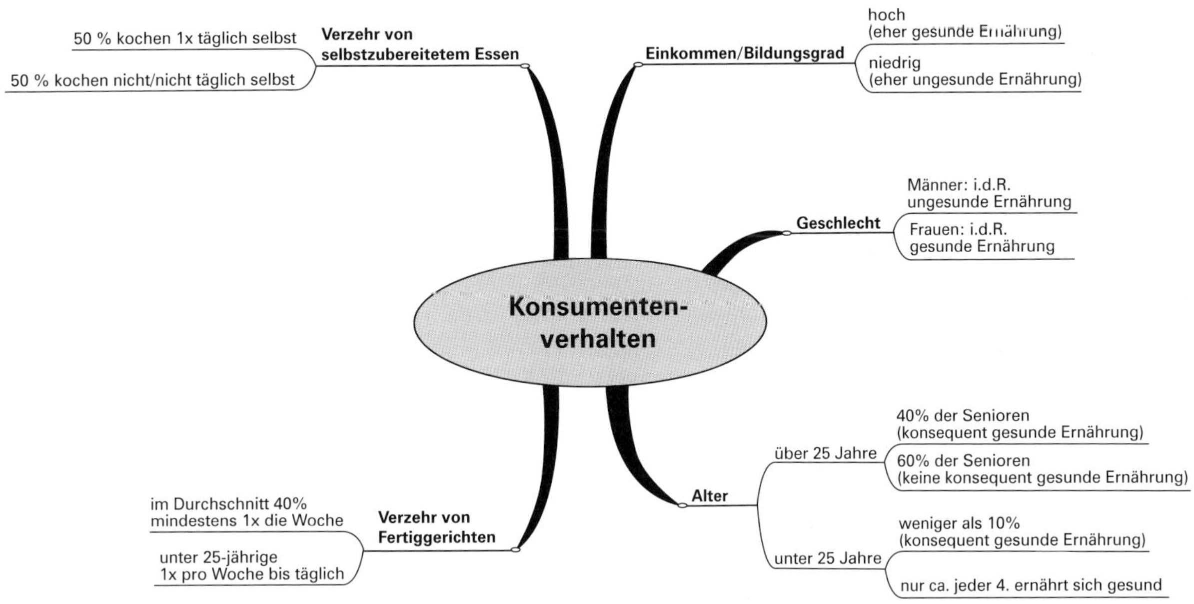

Arbeitsauftrag 2:

2.1 SWOT-Analyse

	Chancen (unternehmensextern)	**Risiken (unternehmensextern)**
Stärken (unternehmensintern)	*Stärke:* Marktführer für exquisite Tiefkühlkost *Chance:* höchstes Marktwachstum in den Sparten Snacks, Gerichte, Pizza	*Stärken:* hohe Produktqualität, kurze Lieferzeiten *Risiken:* steigende Erzeugerpreise für Nahrungsmittel aus kontrolliertem Anbau, Preiskämpfe unter Tiefkühlanbietern
Schwächen (unternehmensintern)	*Schwäche:* einseitige Konzentration auf gesundheitsbewusste Single-Haushalte bzw. Berufstätige mit gehobenem Einkommen *Chance:* anhaltendes Umsatzwachstum bei Tiefkühlprodukten	*Schwächen:* kostenintensives Vertriebssystem, Preise im Konkurrenzvergleich eher hoch *Risiko:* scharfer Wettbewerb, abnehmendes Mengenwachstum bei Tiefkühlprodukten

2.2

Erläuterung möglicher Marketingstrategien:

- Umfassende Kostenführerschaft auf dem Gesamtmarkt: Es werden auf dem Gesamtmarkt Maßnahmen zur Erzielung eines erheblichen Kostenvorsprungs im Vergleich zur gesamten Branche ergriffen, um die Kostenvorteile durch niedrige Preise (aggressive Preisstrategie) an die Kunden weiterzugeben.
- Differenzierung/Qualitätsführerschaft auf dem Gesamtmarkt: Produkte und/oder Dienstleistungen des Unternehmens werden auf dem Gesamtmarkt in hoher Produkt- und/oder Servicequalität angeboten, um die Einzigartigkeit im Vergleich zur gesamten Branche herauszustellen und einen relativ hohen Preis zu rechtfertigen.
- Konzentration auf Schwerpunkte (Strategie der Kostenführerschaft bzw. Differenzierung auf einem Teilmarkt): Die Strategien der Kostenführerschaft und/oder die der Differenzierung werden nur auf einem Teilmarkt angewendet. Dieser Teilmarkt kann eine Marktnische, d.h. eine bestimmte Abnehmergruppe, oder ein begrenzter geografischer Markt sein bzw. sich z.B. nur auf ein bestimmtes Produkt des Produktionsprogramms beschränken. Mit der Konzentration auf Schwerpunkte wird das Ziel verfolgt, sich im Gegensatz zu Unternehmen, die ihre Strategie branchenweit verfolgen, nur auf ein begrenztes Ziel zu konzentrieren, um dort eine noch bessere Wirksamkeit bzw. Effizienz als die Konkurrenz zu erreichen.

Begründung für eine Marketingstrategie:

Konzentration auf Schwerpunkte (Differenzierung/Qualitätsführerschaft auf einem Teilmarkt)

Gemäß M.E. Porter führen die dargestellten Strategien nur zu einem Erfolg, wenn Unternehmen bewusst eine Strategie verfolgen. Bislang verfolgt die Frogo AG die o.g. Strategie konsequent, da sie sich als Nischenanbieter auf die Zielgruppe gesundheitsbewusster Single-Haushalte und Berufstätiger mit gehobenem Einkommen konzentriert. In diesem Marktsegment ist sie Marktführer und es besteht eine große Wahrscheinlichkeit dafür, dass die Kunden bereit sind, für besondere Qualität und kurze Lieferzeiten einen verhältnismäßig hohen Preis zu zahlen. Daher lassen sich steigende Erzeugerpreise vermutlich an die Kunden weitergeben. In diesem Marktsegment wird besonders für Snacks, Gerichte und Pizza, also für Produkte, die zur Produktpalette der Frogo AG gehören, weiteres Marktwachstum erwartet.

Durch einen hohen Differenzierungsgrad und Qualitätsvorsprung ist die Frogo AG als Marktführer dieser Nische durch Konkurrenzprodukte nur schwer angreifbar.

5 Finanzierungsentscheidungen treffen (aus Lerngebiet 4 der RRL)

Musterlösungen zu 5.6: Trainingsaufgabe zur Finanzierung auf Seite 122 ff.

Arbeitsauftrag 1

1.1.1 und 1.1.2

Festdarlehen	Angebot Bank A	Angebot Bank B	Angebot Bank C
anfängliche Höhe der Darlehensschuld in €	105.263,16[1]	106.382,98	100.000,00
Disagio	5	6	0
Auszahlungsbetrag in €	100.000,00	100.000,00	100.000,00
Nominalzinssatz in %	2,50	2,00	3,00
Laufzeit in Jahren	6	6	6
effektiver Jahreszinssatz in %	3,51[2]	3,19	3,00

Unter Einbeziehung des Disagios und der unterschiedlichen Nominalverzinsung ist das Angebot der Bank C am günstigsten. Da weder Gebühren noch ein Disagio zu berücksichtigen sind, entspricht hier der Nominalzinssatz dem effektiven Jahreszinssatz.

1.2.1

Angebot 1: Festdarlehen					
Jahr	Schulden am Anfang des Jahres in €	Tilgung in €	Zinsen in € (Aufwendungen)	Auszahlung (Annuität, Liquiditätsbelast.) in €	Schulden am Ende des Jahres in €
1	2.000.000,00	–	60.000,00	60.000,00	2.000.000,00
2	2.000.000,00	–	60.000,00	60.000,00	2.000.000,00
3	2.000.000,00	–	60.000,00	60.000,00	2.000.000,00
4	2.000.000,00	–	60.000,00	60.000,00	2.000.000,00
5	2.000.000,00	2.000.000,00	60.000,00	2.060.000,00	–
Summe		2.000.000,00	300.000,00	2.300.000,00	

Angebot 2: Abzahlungsdarlehen					
Jahr	Schulden am Anfang des Jahres in €	Tilgung in €	Zinsen in € (Aufwendungen)	Auszahlung (Annuität, Liquiditätsbelast.) in €	Schulden am Ende des Jahres in €
1	2.000.000,00	400.000,00	60.000,00	460.000,00	1.600.000,00
2	1.600.000,00	400.000,00	48.000,00	448.000,00	1.200.000,00
3	1.200.000,00	400.000,00	36.000,00	436.000,00	800.000,00
4	800.000,00	400.000,00	24.000,00	424.000,00	400.000,00
5	400.000,00	400.000,00	12.000,00	412.000,00	–
Summe		2.000.000,00	180.000,00	2.180.000,00	

Angebot 3: Annuitätendarlehen					
Jahr	Schulden am Anfang des Jahres in €	Tilgung in €	Zinsen in € (Aufwendungen)	Auszahlung (Annuität, Liquiditätsbelast.) in €	Schulden am Ende des Jahres in €
1	2.000.000,00	376.800,00	60.000,00	436.800,00	1.623.200,00
2	1.623.200,00	388.104,00	48.696,00	436.800,00	1.235.096,00
3	1.235.096,00	399.747,12	37.052,88	436.800,00	835.348,88
4	835.348,88	411.739,53	25.060,47	436.800,00	423.609,35
5	**423.609,35**	**423.609,35**	**12.708,28**	**436.317,63**	–
Summe		2.000.000,00	183.517,63	2.183.517,63	

1 $\frac{100.000\text{ €}}{95} \cdot 100 = 105.263{,}16\text{ €}$

2 $\frac{2{,}5 + \frac{5}{6}}{100 - 5} \cdot 100 = 3{,}51\,\%$ bzw. $\frac{2.500 + \frac{5.000}{6}}{95.000} \cdot 100 = 3{,}51\,\%$

Berechnung des Annuitätenfaktors $= \frac{(1 + 0{,}03)^5 \cdot 0{,}03}{(1 + 0{,}03)^5 - 1} = 0{,}2184$ (gerundet auf vier Nachkommastellen)

Annuitätenfaktor · anfängliche Darlehenshöhe = Annuität (Auszahlung pro Jahr, außer ggf. im letzten Jahr):
0,2184 · 2.000.000 € = 436.800 €

1.2.2

Liquiditätsbelastung: Diese ist beim Festdarlehen mit insgesamt 2.300.000,00 € deutlich höher als die Liquiditätsbelastung beim Annuitätendarlehen (2.183.517,63 €) und beim Abzahlungsdarlehen (2.180.000,00 €). Allerdings wird die Liquidität beim Festdarlehen in den ersten vier Jahren deutlich niedriger belastet als bei den beiden anderen Darlehensarten, wohingegen sie im fünften Jahr aufgrund der Tilgung besonders hoch ist. Die Liquiditätsbelastung des Annuitätendarlehens weist (bis auf das 5. Jahr) konstante Beträge auf.

1.2.3

Da es das Ziel des Unternehmens ist, die jährliche Liquiditätsbelastung möglichst konstant zu halten, sollte man das Annuitätendarlehen wählen.

Arbeitsauftrag 2: Vergleich Kreditfinanzierung – Leasing

2.1

Darlehensberechnung

Jahr	Restschuld (zum Jahresbeginn) in €	Tilgung in €	Zinsen in €	Abschreibung der Anlagen in €	Abschreibung des Disagios in €	Restschuld (zum Jahresende) in €	Auszahlung/ Mittelabfluss (Liquiditätsbelastung) in €	Aufwand/ Aufwandsbelastung in €
1	1.250.000,00[1]	250.000,00	50.000,00	200.000,00	10.000,00	1.000.000,00	300.000,00	260.000,00
2	1.000.000,00	250.000,00	40.000,00	200.000,00	10.000,00	750.000,00	290.000,00	250.000,00
3	750.000,00	250.000,00	30.000,00	200.000,00	10.000,00	500.000,00	280.000,00	240.000,00
4	500.000,00	250.000,00	20.000,00	200.000,00	10.000,00	250.000,00	270.000,00	230.000,00
5	250.000,00	250.000,00	10.000,00	200.000,00	10.000,00		260.000,00	220.000,00
6				200.000,00				200.000,00
Summe		**1.250.000,00**	**150.000,00**	**1.200.000,00**	**50.000,00**		**1.400.000,00**	**1.400.000,00**

Leasing

Jahr	Leasingrate pro Jahr (Aufwand) in €	Leasingrate pro Jahr (Mittelabfluss) in €
1	360.000,00	360.000,00
2	300.000,00	300.000,00
3	300.000,00	300.000,00
4	240.000,00	240.000,00
5	240.000,00	240.000,00
6	240.000,00	240.000,00
Summe	**1.680.000,00**	**1.680.000,00**

1 $\frac{1.200.000\ €}{96} \cdot 100 = 1.250.000\ €$

2.2 Finanzierungsvorschlag

Bei der Liquiditätsbelastung sind die Leasingraten mit der Summe aus den Zinsen und der Tilgung bei Darlehensfinanzierung zu vergleichen.

Das Darlehen ist hinsichtlich der Liquiditätsbelastung sowohl insgesamt als auch jährlich wesentlich günstiger.

Bei der Erfolgswirksamkeit sind die Leasingraten der Summe aus Abschreibungen für die Produktionsanlage und für das Disagio sowie der Zinsen gegenüberzustellen.

Der Aufwand bei der Darlehensfinanzierung ist pro Jahr geringer als beim Leasing.

Das Darlehen ist damit sowohl hinsichtlich der Liquiditätsbelastung als auch der Erfolgswirksamkeit um insgesamt 280.000 € günstiger als Leasing. Aus diesem Grund bietet sich die Aufnahme des Darlehens an.

Arbeitsauftrag 3: Leverage-Effekt

Daten vor der zusätzlichen Darlehensaufnahme:

Kennzahl	Lösungsweg	Ergebnis
Fremdkapzitalzinsen p. a. vor der zusätzlichen Kreditaufnahme	$\frac{4.157.200 \cdot 3{,}5}{100}$	145.502,00 €
Gesamtkapitalrentabilität	$\frac{(371.000 + 145.502) \cdot 100}{(7.043.550 + 4.157.200)}$	4,61 %
Eigenkapitalrentabilität	$\frac{371.000 \cdot 100}{7.043.550}$	5,27 %

Daten nach der zusätzlichen Darlehensaufnahme bei konstanter GKR von 4,61 %:

Kennzahl	Lösungsweg	Ergebnis
Verzinsung des Gesamtkapitals p. a.	$\frac{(7.043.550 + 4.157.200 + 1.250.000) \cdot 4{,}61}{100}$	573.979,58 €
– Fremdkapitalzinsen pro Jahr vor der zusätzlichen Kreditaufnahme	$\frac{4.157.200 \cdot 3{,}5}{100}$	145.502,00 €
– zusätzliche Fremdkapitalzinsen pro Jahr	$\frac{1.250.000 \cdot 4}{100}$	50.000,00 €
= Verzinsung des Eigenkapitals p. a.	573.979,58 – 145.502,00 – 50.000,00	378.447,58 €
Eigenkapitalrentabilität nach der zusätzlichen Kreditaufnahme	$\frac{378.447{,}58}{7.043.550} \cdot 100$	5,37 %

Die Eigenkapitalrentabilität konnte unter der Annahme einer konstanten Gesamtkapitalrentabilität (4,61 %) von 5,27 % auf 5,37 % gesteigert werden, da der Zinssatz für die zusätzliche Darlehensaufnahme in Höhe von 4 % unterhalb der Gesamtkapitalrentabilität von 4,61 % liegt.

Arbeitsauftrag 4: Kurzfristige Fremdfinanzierung

4.1

Lieferantenkredit:

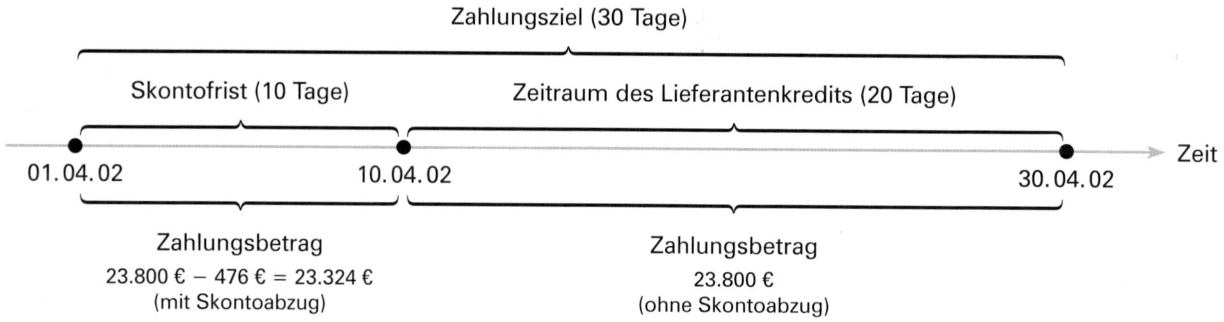

Zwar wird für den Lieferantenkredit kein Zins gezahlt, aber er verursacht Kosten für die Verpro AG. Der Lieferant hat den Skontobetrag bereits in seinen Verkaufspreis einkalkuliert. In obigem Fall wird der Lieferantenkredit der Verpro AG daher für 10 Tage kostenlos gewährt, während der im Preis eingerechnete Skontobetrag von 476 € die Zinskosten für 20 Tage widerspiegelt.

Umgerechnet auf ein Jahr (360 Tage) würden $\frac{476\text{ €} \cdot 360\text{ Tage}}{20\text{ Tage}} = 8.568\text{ €}$ an Zinsen anfallen, dies entspricht ungefähr einem Zinssatz von $\frac{8.568\text{ €} \cdot 100}{23.800\text{ €}} = 36\,\%$ (zur genauen Lösung siehe 4.2).

Kontokorrentkredit:

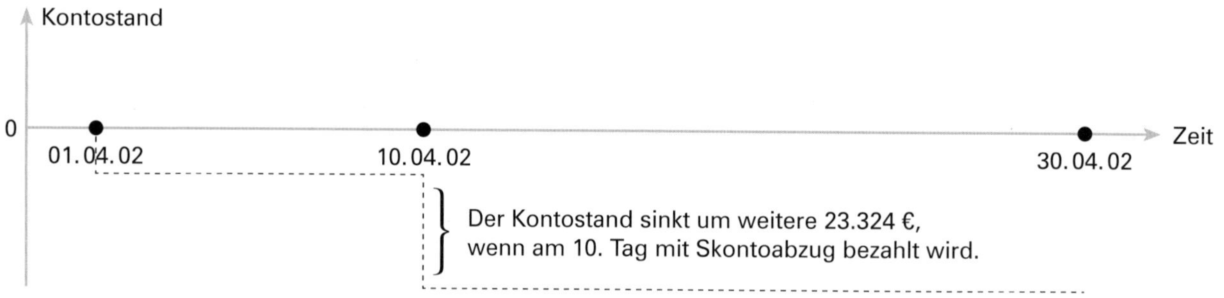

Daher fallen folgende Zinsen für die weitere Überziehung des Kontos an:

$$\text{Kosten für den Kontokorrentkredit} = \frac{23.324\text{ €} \cdot 15 \cdot 20\text{ Tage}}{360\text{ Tage} \cdot 100} = 194{,}37\text{ €}$$

	Einsparung des Skontoabzugs (brutto)	476,00 €
–	Zinsen für den Kontokorrentkredit	194,37 €
=	Gesamte Ersparnis bei Zahlung am 10.04.02	281,63 €

Die weitere Überziehung des Girokontos lohnt sich für die Verpro AG, da durch die vorzeitige Zahlung insgesamt eine Ersparnis in Höhe von 281,63 € erzielt werden kann.

4.2 Finanzierungszinssatz p. a. (Jahreszinssatz), bei dem sich ein Skontoabzug lohnt:

$$\text{Jahreszinssatz} = \frac{\text{Bruttoskonto in €} \cdot 100 \cdot 360}{\text{Überweisungsbetrag} \cdot (\text{Zahlungsziel} - \text{Skontofrist})} = \frac{476 \cdot 100 \cdot 360}{23.324 \cdot (30 - 10)} = 36{,}73\,\%$$

oder

$$\text{Jahreszinssatz} = \frac{\text{Skontosatz} \cdot 360}{\left(\frac{100 - \text{Skontosatz}}{100}\right) \cdot (\text{Zahlungsziel} - \text{Skontofrist})} = \frac{2 \cdot 360}{\left(\frac{100 - 2}{100}\right) \cdot (30 - 10)} = 36{,}73\,\%$$

Der genaue Jahreszinssatz für den Lieferantenkredit beträgt ohne Inanspruchnahme des Skontoabzugs 36,73 %. Daher lohnt sich ein Skontoabzug für die Verpro AG.

6 Beispielklausur: Abiturprüfung 2021

Musterlösungen zur Beispielklausur von Seite 128 ff.

Erwartungshorizont

Auf- gabe	Erwartete Schülerleistungen	Anforderungs- bereiche Bewertung		
		I	II	III
2.1.1	Die Prüflinge arbeiten für die Produkte der Mobil AG die Stärken und Schwächen aus der Problemstellung bzw. den Informationen aus Anlage 1 heraus und stellen die Ergebnisse in einem Handout übersichtlich dar. *(Alle Ausführungen beziehen sich auf den Stand Februar 2020.)* **Mögliche Stärken:**			
	➤ Die Mobil AG stellt auch Elektro- und Hybridfahrzeuge her. Diese Produkte gehören im Portfolio noch zu den Questionmark-Produkten mit nur geringen Umsatzanteilen. Der Kauf dieser Fahrzeuge wird jedoch weiterhin subventioniert, die Förderprämien werden ab Februar 2020 sogar angehoben, daher könnte das Interesse umweltbewusster Nachfrager steigen.		1,5	
	➤ Der Mobilvan ist zwar das älteste Produkt der Mobil AG (Poor Dog), hat aber immer noch den zweitgrößten Umsatzanteil. Problematisch ist hier, dass der Mobilvan vornehmlich in die USA exportiert wird. Während US-Präsident Donald Trump zunächst erwogen hat, auf den Import von Autos und Zulieferteilen Sonderzölle zu erheben, will er diese Entscheidung zunächst um bis zu sechs Monate aufschieben. Allerdings könnte die Erleichterung über die Verschiebung der Entscheidung auch nur vorübergehend für Entspannung sorgen. **Mögliche Schwächen:**		1,5	
	➤ Die Mobil AG stellt seit einigen Jahren den Mobilmikro her, der als kleiner Stadtflitzer speziell für den chinesischen Markt entwickelt wurde. Er hat den größten Umsatzanteil in der Mobil AG und ist ihr Star-Produkt. Allerdings hat der Ausbruch des Coronavirus Anfang 2020 die Krise unter den Autobauern und -händlern in China verschärft.		1,5	
	➤ Außerdem stellt die Mobil AG den Mobilflexi her, der bislang nur als Diesel-Fahrzeug angeboten wird. Gerade in diesem Bereich ist mit weiteren Absatzrückgängen durch den Dieselskandal und drohenden Fahrverboten in Deutschland zu rechnen. Das Produkt ist für die Mobil AG besonders problematisch, da es sich um ein Cashcow-Produkt handelt und es als Finanzquelle zur Finanzierung der neuen Produkte (Questionmarks) benötigt wird.		1,5	
	(Für die übersichtliche Darstellung in Form eines Handouts werden 0,5 Punkte vergeben. Zu den formalen Kriterien siehe Kapitel 0.4.)	0,5		
2.1.2	Die Prüflinge bewerten die Marketingmaßnahmen, die der neue Vorstandsvorsitzende Dr. Peter Müller in der Problemstellung zur strategischen Neuausrichtung der Mobil AG angekündigt hat. Sie entwickeln kommunikationspolitische Maßnahmen für die Mobil AG, die sich aus der Einrichtung des firmeneigenen Onlinestores ergeben können. **Bewertung:** Der Vorstandsvorsitzende Dr. Peter Müller hat im Rahmen der strategischen Neuausrichtung der Mobil AG zwei Marketingmaßnahmen angekündigt: ➤ Er strebt eine Verbesserung der Absatzsituation durch Schließung von mehreren Autohäusern an und möchte stattdessen moderne Automobil-Showrooms einrichten. Angesichts des aus www.horizont.net abgedruckten Artikels „Neues Verkaufskonzept in der Automobilbranche" kann der Vorschlag von Dr. Peter Müller als			

Auf-gabe	Erwartete Schülerleistungen	Anforderungs-bereiche Bewertung		
		I	II	III
	positiv und innovativ bewertet werden. Sein Vorschlag kommt dem Trend – weg vom traditionellen Autohaus hin zu feinen Automobil-Lounges – sehr nahe. Zwar hat dieses Konzept die Schließung mehrerer Autohäuser zur Folge, jedoch scheint dieser neue Distributionsweg ein Schritt in die richtige Richtung für die Mobil AG zu sein, ihren Absatz zu erhöhen.			2
	➤ Außerdem plant er die Einrichtung eines firmeneigenen Onlinestores, in dem sich Kaufinteressenten nach individuellen Ausstattungswünschen ihr neues Auto konfigurieren und ein entsprechendes Angebot online von der Mobil AG anfordern können. Der Kaufvertragsabschluss soll aber weiterhin über ein Autohaus bzw. einen Automobil-Showroom abgewickelt werden. Mit dieser Cross-Channel-Strategie können mehr potenzielle Kunden angesprochen werden, sodass sich die Absatzsituation der Mobil AG verbessern könnte.			2
	Für die Kunden birgt diese neue Möglichkeit viele Vorteile: Sie können unabhängig von Öffnungszeiten bequem von zu Hause aus (laut zitiertem Artikel sind Besuche im Autohaus unbeliebt) ihr Wunschauto aus einem umfangreichen Angebot konfigurieren und erhalten online ein Angebot von der Mobil AG. Da der Kaufvertrag über ein Autohaus bzw. einem Automobil-Showroom abgewickelt wird, haben die Käufer dann immer noch die Möglichkeit, sich vor Vertragsabschluss beraten zu lassen, eine Probefahrt zu machen und Preisverhandlungen zu führen.			2
	Die Mobil AG kann durch die Einrichtung des firmeneigenen Onlinestores (Digitalisierung im Rahmen der Distributionspolitik) mit einer Verbesserung ihrer Absatzsituation rechnen. Außerdem hat dieser neue digitale Distributionsweg auch positive Auswirkungen auf die Kommunikationspolitik: Die Mobil AG kann ihre Kundendatei erweitern, indem sie interessierten Kunden ein Online-Angebot unterbreitet, wofür die Kunden vorab freiwillig ihre Daten preisgeben. Allerdings sind für die Einrichtung und Betreuung des firmeneigenen Onlinestores Anfangsinvestitionen und laufende Kosten verbunden.			2
	Entwicklung kommunikationspolitischer Maßnahmen in Verbindung mit der Einrichtung des firmeneigenen Onlinestores: ➤ Als kommunikationspolitische Maßnahme könnte die Mobil AG über die firmeneigene Website z. B. Newsletter verschicken, in denen sie die Kunden über Neuigkeiten und Sonderaktionen informiert. ➤ Werbung kann nun nicht mehr nur analog an bestehende Kunden verschickt werden, sondern es können auch interessierte potenzielle Kunden durch Besuch der Website der Mobil AG informiert werden. ➤ Durch die Möglichkeit, die Leistungen der Mobil AG zu bewerten, können positive Kundenbewertungen zu einem besseren Firmenimage führen. ➤ Bestehende Kunden können per E-Mail Gutscheine, z. B. für eine kostenlose Autowäsche oder Rabattgutscheine auf Inspektionen, erhalten, um die Kundenbindung zu verbessern. ➤ Ebenso kann die Mobil AG z. B. eine interessierte Kundschaft auf ihrer Website auffordern, dem Unternehmen bei Instagram oder über sonstige soziale Medien zu folgen, um damit den Bekanntheitsgrad zu erweitern. *(Auch andere schlüssige Vorschläge können zur vollen Punktzahl führen.)*			4

<table>
<tr><th rowspan="2">Auf-
gabe</th><th rowspan="2">Erwartete Schülerleistungen</th><th colspan="3">Anforderungs-
bereiche
Bewertung</th></tr>
<tr><th>I</th><th>II</th><th>III</th></tr>
<tr><td>2.2</td><td>Die Prüflinge erläutern einen möglichen Change-Management-Prozess für die Neustrukturierung des Verkaufskonzepts in der Mobil AG auf der Grundlage eines idealtypischen Phasenmodells.</td><td></td><td>6</td><td></td></tr>
<tr><td></td><td>(Verschiedene Lösungsansätze sind möglich. Der im Folgenden dargestellte Change-Management-Prozess bezieht sich auf das Drei-Phasen-Modell nach Lewin.)

Mögliche Lösung:

➤ Phase 1: Auftauen (Unfreezing)
Vorbereitung auf die anstehenden Veränderungen, z. B. durch
➢ die Vermittlung des Gedankens, warum es notwendig ist, diese Neustrukturierung umzusetzen, damit die Beschäftigten dazu bereit sind, die Veränderungen mitzutragen.
➢ den Abbau von Zukunftsängsten.
➢ die Einbindung des Personals in den Veränderungsprozess.</td><td></td><td>2</td><td></td></tr>
<tr><td></td><td>➤ Phase 2: Bewegen (Changing)
Durchführung der Veränderungen z. B. durch
➢ Kommunikation mit allen Beschäftigten und Einbringen von Ideen.
➢ die Weiterbildung älterer Beschäftigter, die aufgrund eines großen Erfahrungsschatzes unverzichtbar für das Unternehmen sind.
➢ Motivation der Beschäftigten, die Veränderungen als Chance zu begreifen und am Erfolg des Unternehmens und damit auch am eigenen Erfolg mitzuwirken.</td><td></td><td>2</td><td></td></tr>
<tr><td></td><td>➤ Phase 3: (Refreezing)
Stabilisierung der neuen Strukturen, z. B. durch
➢ Dokumentation und
➢ Kommunikation (Transparenz) erzielter Veränderungen (hier z. B. Erhöhung der Absatzzahlen, der Kundenzufriedenheit).</td><td></td><td>2</td><td></td></tr>
<tr><td>2.3.1</td><td>Die Prüflinge berechnen die Gemeinkostenzuschlagssätze auf Normalkostenbasis.

<table>
<tr><th></th><th>Material</th><th>Fertigung</th><th>Verwaltung</th><th>Vertrieb</th></tr>
<tr><td>Normalgemeinkosten gemäß BAB in €</td><td>860.000,00</td><td>13.275.000,00</td><td>3.393.900,00</td><td>1.885.500,00</td></tr>
<tr><td>Zuschlagsgrundlage</td><td>17.200.000,00</td><td>7.375.000,00</td><td>37.710.000,00</td><td>37.710.000,00</td></tr>
<tr><td>Normalzuschlagssätze</td><td>5,00 %</td><td>180,00 %</td><td>9,00 %</td><td>5,00 %</td></tr>
<tr><td>Ersatz-Ergebnisse</td><td>6 %</td><td>190 %</td><td>8 %</td><td>6 %</td></tr>
</table></td><td>4</td><td></td><td></td></tr>
<tr><td></td><td>Ermittlung der Herstellkosten des Umsatzes auf Normalkostenbasis:
<table>
<tr><td>Fertigungsmaterial</td><td>17.200.000,00</td></tr>
<tr><td>Materialgemeinkosten</td><td>860.000,00</td></tr>
<tr><td>Fertigungslöhne</td><td>7.375.000,00</td></tr>
<tr><td>Fertigungsgemeinkosten</td><td>13.275.000,00</td></tr>
<tr><td>Herstellkosten der Erzeugung</td><td>38.710.000,00</td></tr>
<tr><td>– Mehrbestand</td><td>– 2.000.000,00</td></tr>
<tr><td>+ Minderbestaand</td><td>1.000.000,00</td></tr>
<tr><td>Herstellkosten des Umsatzes</td><td>37.710.000,00</td></tr>
</table>
(Für das korrekte Schema und die Berechnung der Bestandsveränderungen wird jeweils 1 Punkt vergeben.)</td><td>2</td><td></td><td></td></tr>
</table>

Aufgabe	Erwartete Schülerleistungen	Anforderungsbereiche Bewertung I	II	III
2.3.2	Die Prüflinge ermitteln den Kapitalbedarf für das Anlage- und Umlaufvermögen in übersichtlicher Form.			

Kapitalbedarf für das Anlagevermögen			I
Errichtung Showrooms	1.000.000		
+ Raumausstattung	300.000		
+ Errichtung Produktionshalle	500.000		
+ Maschinenausstattung	1.000.000		
= **Summe**	**2.800.000**	→	1

Kapitalbedarf für das Umlaufvermögen		**Lösungswege:**	I
Fertigungsmaterial	636.000	$6.000 \cdot (22 + 8 + 60 + 30 - 14)$ →	2
+ Fertigungslöhne	83.300	$850 \cdot (8 + 60 + 30)$ →	2
+ Materialgemeinkosten	31.800	$636.000 \cdot {}^{5}/_{100}$	
+ Fertigungsgemeinkosten	149.940	$83.300 \cdot {}^{180}/_{100}$	
= Herstellkosten	901.040	→	1
+ Verwaltungsgemeinkosten	81.093,60	$901.040 \cdot {}^{9}/_{100}$	
+ Vertriebsgemeinkosten	45.052	$901.040 \cdot {}^{5}/_{100}$	
= **Summe**	**1.027.185,60**	→	0,5

Lösung (Ersatzergebnis):

Kapitalbedarf für das Anlagevermögen			I
Errichtung Showrooms	1.000.000		
+ Raumausstattung	300.000		
+ Errichtung Produktionshalle	500.000		
+ Maschinenausstattung	1.000.000		
= **Summe**	**2.800.000**	→	1

Kapitalbedarf für das Umlaufvermögen			I
Fertigungsmaterial	636.000	→	2
+ Fertigungslöhne	83.300	→	2
+ Materialgemeinkosten	38.160		
+ Fertigungsgemeinkosten	158.270		
= Herstellkosten	915.730	→	1
+ Verwaltungsgemeinkosten	73.258,40		
+ Vertriebsgemeinkosten	54.943,80		
= **Summe**	**1.043.932,20**	→	0,5

<table>
<tr><th rowspan="2">Aufgabe</th><th rowspan="2">Erwartete Schülerleistungen</th><th colspan="3">Anforderungsbereiche Bewertung</th></tr>
<tr><th>I</th><th>II</th><th>III</th></tr>
<tr><td>2.3.3</td><td>Die Prüflinge ermitteln in übersichtlicher Form (Übersichtsmatrix) die Bilanzkennzahlen zur Investierung und Zahlungsbereitschaft ...</td><td></td><td></td><td></td></tr>
<tr><td></td><td>
<table>
<tr><th>Kennzahlen</th><th>Formel</th><th>Lösungsweg Berichtsjahr (in Tsd. €)</th><th>Berichtsjahr</th><th>Vorjahr</th></tr>
<tr><td colspan="5">zur Investierung</td></tr>
<tr><td>Deckungsgrad I</td><td>$\frac{\text{Eigenkapital} \cdot 100}{\text{Anlagevermögen}}$</td><td>$\frac{22.170 \cdot 100}{29.795}$</td><td>74,41 %</td><td>65,73 %</td></tr>
<tr><td>Deckungsgrad II</td><td>$\frac{(\text{Eigenkapitel + langfr. FK}) \cdot 100}{\text{Anlagevermögen}}$</td><td>$\frac{(22.170 + 32.655) \cdot 100}{29.795}$</td><td>184,01 %</td><td>163,31 %</td></tr>
<tr><td colspan="5">zur Zahlungsbereitschaft</td></tr>
<tr><td>Liquidität 1. Grades</td><td>$\frac{\text{Flüssige Mittel} \cdot 100}{\text{kurzfristiges Fremdkapital}}$</td><td>$\frac{8.920 \cdot 100}{14.360}$</td><td>62,12 %</td><td>80,75 %</td></tr>
<tr><td>Liquidität 2. Grades</td><td>$\frac{(\text{Flüssige Mittel + Forderungen}) \cdot 100}{\text{kurzfristiges Fremdkapital}}$</td><td>$\frac{(8.920 + 23.280) \cdot 100}{14.360}$</td><td>224,23 %</td><td>262,78 %</td></tr>
<tr><td>Liquidität 3. Grades</td><td>$\frac{\text{Umlaufvermögen} \cdot 100}{\text{kurzfristiges Fremdkapital}}$</td><td>$\frac{39.390 \cdot 100}{14.360}$</td><td>274,30 %</td><td>331,64 %</td></tr>
</table>
</td><td>2
2</td><td></td><td></td></tr>
<tr><td></td><td>Einige Berechnungen lassen verschiedene Formeln zu. Abweichende Ergebnisse sind möglich. Für die übersichtliche Darstellung in Form einer Übersichtsmatrix werden 0,5 Punkte vergeben.</td><td>0,5</td><td></td><td></td></tr>
<tr><td></td><td>... und erläutern die ermittelten Kennzahlen ...</td><td></td><td></td><td></td></tr>
<tr><td></td><td><u>Investierung:</u>
Der Deckungsgrad I hat sich im Vergleich zum Vorjahr von 65,73 % auf 74,41 % verbessert. Dennoch wird die goldene Bilanzregel in ihrer engen Fassung nicht erfüllt. Der Deckungsgrad II (184,01 %) übersteigt allerdings den Zielwert von mindestens 100 % deutlich. Damit ist gewährleistet, dass das Anlagevermögen durch Eigenkapital und langfristiges Fremdkapital gut finanziert ist.</td><td></td><td>2</td><td></td></tr>
<tr><td></td><td><u>Zahlungsbereitschaft:</u>
Alle Liquiditätskennzahlen erfüllen die geforderten Richtwerte, d. h., die kurzfristigen Verbindlichkeiten können beglichen werden (Liquidität 1. Grades > 20 %, Liquidität 2. Grades > 100 %, Liquidität 3. Grades > 200 %).</td><td></td><td>1</td><td></td></tr>
<tr><td></td><td>... und beurteilen unter Einbeziehung aller vorliegenden Informationen das Vorhaben der Mobil AG, den Kapitalbedarf mit Fremdkapital zu finanzieren.</td><td></td><td></td><td></td></tr>
<tr><td></td><td>Zwar weist die Fremdfinanzierung einige Nachteile auf:
➤ Die Mittel stehen dem Unternehmen zeitlich nicht unbegrenzt zur Verfügung, da Fremdkapital zufließt, das zurückgezahlt werden muss.
➤ Die Fremdmittel müssen verzinst und getilgt werden. Dadurch wird die Liquidität belastet.
➤ Insbesondere bei hoher Verschuldung nehmen die Gläubiger Einfluss auf die Geschäftsleitung, um die Verwendung der bereitgestellten Mittel zu kontrollieren. Auch verschlechtert sich der Ruf des Unternehmens.
➤ Mit zunehmender Fremdfinanzierung sinkt die Kreditwürdigkeit des Unternehmens.
➤ Kreditsicherheiten sind erforderlich.

Allerdings zeigen die Kennzahlen zur Investierung und Liquidität positive Werte. Die Deckungsgrade I und II haben sich im Berichtsjahr verbessert. Die Liquiditätskennzahlen sind im Vergleich zum Vorjahr zwar etwas gesunken, weisen aber immer noch sehr gute Ergebnisse auf. Zudem soll der verschlechterten Absatzlage im Frühjahr 2021 mit verschiedenen Maßnahmen zur Neustrukturierung begegnet werden, sodass die Deckung des Kapitalbedarfs durch Fremdkapital nicht als kritisch betrachtet werden kann.</td><td></td><td></td><td>5,5</td></tr>
</table>

Aufgabe	Erwartete Schülerleistungen	Anforderungsbereiche Bewertung I	II	III

2.4.1 Die Prüflinge begründen den Standpunkt des Vorstandsvorsitzenden Dr. Peter Müller und stellen ihre Ergebnisse in Form einer Beschlussvorlage dar.

> Sehr geehrte Mitglieder des Vorstands der Mobil AG,
>
> die derzeit verwendete Methode der klassischen Zuschlagskalkulation zur Kalkulation der Verkaufspreise halte ich für die Mobil AG als alleiniges Entscheidungsinstrument aufgrund folgender Nachteile für nicht mehr ausreichend:
>
> Die Kosten werden nicht in fixe und variable Bestandteile zerlegt! — III: 3
>
> - Dies ist einerseits problematisch, da ohne die Aufteilung in fixe und variable Kosten keine kurzfristigen marktorientierten Entscheidungen zur Produkt- und Preispolitik getroffen werden können. Die Vollkostenrechnung sollte daher um die Teilkostenrechnung bzw. die Zielkostenrechnung ergänzt werden.
> - Außerdem werden die Gemeinkosten den Einzelkosten prozentual zugerechnet, sodass die in den Gemeinkosten enthaltenen Fixkosten wie variable Kosten behandelt werden.
>
> Veränderte Kostenstrukturen, zunehmender Variantenreichtum und Komplexität von Produkten — III: 4
>
> Durch den gestiegenen Automatisierungsgrad sind die Gemeinkosten in den letzten Jahrzehnten stark angestiegen, während die Lohneinzelkosten im gleichen Zeitabschnitt stark gesunken sind. Außerdem verlangen die Kunden heutzutage individualisierte Produkte, sodass die Produkte zunehmend in verschiedenen Varianten angeboten werden müssen und komplexer sind. Daher bilden die in der traditionellen Kostenrechnung verwendeten Zuschlagsgrundlagen häufig keinen zutreffenden Maßstab mehr für eine verursachungsgerechte Verrechnung der Gemeinkosten. Zur Lösung dieser Probleme wurden in den letzten Jahrzehnten z. B. die Maschinenstundensatzrechnung und die Prozesskostenrechnung entwickelt.
>
> Ich habe daher beschlossen, dass wir die bislang zur Preiskalkulation verwendete klassische Zuschlagskalkulation als Vollkostenrechnung um die Teilkostenrechnung ergänzen, um eine Kostendifferenzierung in fixe und variable Kosten zu erreichen. Damit können wir auf kurzfristige Marktveränderungen besser reagieren.
>
> Mit freundlichen Grüßen
>
> *Dr. Peter Müller*
>
> Vorstandsvorsitzender der Mobil AG

Für die Darstellung als Beschlussvorlage wird 1 Punkt vergeben. — I: 1

2.4.2 Die Prüflinge berechnen die jeweiligen Deckungsbeiträge sowie das Betriebsergebnis. — I: 4

	Mobilvan	Mobilflexi	Mobilmikro	Mobilhybrid	Mobilelektro	Summe Normalkosten
Gemeinkosten	314.928.000	127.328.000	389.550.000	65.745.000	21.748.000	919.299.000
davon variable Gemeinkosten	125.971.200	50.931.200	155.820.000	26.298.000	8.699.200	367.719.600
fixe Gemeinkosten	188.956.800	76.396.800	233.730.000	39.447.000	13.048.800	551.579.400
Umsatzerlöse	594.000.000	288.000.000	1.050.000.000	144.000.000	39.000.000	2.115.000.000
Einzelkosten	324.000.000	152.000.000	450.000.000	76.500.000	25.000.000	1.027.500.000
variable Gemeinkosten	125.971.200	50.931.200	155.820.000	26.298.000	8.699.200	367.719.600
Summe variable Kosten	449.971.200	202.931.200	605.820.000	102.798.000	33.699.200	1.395.219.600
DB	144.028.800	85.068.800	444.180.000	41.202.000	5.300.800	719.780.400
Fixkosten						−551.579.400
BE (hier Umsatzergebnis)						168.201.000

Auf-gabe	Erwartete Schülerleistungen	Anforderungsbereiche Bewertung I	II	III
2.4.3	Die Prüflinge werten die Informationen aus 2.4.2 unter Einbeziehung des Produktportfolios (vgl. Anlage 1) und des Kostenträgerblatts (Anlage 4) aus.			
	➤ **Fragezeichen (Questionmarks): Mobilhybrid, Mobilelektro** Die Vollkostenrechnung liefert für den Mobilelektro, der erst im Februar 2020 auf den Markt kam, ein negatives Umsatzergebnis, d.h., die Umsatzerlöse dieses Produktes reichen nicht aus, um die Selbstkosten zu decken. Allerdings ist für Entscheidungen zum Produktionsprogramm die Höhe der Deckungsbeiträge relevant. Danach weist der Mobilelektro zwar insgesamt den niedrigsten, aber einen positiven Deckungsbeitrag auf und trägt bereits zur Fixkostendeckung bei. Der Mobilhybrid weist ein positives Umsatzergebnis und einen positiven Deckungsbeitrag auf. Diese Produkte befinden sich im Produktlebenszyklus vermutlich am Ende der Einführungsphase. Man hofft, dass sich die Produkte zu Stars entwickeln.		3	
	➤ **Sterne (Stars): Mobilmikro** Das Produkt weist das höchste Umsatzergebnis der Mobil AG aus, auch der Deckungsbeitrag ist am höchsten. Investitionen in dieses Produkt lohnen sich besonders. Allerdings müssen die Entwicklungen in China abgewartet werden.		1	
	➤ **Kühe (Cashcows): Mobilflexi** Der Mobilflexi weist ein positives Umsatzergebnis wie auch einen positiven Deckungsbeitrag aus, der im Vergleich zum Star-Produkt jedoch relativ niedrig ist. Hier sind Marketingmaßnahmen besonders wichtig, da er zusammen mit dem Mobilmikro finanziell die Förderung des Mobilelektro und -hybrid unterstützen muss.		1	
	➤ **Arme Hunde (Poor Dogs): Mobilvan** Die Vollkostenrechnung liefert für den Mobilvan ein negatives Umsatzergebnis, aber er erzielt einen positiven Deckungsbeitrag. Der Mobilvan ist das älteste Produkt der Mobil AG. Der Mobilvan ist für den amerikanischen Markt gut geeignet, da es sich um ein Fahrzeug mit Benzinmotor und großer Reichweite handelt. Aufgrund seines relativ hohen Umsatzanteils kann er der späten Sättigungsphase im Produktlebenszyklus zugeordnet werden.		2	
	Gesamtauswertung: Generell gilt ein Portfolio dann als ausgeglichen, wenn das Wachstum eines Unternehmens gesichert ist und ein Risikoausgleich zwischen den verschiedenen Produkten besteht. Die Pkw-Sparte der Mobil AG weist ein ausgeglichenes Portfolio aus. Insgesamt wurde ein positives Betriebsergebnis in Höhe von 168.201.000 € erzielt. Erfolgversprechende Innovationen (Mobilhybrid, Mobilelektro) sind vorgenommen worden.		1	
2.4.4	Die Prüflinge überprüfen folgende Maßnahmen zum Mobilvan:			
	➤ **Herausnahme des Produkts aus dem Sortiment:** Diese Maßnahme wird abgelehnt, da der Mobilvan einen positiven Deckungsbeitrag aufweist und damit seine variablen Kosten decken kann und zur Fixkostendeckung beiträgt.		2	
	➤ **Preiserhöhung für das Produkt, um die Gewinnsituation zu verbessern:** Auch diese Maßnahme ist abzulehnen, da eine Preiserhöhung einen weiteren Absatzrückgang nach sich ziehen würde.		2	
	➤ **Starke, nachhaltige Preissenkung um 40 %:** Eine Preissenkung um 40 % würde eine Preissenkung um 13.200 € auf 19.800 € bewirken. Da die variablen Kosten für einen Mobilvan 24.998,40 € (449.971.200 €/18.000 Stück) betragen, wären die variablen Kosten nicht mehr gedeckt, die kurzfristige Preisuntergrenze wird unterschritten. Daher kommt diese Maßnahme ebenfalls nicht in Betracht.		2	

Aufgabe	Erwartete Schülerleistungen	Anforderungsbereiche Bewertung I	II	III
	➤ **Moderate Preissenkung für das Produkt um 20 %:** Diese Maßnahme ist sinnvoll, um den Absatz in den USA anzukurbeln. Der neue Preis in Höhe von 26.400 € deckt die variablen Kosten, es kann noch ein positiver Deckungsbeitrag in Höhe von 1.401,60 € je Fahrzeug erzielt werden. Der Preis liegt dann knapp oberhalb der kurzfristigen Preisuntergrenze und kann zumindest kurzfristig angeboten werden.		2	
2.5.1	Die Prüflinge ermitteln die Aufwands- und Liquiditätsbelastung der beiden Finanzierungsangebote. (Annuitätendarlehen: siehe Tabelle unten; Leasing: siehe Tabelle unten)	6 / 2		
2.5.2	Die Prüflinge vergleichen für dieses Investitionsvorhaben die beiden Finanzierungsangebote Annuitätendarlehen und Leasing mit anschließendem Kauf zum Restwert mit eigenen Mitteln hinsichtlich ihrer Vorteilhaftigkeit. (siehe Text unten)		8	

2.5.1

Die Prüflinge ermitteln die Aufwands- und Liquiditätsbelastung der beiden Finanzierungsangebote.

Annuitätendarlehen*

Jahr	Schulden am Anfang des Jahres	Tilgung	Zinsen	Auszahlung (Annuität, Liquiditätsbelastung)	Schulden am Ende des Jahres	Abschreibung der Maschine	Abschreibung des Disagios	Aufwand (Aufwandsbelastung)
1	824.742,27 €	121.237,11 €	41.237,11 €	162.474,23 €	703.505,15 €	160.000,00 €	4.123,71 €	205.360,82 €
2	703.505,15 €	127.298,97 €	35.175,26 €	162.474,23 €	576.206,19 €	160.000,00 €	4.123,71 €	199.298,97 €
3	576.206,19 €	133.663,92 €	28.810,31 €	162.474,23 €	442.542,27 €	160.000,00 €	4.123,71 €	192.934,02 €
4	442.542,27 €	140.347,11 €	22.127,11 €	162.474,23 €	302.195,15 €	160.000,00 €	4.123,71 €	186.250,82 €
5	302.195,15 €	147.364,47 €	15.109,76 €	162.474,23 €	154.830,69 €	160.000,00 €	4.123,71 €	179.233,47 €
6	154.830,69 €	154.830,69 €	7.741,53 €	162.572,22 €	– €	– €	4.123,71 €	11.865,25 €
Summe		824.742,27 €	150.201,09 €	974.943,35 €		800.000,00 €	24.742,27 €	974.943,35 €

Berechnung des Annuitätenfaktors = $\frac{(1 + 0{,}05)^6 \cdot 0{,}05}{((1 + 0{,}05)^6 - 1)} = 0{,}197$

* Leichte Rundungsdifferenzen entstehen, da die Tabelle mit Excel erstellt wurde.

Leasing

Jahr	Aufwand für Leasing pro Jahr	Mittelabfluss für Leasing pro Jahr	
1	256.000,00 €	256.000,00 €	(einschließlich Abschlussgebühr)
2	216.000,00 €	216.000,00 €	
3	216.000,00 €	216.000,00 €	
4	150.000,00 €	300.000,00 €	(Kauf zum Restwert)
5	150.000,00 €	0,00 €	
Summe	988.000,00 €	988.000,00 €	

2.5.2

Beim Annuitätendarlehen zahlt die Mobil AG jährlich eine feste Rate, die sich aus Zinsen und Tilgung zusammensetzt.

Im Laufe der Rückzahlung erhöht sich der Tilgungsanteil und die Schuldenlast nimmt ab. Der Zinssatz wird für die Laufzeit festgeschrieben, was das Zinsrisiko minimiert.

Beim Leasing werden während der Grundmietzeit ebenfalls monatliche Raten gezahlt (zuzüglich Abschlussgebühr im 1. Jahr), die eine fest kalkulierbare Größe darstellen. Beim Anschlusskauf fällt im 4. Jahr die Zahlung des Restwertes an.

Der Aufwand bei der Darlehensfinanzierung setzt sich aus den Zinsen, der Abschreibung der Produktionsanlage und der Abschreibung des Disagios zusammen.

Beim Leasing mit anschließendem Kauf zum Restwert setzt sich der Aufwand in der Grundmietzeit aus der Abschlussgebühr und den Leasingraten zusammen. In den letzten beiden Nutzungsjahren wird die Abschreibung des Restwertes als Aufwand erfasst.

Sowohl Aufwand als auch Mittelabfluss sind beim Kauf mit Darlehensfinanzierung um 13.056,65 € niedriger.

Aufgabe	Erwartete Schülerleistungen	Anforderungsbereiche Bewertung		
		I	II	III
	Beide Varianten ermöglichen eine feste Kalkulation und bieten Planungssicherheit für die Mobil AG. Gemeinsam ist beiden Varianten zudem, dass der Rücktritt vom Vertrag für einen bestimmten Zeitraum nicht möglich ist. Dieser Zeitraum beträgt jedoch bei der Darlehensfinanzierung sechs Jahre und ist damit drei Jahre länger, denn die unkündbare Grundmietzeit beim Leasing beträgt nur drei Jahre. Vom Kaufoptionsrecht muss die Mobil AG keinen Gebrauch machen. Leasing hat den Vorteil, dass es kein Kapital bindet und die Bilanz nicht belastet, da der Leasingnehmer die Leasingraten in voller Höhe als steuerlichen Aufwand behandeln kann. Ein Vorteil des Annuitätendarlehens ist, dass die Mobil AG von Anfang an Eigentümerin der Produktionsanlage ist und bei Bedarf frühzeitig ggf. notwendige Veränderungen am Industrieroboter vornehmen kann. Außerdem kann durch die Fremdkapitalaufnahme unter bestimmten Voraussetzungen der Leverage-Effekt eintreten, der zu einer Steigerung der Eigenkapitalrentabilität führt. Allerdings benötigt die Mobil AG Kreditsicherheiten. Weitere Vorteile während der Leasingzeit sind, dass die Leasingraten eine regelmäßige Wartung der Produktionsanlage beinhalten und eine Rückgabe nach der Grundmietzeit möglich ist. Damit kann eine schnellere Anpassung an den technischen Fortschritt erfolgen. **(Je Aspekt wird bis zu 1 Punkt vergeben. Auch andere Aspekte können zur vollen Punktzahl führen.)**			
2.5.3	Die Prüflinge beschreiben mögliche Konsequenzen für die Mitarbeiter/-innen der Mobil AG in der Produktion, welche durch die zunehmende Digitalisierung (weitere Anschaffung eines Industrieroboters) auf sie zukommen könnten. Die Digitalisierung fördert vermehrten Technikeinsatz in den Unternehmen. Dieser Ersatz menschlicher Arbeitskraft durch Maschinen kann z. B. ➤ Auswirkungen auf die Arbeitszeiten der Mitarbeiter/-innen haben. Da Industrieroboter hohe Fixkosten verursachen, streben Unternehmen i. d. R. eine möglichst hohe Kapazitätsauslastung an, was für viele Mitarbeiter/-innen Arbeit im Schichtbetrieb bedeuten könnte. ➤ dazu führen, dass Mitarbeiter/-innen sich ständig fortbilden müssen, um mit dem aktuellen Stand der Technik mithalten zu können. Tätigkeitsfelder verändern sich, wodurch bisherige Arbeitsplätze verschwinden und neue Arbeitsplätze und Tätigkeiten entstehen. ➤ auch einen Verlust von Arbeitsplätzen, insbesondere bei Arbeitsplätzen mit Routinetätigkeiten, nach sich ziehen. **(Es werden jeweils bis zu 3 Punkte vergeben. Auch andere schlüssige Antworten können zur vollen Punktzahl führen.)**	6		
Summe		**36,5**	**39**	**24,5**

Literaturverzeichnis

Ansoff, H. I: Management Strategie, München 1966

Baetge, J., Kirsch, H.-J. u. a.: Bilanzen, 11. Auflage, Düsseldorf 2011

Becker, M.: Personalentwicklung, 6., überarbeitete und aktualisierte Auflage, Stuttgart 2013

Berthel, J.: Personal-Management, 10., überarbeitete und aktualisierte Auflage, Stuttgart 2013

Blohm, H., Lüder, K., Schaefer, Chr.: Investition, 9. überarbeitete und aktualisierte Auflage, München 2006

Bruhn, M.: Marketing, 13., aktualisierte Auflage, Wiesbaden 2016

Bruhn, M.: Kommunikationspolitik, 8., überarbeitete Auflage, München 2015

Buchholz, R.: Grundzüge des Jahresabschlusses nach HGB und IFRS, 9., aktualisierte Auflage, München 2016

Coenenberg, A. G., Haller, A., Schultze, W.: Jahresabschluss und Jahresabschlussanalyse, 22., überarbeitete Auflage, Stuttgart 2012

Coenenberg, A. G. u. a.: Kostenrechnung und Kostenanalyse, 8., überarbeitete Auflage, Stuttgart 2012

Drukarczyk, J., Lobe, S.: Finanzierung, 11., völlig neu bearbeitete Auflage, Konstanz und München 2015

Eisele, W., Knobloch, A. P.: Technik des betrieblichen Rechnungswesens, 8., vollständig überarbeitete und erweiterte Auflage, München 2011

Götze, U., Bloech, J.: Investitionsrechnung, Heidelberg 1993

Gudehus, T.: Logistik 2, 3., aktualisierte und erweiterte Auflage, Berlin 2007

Homburg, Chr., Krohmer, H.: Marketingmanagement, 2., überarbeitete und erweiterte Auflage, Wiesbaden 2006

Horvath, P. u. a.: Balanced Scorecard umsetzen, 4., überarbeitete Auflage, Stuttgart 2007

Horvath, P. u. a.: Controlling umsetzen, 5., überarbeitete Auflage, Stuttgart 2012

Horvath, P. u. a.: Das Controllingkonzept, 4., überarbeitete Auflage, München 2012

Huber, Andreas: Marketing, 3., vollständig überarbeitete Auflage, München 2016

Kotler, P., Armstrong, G. u. a.: Grundlagen des Marketing, 5., aktualisierte Auflage, München 2011

Küpper, H.-U.: Controlling, 4., überarbeitete Auflage, Stuttgart 2005

Küting, P., Weber, C.-P.: Die Bilanzanalyse, 11., überarbeitete Auflage, Stuttgart 2015

Macharzina, K.: Unternehmensführung, 8., vollständig überarbeitete Auflage, Wiesbaden 2012

Meffert, H.: Marketing: Grundlagen marktorientierter Unternehmensführung, 9., überarbeitete und erweiterte Auflage, Wiesbaden 2000

Meffert, H., Burmann, Chr., Kirchgeorg, M.: Marketing Arbeitsbuch, 10., vollständig überarbeitete und erweiterte Auflage, Wiesbaden 2009

Müller-Stewens, G.: Strategisches Management, 3., aktualisierte Auflage, Stuttgart 2005

Pechtl, H.: Preispolitik, Stuttgart 2005

Porter, Michael E.: Wettbewerbsstrategie, 10., durchgesehene und erweiterte Auflage, Frankfurt a. M. 1999

Reinecke S., Janz, S.: Marketingcontrolling, Stuttgart 2007

Schildbach, Th., Homburg, C.: Kosten- und Leistungsrechnung, 10. Auflage, Stuttgart 2009

Siems, F.: Preismanagement, München 2009

Speth, H. u. a.: Betriebswirtschaft mit Rechnungswesen/Controlling, Berufliches Gymnasium Wirtschaft, Band 2, 7. Auflage, Rinteln 2020

Speth, H. u. a.: Betriebswirtschaft mit Rechnungswesen/Controlling, Berufliches Gymnasium Wirtschaft, Band 3, 8. Auflage, Rinteln 2020

Werani, Thomas: Business-to-Business-Marketing: Ein verbesserter Ansatz, Stuttgart 2012

Wöhe, G.: Bilanzierung und Bilanzpolitik, 9. Auflage, München 1997

Wöhe, G.: Einführung in die Allgemeine Betriebswirtschaftslehre, 24. Auflage, München 2010

Wöhe, G., Bilstein, J. u. a.: Grundzüge der Unternehmensfinanzierung, 11., überarbeitete Auflage, München 2013

Zerres, Michael P. (Hrsg.): Handbuch Marketing-Controlling, 2., erweiterte Auflage, Berlin, Heidelberg 2000

Stichwortverzeichnis